人民法院案例选

CHINA LAW REPORT

2020年 第1辑 总第143辑

最高人民法院中国应用法学研究所 / 编

人民法院出版社

图书在版编目（CIP）数据

人民法院案例选. 总第143辑 / 最高人民法院中国应用法学研究所编. -- 北京：人民法院出版社，2020. 7

ISBN 978-7-5109-2899-4

Ⅰ. ①人… Ⅱ. ①最… Ⅲ. ①案例-汇编-中国 Ⅳ. ①D920. 5

中国版本图书馆CIP数据核字（2020）第128034号

人民法院案例选　2020年第1辑（总第143辑）

最高人民法院中国应用法学研究所　编

责任编辑　赵作楝
出版发行　人民法院出版社
地　　址　北京市东城区东交民巷27号（100745）
电　　话　（010）67550565（责任编辑）　67550558（发行部查询）
　　　　　　65223677（读者服务部）
客服QQ　2092078039
网　　址　http：//www. courtbook. com. cn
E-mail　courtpress@ sohu. com
印　　刷　保定市中画美凯印刷有限公司
经　　销　新华书店

开　　本　787毫米×1092毫米　1/16
字　　数　278千字
印　　张　15. 5
版　　次　2020年7月第1版　2020年7月第1次印刷
书　　号　ISBN 978-7-5109-2899-4
定　　价　58. 00元

《人民法院案例选》
编审委员会

《人民法院案例选》编辑委员会

出版说明

《人民法院案例选》是最高人民法院最早创办的案例研究连续出版物，也是我国改革开放以后出版时间最早、延续时间最长、出版册数最多的案例研究书籍。创办二十多年来，《人民法院案例选》坚持“反映审判面貌，总结审判经验，研究审判理论，服务审判工作”的编选方针，突出“真实、全面、及时、说理”的编辑特色，从一个侧面记载了人民法院审判工作发展的轨迹，反映人民法院审判活动的面貌，展示了人民法院审判工作的成就，受到了学术界与实务界的普遍关注和喜爱，在全国法院、社会各界乃至国际上都产生了广泛的影响、取得了良好的声誉、得到了广泛的认可，成为法研所乃至最高人民法院的品牌性连续出版物。

随着法律界对案例分析和案例指导需求的增长，关于案例分析的书刊越来越多，竞争也越来越激烈。同时，也出现了很多问题。一是虽然平台增多，但缺乏集中性、系统性；二是虽然数量增大，但缺乏精选性、经济性；三是虽然来源多元化，但缺乏权威性，给法律工作者使用案例增加了难度。因此，《人民法院案例选》将作出符合读者期待的变化，改为每月1辑。

改版后的《人民法院案例选》将继续秉承“反映审判面貌、司法水平和指导审判工作并重”的编辑方针，形成“全面、及时、权威、开放”的编辑特色。考虑到最高人民法院发布、评析、编辑案例的权威性和说服力，改版后的《人民法院案例选》将全面收集最高人民法院以各种载体发布的各类典型案例，按照读者最普遍的阅读习惯重新编辑，按月集中展现在读者面前，形成“指导性案例”“公报案例”“审判指导与参考”“典型案例发布”等栏目。同时，《人民法院案例选》继续保留经典的“专题策划”“案例精析”栏目，展现各地法院的优秀案例和司法智慧。

此外，为增强互动性和可读性，《人民法院案例选》增设了“域外撷英”“专家关注”等栏目。为发挥《人民法院案例选》培育思想、褒奖学术的理念，特推出“案香浮动”栏目，刊登某位法官的三至五个优秀裁判案例，挖掘其中裁判精髓，充分展现专家型法官的个人风采、人生经历、著述思想及对司法事业的热爱与贡献。

为进一步适应案例工作发展的新形势、新要求，提高案例的质量、编写与报送效率，《人民法院案例选》对案例编写报送体例作了部分修改和完善，具体要求请参阅“中国应用法学网”刊载的《〈人民法院案例选〉案例编写体例与报送规范》。

由于水平所限，本书在编辑过程中存在的不当之处，敬祈读者批评、指正。

编　者

二〇二〇年一月

目录 / CONTENTS

人民法院案例选
2020 年第 1 辑·总第 143 辑

一、专题策划·股东知情权纠纷

二、案例精析

刑 事

民 事

商　事

知识产权

行政及国家赔偿

一、专题策划·股东知情权纠纷

【编者按】 股东知情权，是股东对公司事务知晓的权利。股东知情权的行使，不仅直接关系到股东自身权益能否实现，而且关系到公司治理与管理的公开化与正规化程度。在是否给予股东知情权以及给予其多大程度知情权的问题上，主要涉及股东与公司之间利益的平衡。股东在什么范围内享有知情权也是各国公司立法所关注的一个核心问题，往往会在公司法立法时对股东的知情权作出一定的自由和限制规范。在我国2018年修正后的《公司法》中，关于股东知情权的规定进一步完善。为了对目前我国司法实践中股东知情权纠纷裁判经验进行总结，推动与公司有关纠纷的审判工作，特策划本期专辑。

苏晓明诉青田申江服装设备制造有限公司、李建武、潘晓知、林文龙股东知情权纠纷案

——股东会计账簿查阅权的查询范围认定

关键词：股东知情权　股东会计账簿查阅权　查询范围

【裁判要旨】

通过查阅公司账簿了解公司财务状况，是股东掌握公司经营状况的重要方式之一，也是股东实现股东知情权的有力途径。为保证股东知晓公司真正经营状况，准确核实公司账簿的真实性，股东会计账簿查阅权的查询范围应包括公司的会计凭证（即记账凭证和原始凭证）。

【相关法条】

《中华人民共和国公司法》第三十三条　股东有权查阅、复制公司章程、股东会会议记录、董事会会议决议、监事会会议决议和财务会计报告。

股东可以要求查阅公司会计账簿。股东要求查阅公司会计账簿的，应当向公司提出书面请求，说明目的。公司有合理根据认为股东查阅会计账簿有不正当目的，可能损害公司合法利益的，可以拒绝提供查阅，并应当自股东提出书面请求之日起十五日内书面答复股东并说明理由。公司拒绝提供查阅的，股东可以请求人民法院要求公司提供查阅。

《中华人民共和国会计法》第十四条第一款、第二款、第五款　会计凭证包括原始凭证和记帐凭证。

办理本法第十条所列的经济业务事项，必须填制或者取得原始凭证并及时送交会计机构。

记帐凭证应当根据经过审核的原始凭证及有关资料编制。

第十五条第一款 会计帐簿登记，必须以经过审核的会计凭证为依据，并符合有关法律、行政法规和国家统一的会计制度的规定。会计帐簿包括总帐、明细帐、日记帐和其他辅助性帐簿。

第二十条 财务会计报告应当根据经过审核的会计帐簿记录和有关资料编制，并符合本法和国家统一的会计制度关于财务会计报告的编制要求、提供对象和提供期限的规定；其他法律、行政法规另有规定的，从其规定。

财务会计报告由会计报表、会计报表附注和财务情况说明书组成。向不同的会计资料使用者提供的财务会计报告，其编制依据应当一致。有关法律、行政法规规定会计报表、会计报表附注和财务情况说明书须经注册会计师审计的，注册会计师及其所在的会计师事务所出具的审计报告应当随同财务会计报告一并提供。

【案件索引】

一审：浙江省青田县人民法院（2018）浙 1121 民初 4454 号（2019 年 1 月 8 日）。

二审：浙江省丽水市中级人民法院（2019）浙 11 民终 242 号（2019 年 4 月 19 日）。

【基本案情】

法院经审理查明：被告青田申江服装设备制造有限公司（以下简称申江公司）于 2002 年 7 月 25 日注册成立，李建文、李建武为创始股东，各占 50% 股份。原告苏晓明与李建文是夫妻关系，李建文与李建武是兄弟关系。被告李建武、潘晓如是夫妻关系。李建文于 2010 年 10 月去世，基于夫妻共同财产分割及法定继承，原告依法取得被告申江公司 30% 的股权，并于 2018 年 6 月 4 日办理了股权变更登记手续，成为被告申江公司股东之一。2018 年 7 月 5 日，原告委托律师向被告申江公司出具书面申请，要求查阅如下材料：（1）查阅复制申江公司自 2002 年 7 月 25 日起至 2018 年 7 月 5 日的股东会会议记录、董事会会议决议、监事会会议决议和财务会计报告。（2）查阅申江公司自 2002 年 7 月 25 日起至 2018 年 7 月 5 日的会计账簿（包括公司总账、明细账、往来账、现金日记账、银行日记账、固定资产明细账、记账凭证、原始凭证、银行对账单交易明细等）。（3）查阅法定代表人李建武本人与其妻子潘晓如等所有被申江公司用于流转经营往来款项的相关人员名下所有银行卡自2002年7月25日起至2018年7月5日的银行对账单。被告申江公司收到律师函后向原告委托的律师出具复函，载明："请您转告我司股东苏晓明，我司已定于7月28日召开股东大会，苏晓明已收到开会通知。另外相关财务事宜在法律允许的范围内可在股东会上获知，在法律未许可的范围提出其他股东等人配合其需求，我司及股东认为无法可依，除非明示法条，我司会依法办理。"2018年7月28日，被告申江公司在申江公司召开临时股东会，股东李建武、苏晓明、李松林、林凤媚出席，会议第五项议案是对公司2013年至2018年资产负债表、利润表、财务会计报告（2017年）进行了审议，经表决，原告苏晓明不认可财务会计报告，其他到会股东同意。

【裁判结果】

浙江省青田县人民法院于2019年1月8日作出（2018）浙1121民初4454号民事判决：一、被告青田申江服装设备制造有限公司于本判决生效之日起10日内提供青田申江服装设备制造有限公司自2002年7月25日起至2018年7月5日期间的财务会计报告供原告苏晓明查阅、复制，查阅、复制的期间自查阅、复制之日起不超过10个工作日；二、被告青田申江服装设备制造有限公司于本判决生效之日起10日内提供青田申江服装设备制造有限公司自2002年7月25日起至2018年7月5日期间的公司会计账簿（包括总账、明细账、日记账和其他辅助性账簿）和会计凭证（含记账凭证、原始凭证）供原告苏晓明查阅，查阅期间自查阅之日起不超过10个工作日；三、驳回原告苏晓明的其他诉讼请求。宣判后，原告苏晓明、被告申江公司不服一审判决，向丽水市中级人民法院提起上诉。浙江省丽水市中级人民法院于2019年4月19日作出（2019）浙11民终242号民事判决：驳回上诉，维持原判。

【裁判理由】

法院生效裁判认为：本案争议焦点为：（1）被告李建武、潘晓如、林文龙是否负有提供银行对账单供原告查阅的义务；（2）原告行使知情权是否符合《公司法》规定的前置条件；（3）原告的查询范围是否包括申江公司的会计凭证（即记账凭证和原始凭证）。

关于争议焦点一，根据《公司法》第三十三条的规定，股东知情权行使的对象应为股东所在公司，在无法律明确规定的情况下，不得随意扩大股东知情权行使对象的范围，否则将有可能损害第三人的合法权益。虽然原告提供大量证据意图证明被告申江公司与被告李建武、潘晓如、林文龙存在人格混同情形，但因缺乏法律依据，对其将股东知情权的行使对象扩展至公司以外的第三人的主张，本院不予支持。原告可通过其他诉讼途径另行主张相应权利。

关于争议焦点二，根据《公司法》第三十三条第二款的规定，股东要求查阅公司会计账簿的，应当向公司提出书面申请，说明目的，只有在公司拒绝提供查阅的，股东才有权提起诉讼。本案中，原告于 2018 年 7 月委托律师向被告申江公司发出律师函，明确了查阅目的与范围，应当视为原告作为股东已正式向公司提出查阅申请。虽然被告申江公司复函告知，原告可在随后召开的临时股东会上获知相关财务事宜，但从股东会会议记录可知，被告申江公司在股东会上出具给原告的财务资料仅有 2013 年至 2018 年资产负债表、利润表以及 2017 年的财务会计报告，与原告要求查阅的财务资料相去甚远，况且被告申江公司审理过程中明确拒绝查阅会计凭证，应当视为申江公司拒绝提供查阅，原告有权请求法院要求申江公司提供查阅。

关于争议焦点三，通过查阅公司账簿了解公司财务状况，是股东掌握公司经营状况的重要方式之一。根据《会计法》的相关规定，会计凭证包括原始凭证和记账凭证。会计账簿登记，必须以经过审核的会计凭证为依据，并符合有关法律、行政法规和国家统一的会计制度的规定。换言之，会计凭证就是公司账簿的基础，如果不允许查阅原始凭证和记账凭证，股东就无法知晓公司真正经营状况，更无法核实公司账簿是否真实、准确，股东维护自身合法权益将无从谈起。故基于公平原则考虑，原告要求查询的范围包括申江公司会计凭证（原始凭证、记账凭证）的诉讼请求，应予以支持。

另外，公司法保护股东知情权的目的是便于股东参与公司的经营管理，维护自身合法权益，但这一权利的行使应在权利平衡的机制下进行，即对于经营效率、经营秩序等公司权益未形成不利影响。因此，查阅应当在公司正常的业务时间内且不超过 10 个工作日，查阅地点应在申江公司。

【案例注解】

随着现代公司治理结构中“所有权”与“经营权”的分离，股东逐渐退出公司的经营管理活动，进而产生公司股东和管理人员之间信息不对称的问题。在此背景下，赋予股东知情权，特别是能够反映公司经营状况与财务信息的会计账簿查阅权，是保障其对公司业务监督纠正权得以有效行使的必要前提和手段，也是全面保护股东权益的重要措施。

《公司法》第三十三条规定："股东有权查阅、复制公司章程、股东会会议记录、董事会会议决议、监事会会议决议和财务会计报告。股东可以要求查阅公司会计账簿。股东要求查阅公司会计账簿的，应当向公司提出书面请求，说明目的。公司有合理根据认为股东查阅会计账簿有不正当目的，可能损害公司合法利益的，可以拒绝提供查阅，并应当自股东提出书面请求之日起十五日内书面答复股东并说明理由。公司拒绝提供查阅的，股东可以请求人民法院要求公司提供查阅。"从该规定可以看出，股东对公司会计账簿的查阅权是受一定条件和程序限制的。股东虽有查阅的权利，但考虑到其查阅的内容往往是涉及公司核心利益的信息甚至是商业秘密，如果允许股东任意查阅公司账簿，一些恶意股东就会利用账簿查阅的机会来获取公司商业秘密并寻求非法利益，所以公司在一定条件下可以拒绝股东查阅会计账簿。

一、继受股东的会计账簿查阅权

原股东和继受股东之间因公司股份的变动会产生权利义务的衔接问题。继受股东在以合法方式受让股份并经变更股东名册等程序后当然享有全部的股东权益，相应也享有会计账簿的查阅权，但继受股东对其加入之前的公司财务资料和经营管理信息是否同样可以要求查阅，则在司法实践中存在争议，《公司法》对此情况未予以明确。

本案中，原告苏晓明与李建文是夫妻关系，李建文去世后，原告基于夫妻共同财产分割及法定继承，依法取得被告申江公司30%的股权，并于2018年6月4日办理了股权变更登记手续，成为被告申江公司股东之一。法院生效判决倾向于同意继受股东对其加入之前的公司账簿拥有查阅权，分析理由如下：一方面，现有法律未对继受股东的查阅权作出明确限制，继受股东既然已经成为公司股东，则无论其加入公司的时间长短及所持有股份比例多少，只要其无不正当目的，原则上均可行使查阅权；另一方面，公司是一个持续经营的法人，其现在的经营状态会受到以前的生产经营活动的影响，若将股东知情权予以分割不利于股东整体上知晓真实的经营和财务信息，从而导致其知情权的重大限制，不利于投资决策的作出。故在继受股东遵守诚信原则和不损害公司利益的情况下，应当赋予继受股东对其成为公司股东之前的公司信息的查阅权，当然也就包括查阅会计账簿。

二、股东会计账簿查阅权的前置程序

《公司法》第三十三条明确规定了股东会计账簿查阅权的前置程序，一是股东应当向公司提出书面请求并说明目的，二是公司认为股东有不正当目的而拒绝提供查阅时应当说明理由。股东申请查阅的会计账簿，一般都全面记录了公司各项经济往来情况，股东只有通过查阅会计账簿才能了解公司真实的财务和经营状况。但考虑到公司的运营成本和商业秘密，以及股东可能实施恶意泄露公司秘密的行为，所以也要平衡股东会计账簿查阅权和公司的利益，因此前置程序就是法律设计出的股东和公司之间利益博弈制度。

股东若要作为原告向法院提出股东知情权之诉要求查阅公司的会计账簿，必须以履行前置程序为前提。本案原告于 2018 年 7 月委托律师向被告申江公司发出律师函，明确了查阅目的与范围，应当视为原告作为股东已正式向公司提出书面查阅申请。原告在申请中已经详细说明了其查阅目的，足以能够让公司针对该申请进行有效评估，所以本案原告已经履行前置程序。本案被告申江公司虽复函告知同意原告在临时股东会上进行查阅，但其实际提供的财务资料与原告所要求查阅的内容相去甚远，且被告申江公司审理过程中明确拒绝查阅会计凭证，应当视为申江公司拒绝提供查阅，所以原告有权请求法院要求申江公司提供查阅。由此可见，本案的审理也是秉持了严格遵守前置程序的原则。

三、股东会计账簿查阅权的查阅范围

（一）会计凭证与会计账簿的区分

会计凭证，是指记录商事主体营业活动及收支情况的凭证和证明，具体包括了原始凭证和记账凭证，前者指在经济业务发生或完成时即时取得或填制的，反映出经济业务实际执行和完成的情况，将经济责任明确出来，并作为记账原始依据的一种会计凭证；而记账凭证则是根据经过审核的原始凭证及有关资料编制的，它更多的是记载经济业务的性质，并确定会计分录，从另一个角度看也可以把它作为记账依据的一种凭证。

会计账簿，其具体内容在《会计法》中已经明确，是指由一定的格式账页组成，以经过审核的会计凭证为依据，全面、系统、连续地记录各项经济业务事项的簿籍。具体包括：序时账簿（现金日记账、银行存款日记账和普通日记账）、分类账簿（总账和明细账）和备查账簿。

会计凭证和会计账簿均属于会计专业术语，这两个概念之间的区别对于非会计专业领域的人来说非常容易混淆，我们只能凭模糊的主观印象来分辨两者，但对其有何异同却无从知晓。因此，在实践中往往会错误判断这两种文件大同小异，均反映的是公司财务信息，从而草率地认定记账凭证和原始凭证两类文件包含在会计账簿之中。然而实际上，记账凭证和原始凭证是包含在会计凭证中而非会计账簿。

（二）关于股东能否查阅会计凭证

判断股东会计账簿查阅权是否包含查阅会计凭证，现有的法律法规、司法解释或规范性文件均未明确规定，需要法官在司法实践中结合个案的具体案情进行判定。各地司法实践对会计凭证的查阅虽有分歧，但是现阶段一般认为有限责任公司的股东享有查阅公司会计凭证的权利。原因有三：

第一，会计账簿是以经过审核的会计凭证为基础的，是真正能反映出公司真实财务状况的依据。股东在不参与公司经营管理的情况下，只有通过查阅会计凭证，才能得到最真实的反馈，从而对公司的管理层进行监督。

第二，会计账簿的分类和编制非常烦琐，因疏忽造成信息的誊写错误和遗漏问题在制作过程中极易发生，若股东对会计账簿的准确性存在疑虑，唯有通过与会计凭证的对比才能查找出问题所在，对于账簿虚假不实的情况，也只有会计凭证才能证明其真实性。

第三，实践中，往往是由大股东及高管人员对公司进行管理和运营，而一些小股东无法获取公司经营情况，加之一些中小型公司可能还未完全配备专业的会计记账系统，所以小股东只有获取会计凭证信息，才能更好地维护自己的利益，这与立法目的是一致的。

本案中，苏晓明作为公司的股东，查阅公司会计账簿和会计凭证可以准确全面了解公司经营管理信息、达到对公司高管的监督作用，也符合法律的规定。如果只允许原告查阅会计账簿而不能查阅原始凭证和记账凭证，原告无法将会计账簿与最真实的原始凭证相比对，无法知晓公司真正经营状况，更无法核实公司账簿是否真实、准确，则很难获得充分、真实、全面的公司各项信息，查阅公司会计账簿的初衷也难以实现，因此，本案原告查阅公司会计账簿的范围应包括会计凭证（原始凭证和记账凭证）。而允许股东查阅会计原始凭证，亦符合设立账簿查阅权的立法目的。

四、“不正当目的”的界定

《公司法》第三十三条第二款对股东账簿查阅权设定了“正当目的”的限制，这是立法上赋予了公司一定的审查权，当股东要求查阅会计账簿时，公司有合理根据认为查阅行为可能会损害公司合法利益的，即可拒绝提供查阅。通过对“目的正当性”进行检验，在一定程度上调和了股东利益与公司利益之间的冲突，对维护公司的正常运行秩序以及避免股东滥用权利起到了一定作用。

（一）不正当目的的限定条件

《最高人民法院关于适用〈中华人民共和国公司法〉若干问题的规定（四）》第八条规定：“有限责任公司有证据证明股东存在下列情形之一的，人民法院应当认定股东有公司法第三十三条第二款规定的‘不正当目的’：（一）股东自营或者为他人经营与公司主营业务有实质性竞争关系业务的，但公司章程另有规定或者全体股东另有约定的除外；（二）股东为了向他人通报有关信息查阅公司会计账簿，可能损害公司合法利益的；（三）股东在向公司提出查阅请求之日前的三年内，曾通过查阅公司会计账簿，向他人通报有关信息损害公司合法利益的；（四）股东有不正当目的的其他情形。”该条款通过“列举+兜底”的方式规定了“不正当目的”的具体情形，也是反向界定了《公司法》三十三条第二款中关于股东知情权需具“正当目的”的规定，为“不正当目的”提供了一套可供遵循的客观标准。其中第一项情形具有非常高的实际操作意义，可以有效防止竞争股东通过恶意行使股东知情权而影响公司经营或者泄露公司核心信息。对于第二、三种情形，均是对股东行使知情权曾经或者可能泄露公司商业秘密的列举，同时在第四条设置了兜底条款，为司法实践中出现的个案情况预留了空间。

（二）举证责任分配

根据《公司法》第三十三条规定，我国查阅会计账簿的举证责任包括两个方面，其一是股东应当向公司举证查阅会计账簿的正当性；其二是公司认为股东有不正当目的的，公司应当举证证明。可以看出，《公司法》要求股东承担“目的正当”的证明责任，公司承担“目的不正当”的证明责任。除此之外，双方证明标准的要求也是不同的，股东的证明责任要低于公司的证明责任，前者的证明责任只是程序性的，只要证明其在书面请求中说明查阅目的即可，而后者却是高度盖然性的。此种举证责任分配方式的合理性在于以下三点：

第一，从基础的民事诉讼法理来看，除法律另有规定外，举证责任的分配应当遵循“谁主张，谁举证”的原则，因此股东对于自己具有正当目的负有举证责任，而公司若想拒绝股东行使其权利，应当证明股东主观目的上具有不正当性。

第二，从经济能力、实践操作、信息获取等方面，公司与股东的实力对比悬殊，公司具有优势地位，从保护举证弱者的合法权益方面考虑，让公司承担更多的责任有利于平衡股东与公司的实力差距，符合平等原则。

第三，从证明标准方面看，“正当目的”通常指股东不是出于损害公司利益的目的而查阅会计账簿，而“不正当目的”则指股东利用查阅机会套取商业秘密、获取利润、讹诈管理者、损害公司经营等。股东对于“正当性目的”的说明义务要求较低，只要该目的与自身相关且不违反法律与公序良俗即可。而公司对于不正当目的进行举证，因为此举意在剥夺股东固有权利，所有这种证明则是必需和高强度的，需要达到高度盖然性的标准及举证责任。

但是，由于这种举证责任分配方式属于概括性、原则性的规定，只适用于普通情况的案件指导，在个案中，还应该结合具体案件事实复杂程度等灵活运用，合理分配。

在本案中，原告苏晓明作为继受股东，为便于参与公司的经营管理，维护自身合法权益申请实现股东知情权并在申请书中已经详细说明了其查阅目的，应视为已完成“目的正当”的证明责任，而被告申江公司虽然提出了苏晓明具有“不正当目的”的抗辩，但没有详细说明理由或举证证明可能损害公司、其他股东利益的情形，应认定其主张的拒绝提供查阅的事由不能成立，其应承担举证不能的不利后果。

查清案件的事实，是法官选择适用法律的前提。而案件事实的查证依赖于当事人的举证，可以说，证据是诉讼过程中关键性的一环，在股东知情权纠纷中，股东查阅目的的正当与否，很大程度上取决于哪一方在举证上拥有优势。故而，举证责任的分配以及法院对于证明程度的宽严要求都有可能会对该类纠纷的解决起到关键性的作用。合理地分配举证责任，也是遵从利益平衡原则的体现。

（**一审法院独任审判员**　彭胜斌
二审法院合议庭成员　朱永红　程允平　翁王婷
编写人　浙江省青田县人民法院　赵旭妙
责任编辑　李　明
审稿人　曹士兵）

郑剑化诉宜昌市猇亭区福银小额贷款有限公司股东知情权纠纷案

——股东知情权具体内容的认定和行使方式

关键词：股东知情权　不正当目的　原始凭证　财务会计报告　会计账簿

【裁判要旨】

对于股东知情权中涉及的财务会计报告和会计账簿应当包含哪些内容，何为不正当目的，股东知情权由谁行使等，《公司法》及其司法解释尚未明确规定。在审理股东知情权纠纷案件中，法官应在裁判文书中对财务会计报告、会计账簿的具体内容，行使股东知情权的股东是否具有不正当目的，由什么人行使股东知情权予以明确回应。

【相关法条】

《中华人民共和国公司法》第三十三条　股东有权查阅、复制公司章程、股东会会议记录、董事会会议决议、监事会会议决议和财务会计报告。

股东可以要求查阅公司会计账簿。股东要求查阅公司会计账簿的，应当向公司提出书面请求，说明目的。公司有合理根据认为股东查阅会计账簿有不正当目的，可能损害公司合法利益的，可以拒绝提供查阅，并应当自股东提出书面请求之日起十五日内书面答复股东并说明理由。公司拒绝提供查阅的，股东可以请求人民法院要求公司提供查阅。

《中华人民共和国会计法》第十四条第一款、第二款、第五款　会计凭证包括原始凭证和记帐凭证。

办理本法第十条所列的经济业务事项，必须填制或者取得原始凭证并及时送交会计机构。

记帐凭证应当根据经过审核的原始凭证及有关资料编制。

第十五条第一款 会计帐簿登记，必须以经过审核的会计凭证为依据，并符合有关法律、行政法规和国家统一的会计制度的规定。会计帐簿包括总帐、明细帐、日记帐和其他辅助性帐簿。

第二十条 财务会计报告应当根据经过审核的会计帐簿记录和有关资料编制，并符合本法和国家统一的会计制度关于财务会计报告的编制要求、提供对象和提供期限的规定；其他法律、行政法规另有规定的，从其规定。

财务会计报告由会计报表、会计报表附注和财务情况说明书组成。向不同的会计资料使用者提供的财务会计报告，其编制依据应当一致。有关法律、行政法规规定会计报表、会计报表附注和财务情况说明书须经注册会计师审计的，注册会计师及其所在的会计师事务所出具的审计报告应当随同财务会计报告一并提供。

【案件索引】

一审：湖北省宜昌市猇亭区人民法院（2018）鄂0505民初192号（2018年6月27日）

二审：湖北省宜昌市中级人民法院（2018）鄂05民终2417号（2018年10月29日）

【基本案情】

原告郑剑化（被上诉人）为被告宜昌市猇亭区福银小额贷款有限公司（上诉人，以下简称福银小贷公司）股东。公司设立时，郑剑化出资600万元，占比为5%；2015年3月27日，经股东会决议，公司注册资本从12000万元减少到6000万元，郑剑化持股600万元占比10%。2015年6月8日，宜昌市人民政府金融发展办公室批准同意被告减资及变更高管；2015年7月26日，被告公司变更公司章程并备案登记，变更公司股东。2016年，因福银小贷公司与被告郑华强、郑剑化民间借贷纠纷一案，宜昌市猇亭区人民法院以（2016）鄂0505民初506号民事判决书判决：（1）被告郑华强于本判决生效后30日内偿还原告宜昌市猇亭区福银小额贷款有限公司借款本金5491340.12元并支付逾期违约金（自2016年2月1日起按照年利率24%据实计算至债务清偿之日止）；（2）被告郑剑化对上述借款本金及违约金承担连带清偿责任。2017 年 5 月，原告以准确掌握财务及资产状况，防止损害股东利益为由向被告公司提交书面查账申请，被告公司于同年 7 月 30 日形成股东会决议明确拒绝原告查账申请。郑剑化遂诉至猇亭区人民法院，要求被告准许其及其委托代理人行使股东权：（1）福银小贷公司向郑剑化提供自 2014 年 1 月 1 日起至判决生效之日止的财务会计报告（包括资产负债表、损益表、现金流量表、财务情况说明书和利润分配表）、股东会会议记录、董事会会议决议、监事会会议决议以供郑剑化及其委托代理人查阅、复制；（2）福银小贷公司向郑剑化提供自 2014 年 1 月 1 日起至判决生效之日止的会计账簿以供郑剑化及其委托代理人查阅，福银小贷公司提供原始会计凭证给郑剑化查阅、复制、摘抄。

【裁判结果】

湖北省宜昌市猇亭区人民法院于 2018 年 6 月 27 日作出（2018）鄂 0505 民初 192 号民事判决：一、被告宜昌市猇亭区福银小额贷款有限公司于本判决生效之日起 10 日内提供自 2014 年 1 月 1 日起至本判决生效之日止的股东会会议记录、董事会会议决议、监事会会议决议和财务会计报告（含会计报表、会计报表附注和财务情况说明书），供原告郑剑化查阅、复制。上述材料由原告郑剑化在被告宜昌市猇亭区福银小额贷款有限公司经营场所且正常营业时间内查阅、复制，时间不超过 10 个工作日。二、被告宜昌市猇亭区福银小额贷款有限公司于本判决生效之日起 10 日内提供自 2014 年 1 月 1 日起至本判决生效之日止的公司会计账簿（含总账、明细账、日记账和其他辅助性账簿）和会计凭证（含记账凭证和原始凭证及作为原始凭证入账备查的有关资料），供原告郑剑化查阅。上述材料由原告郑剑化在被告宜昌市猇亭区福银小额贷款有限公司经营场所且正常营业时间内查阅，时间不超过 10 个工作日。三、驳回原告郑剑化的其他诉讼请求。

宜昌市猇亭区福银小额贷款有限公司不服原审判决，提起上诉。宜昌市中级人民法院于 2018 年 10 月 29 日作出（2018）鄂 05 民终 2417 号民事判决：驳回上诉，维持原判。

【裁判理由】

法院生效裁判认为：

1. 关于原告是否享有股东知情权。《公司法》第三十三条第一款规定："股东有权查阅、复制公司章程、股东会会议记录、董事会会议决议、监事会会议决议和财务会计报告。"该条第二款同时规定："股东可以要求查阅公司会计账簿。股东要求查阅公司会计账簿的，应当向公司提出书面请求，说明目的。公司有合理根据认为股东查阅会计账簿有不正当目的，可能损害公司合法利益的，可以拒绝提供查阅，并应当自股东提出书面请求之日起十五日内书面答复股东并说明理由。公司拒绝提供查阅的，股东可以请求人民法院要求公司提供查阅。"原告已经向被告提交了书面申请，履行了《公司法》规定的股东提起要求查阅公司会计账簿诉讼的前置程序。股东知情权是法律明确规定赋予公司股东的权利，原告郑剑化作为被告福银小贷公司股东，依法应享有上述权利。

2. 原告行使股东知情权是否具有不正当目的。原告向被告提出说明其行使知情权的目的是了解公司营收、利润及相应分红是否合法、依规，防止其他股东损害小股东利益的事件出现，该请求是其作为公司股东应享有的知情权。被告以原告对被告公司未尽相关义务，认为原告行使股东知情权具有不正当目的，被告拒绝原告行使股东知情权是对原告股东权利的合理限制为由提出抗辩。其虽然提供了已生效的（2016）鄂0505民初506号民事判决书，证实原告对被告负有到期债务（借款本金5491340.12元及相应利息）未归还，但是该证据并不能证实原告存有《最高人民法院关于适用〈中华人民共和国公司法〉若干问题的规定（四）》第八条所列举的"不正当目的"情形，并因行使股东知情权损害被告公司合法利益。因此，被告拒绝原告行使股东知情权的理由和证据不足，法院不予采信。

3. 关于原告股东知情权的范围是否符合法律规定。《公司法》第三十三条规定："股东有权查阅、复制公司章程、股东会会议记录、董事会会议决议、监事会会议决议和财务会计报告。股东可以要求查阅公司会计账簿。……"该规定对股东查阅、复制的范围已经作出明确规定。《会计法》第九条第一款规定："各单位必须根据实际发生的经济业务事项进行会计核算，填制会计凭证，登记会计帐簿，编制财务会计报告。"第十四条规定："会计凭证包括原始凭证和记帐凭证。办理本法第十条所列的经济业务事项，必须填制或者取得原始凭证并及时送交会计机构……记帐凭证应当根据经过审核的原始凭证及有关资料编制。”第十五条第一款规定：“会计帐簿登记，必须以经过审核的会计凭证为依据，并符合有关法律、行政法规和国家统一的会计制度的规定。会计帐簿包括总帐、明细帐、日记帐和其他辅助性帐簿。”第二十条规定：“财务会计报告应当根据经过审核的会计帐簿记录和有关资料编制……财务会计报告由会计报表、会计报表附注和财务情况说明书组成……注册会计师及其所在的会计师事务所出具的审计报告应当随同财务会计报告一并提供。”因此，公司的具体经营活动只有通过查阅原始凭证才能知晓，不查阅原始凭证，中小股东可能无法准确了解公司真正经营状况。据此，原告行使股东知情权的范围应当包括：（1）查阅、复制公司章程、股东会会议记录、董事会会议决议、监事会会议决议、财务会计报告（含会计报表、会计报表附注和财务情况说明书）；（2）查阅会计账簿（含总账、明细账、日记账和其他辅助性账簿）和会计凭证（含记账凭证和原始凭证及作为原始凭证入账备查的有关资料）。对于原告要求查阅、复制其他资料的诉请，因超出了《公司法》第三十三条规定的股东知情权的查阅、复制范围，不予支持。

4. 原告委托代理人是否有权行使股东知情权。《最高人民法院关于适用〈中华人民共和国公司法〉若干问题的规定（四）》第十条第二款规定：“股东依据人民法院生效判决查阅公司文件材料的，在该股东在场的情况下，可以由会计师、律师等依法或者依据执业行为规范负有保密义务的中介机构执业人员辅助进行。”根据上述规定，股东知情权是法律赋予公司股东固有的、法定的基础性权利，仅限于股东本人行使，具有排他性，其他人员仅能在满足法律规定条件下辅助进行。因此，原告可以在本人在场的情况下，委托会计师、律师等依法或者依据执业行为规范负有保密义务的中介机构执业人员辅助进行。在原告本人不在场的情况下，其代理人无论是否为会计师、律师等依法或者依据执业行为规范负有保密义务的中介机构执业人员，均不能单独代替原告行使股东知情权。

【案例注解】

一、股东知情权基础内容

（一）股东知情权概述

股东知情权，是指公司股东了解公司信息的权利。《公司法》赋予公司股东的知情权主要是通过查阅公司财务报告资料、会计账簿等有关公司经营、决策、管理的相关资料以及询问与上述有关的问题，从而了解公司运营状况和公司高级管理人员的业务活动的权利。

股东知情权成为公司法领域的一项基本制度，源于公司“所有与经营”相分离的法人结构。公司作为一个法人，具有独立的法律人格。虽然股东对公司享有多项股东权利，但是股东无法直接干预公司的日常经营，因此，股东通过一定的形式掌握公司生产经营状况，对股东行使其他权利至关重要。在我国，股东知情权的提出最初见于1993年《公司法》，后经过1999年、2004年、2005年、2013年、2018年数次修订，才日趋完善。

现行《公司法》按照公司类型的不同，将股东知情权分为有限责任公司股东知情权和股份有限公司股东知情权。总体来说，股东知情权是一个权利体系，分别由公司章程等文件记录查阅权、财务会计报告查阅权、会计账簿查阅权和行使权利请求权等系列权利构成。股东只有获得上述与公司生产经营有关的信息后，才能行使对公司的监督权和重大经营决策权，以维护股东的终极权益。因此，股东知情权是股东实现其他权利的前提和基础。

（二）股东知情权范围

股东知情权的内容也就是股东知情权的范围界定是各国公司立法所关注的核心问题。从我国股东知情权的发展来说，根本性区别在于1993年初步探索和2018年较为成熟阶段的《公司法》内容。修订前《公司法》第三十二条和第一百一十条分别规定了有限责任公司和股份有限公司股东行使知情权的范围。其中，有限责任公司股东行使股东知情权的范围主要表现为“股东有权查阅股东会议记录和公司财务会计报告”，对股份有限公司的股东，则仅限于“查阅公司章程、股东大会会议记录和财务会计报告”。因此，1993年的《公司法》将股东知情权限定在一个非常狭小的范围之内。

2018年《公司法》修订后，分别在第三十三条和第九十七条对有限责任公司、股份有限公司股东的知情权作了规定。第三十三条规定：“股东有权查阅、复制公司章程、股东会会议记录、董事会会议决议、监事会会议决议和财务会计报告。股东可以要求查阅公司会计账簿。……”第九十七条规定：“股东有权查阅公司章程、股东名册、公司债券存根、股东大会会议记录、董事会会议决议、监事会会议决议、财务会计报告，对公司的经营提出建议或者质询。”公司股东的知情权在更大程度上获得了法律的尊重和承认，修订前后的《公司法》在股东知情权问题上的变化主要是：

1. 股东知情权的权利范围进一步扩大。修订后《公司法》将有限责任公司股东知情权的行使范围扩张到“有权查阅公司章程、股东会会议记录、董事会会议决议、监事会会议决议和财务会计报告”以及公司的会计账簿；将股份有限公司的股东行使知情权的范围则扩张到“有权查阅公司章程、股东名册、公司债券存根、股东大会会议记录、董事会会议决议、监事会会议决议、财务会计报告”。修改后的《公司法》能够使股东更广泛地了解公司经营信息，更切实地保护自己的合法权益，更有效地加强对公司事务的监督。

2. 股东知情权的行使方式更加全面、充分。在规定有限责任公司的股东可以查阅公司上述文件的同时，还规定了有限责任公司的股东有权复制公司章程、股东会会议记录、董事会会议决议、监事会会议决议和财务会计报告。这样有利于克服仅仅允许股东查阅公司相关文件所带来的诸如不能更全面、精确地了解、掌握公司经营及财务状况的弊端，从而为股东知情权的行使提供更充分的法律保障。

3. 有限责任公司股东账簿查阅权的行使程序和条件更为明确。即股东要求查阅公司会计账簿的，应当向公司提出书面请求，说明目的。公司有合理根据认为股东查阅会计账簿有不正当目的，可能损害公司合法利益的，可以拒绝提供查阅，并应当自股东提出书面请求之日起 15 日内书面答复股东并说明理由。公司拒绝提供查阅的，股东可以请求人民法院要求公司提供查阅。

（三）股东知情权的限制条件

虽然修订后《公司法》对股东知情权进行了更为明确、充分、全面的保护，但是公司是一个多元利益汇聚的组织体，是否给予股东知情权以及给予其多大程度的知情权的问题，事关股东与公司之间利益的平衡。如果过于限制股东的知情权，将有可能严重地影响股东权利的行使，对股东合法权益造成侵害；同时，也不利于公司经营管理机制的形成。而过于扩张股东的知情权范围，则在一定程度上对公司应有的商业隐私以及秘密构成极大的威胁，最终害及公司的合法权益。因而，在制定股东知情权制度时，立法者在对待股东的知情权问题上，持一种积极的肯定态度：不仅从总体上吸收了原来法律的既有内容，同时还将其范围作了较大扩展；与此同时，为维护公司的合法权益，《公司法》对股东知情权的行使又作了一定的限制。这种限制主要表现在以下几点：

1. 虽然赋予有限责任公司股东对某些公司文件享有查阅、复制权，但是对于诸如公司账簿等公司文件则没有赋予股东复制权。

2. 在对待有限责任公司股东所享有的账簿查阅权问题上，法律持一种十分谨慎的态度。在以法律形式认可股东可以对公司会计账簿查阅的同时，对于股东查阅权的行使设定了一定的约束性条件：一方面，在提出查阅的要求时，股东必须向公司递交书面的请求；另一方面，则要求股东在查阅公司账簿时有合法的目的，并且要向公司说明其目的。如果公司有合理的根据认为股东查阅公司账簿有不正当目的、可能损害公司合法利益时，可以拒绝提供查阅。但是，需要指出的是，为限制公司动辄以股东目的不合法为借口拒绝股东查阅账簿，法律则又赋予了股东在此种情形下享有一定的救济权利。在公司拒绝查阅时，股东有权要求公司在其提出请求后 15 日内给予答复并说明理由；同时，如果股东认为拒绝查阅存在不当，还可以请求人民法院要求公司提供查阅。

3. 对于股份有限公司的股东，法律仅赋予其对公司相关文件的查阅权，而没有赋予其相应的复制权。这些规定，有效地协调了公司与股东之间的利益冲突，在一定程度上防止了公司或者股东任何一方利益的失衡，充分体现了法律对法律关系的平衡与调节功能。

二、股东知情权法律实践

股东知情权纠纷在涉公司案件中较为多见，对股东是否享有知情权，《公司法》及其司法解释作出了简单明确规定。但是对于股东知情权中涉及的财务会计报告和会计账簿应当包含哪些内容，何为不正当目的，股东知情权由谁行使等，无论是 1993 年的《公司法》还是 2018 年修订后的《公司法》及其司法解释均未明确规定。实践中，出现了当事人虽然获得了股东知情权，但是却因裁判文书事项不明、内容不清影响权利实现的现象。因此，在审理股东知情权纠纷案件中，法官应对财务会计报告、会计账簿的具体内容，行使股东知情权的股东是否具有不正当目的，由什么人行使股东知情权在裁判文书中予以明确回应。

（一）关于财务会计报告、会计账簿的具体内容

《公司法》及其司法解释虽然未对财务会计报告和会计账簿予以明确，但是《会计法》已对财务会计报告和会计账簿的具体内容作出了明确的规定，用以弥补《公司法》规定不明的缺陷。因此，法官在裁判文书说理部分应当援引《会计法》关于财务会计报告和会计账簿的条文，对股东知情权所涉及的财务会计报告和会计账簿作出详细分析。同时，还应在判决主文中列明财务会计报告和会计账簿所包含的具体内容，以避免后续执行环节中产生事项不明、内容不清、影响执行的后果。

（二）关于股东行使知情权目的的不正当性

《最高人民法院关于适用〈中华人民共和国公司法〉若干问题的规定（四)》第八条从四个方面对有限责任公司股东的行为作出了“具有不正当目的”的认定：(1）股东自营或者为他人经营与公司主营业务有实质性竞争关系业务的，但公司章程另有规定或者全体股东另有约定的除外；(2）股东为了向他人通报有关信息查阅公司会计账簿，可能损害公司合法利益的；(3）股东在向公司提出查阅请求之日前的三年内，曾通过查阅公司会计账簿，向他人通报有关信息损害公司合法利益的；(4）股东有不正当目的的其他情形。该条文比较明确具体，但是实践中，仍然有很多不能和法律条文一一对照的表现形式，因此需要法官在裁判时结合具体情况作出认定。笔者建议可以参考以下四个方面：

一是要落实保护股东合法权利的立法价值取向。何为不正当性，笔者认为应当从《公司法》第三十三条的立法目的出发，即应当立足于保护股东的利益，尽可能地作出有利于股东的解释，考虑请求查阅与公司成本以及风险之间的平衡。

二是要遵循诚信原则认定股东的不正当目的，对目的事由从四个方面进行评估。第一，目的事由的具体化，即股东在提出行使权利的申请时，应当详细说明比较具体的原因和事由，而不是简单地要求行使股东知情权；第二，目的事由的合法化，具体的原因事由应当涉及股东合法利益，如盈余分配、收入支出等，符合设立公司时的目的和意义；第三，目的事由的关联化，股东所提事由应当与公司业务和经营管理之间存在内在联系，同时还必须是与股东利益存在法律上的利害关系；第四，目的事由的安全化，公司财务管理等程序性事项属于公司商业秘密和公司隐私，特别是公司账簿等属于公司核心机密，只要不存在失泄密的可能，则查阅请求应该最大化地予以满足。

三是要依法分配关于不正当目的的举证责任。查阅方必须说明目的事由的事实，如已有转让、盈余分配等事实，该事实并未按照《公司法》或者股东大会的决议已到达股东，或者已到达股东但未顾及或者充分顾及股东的权益，甚至是对股东权益造成了一定的损害；拒绝方必须说明理由，如对违法交易、与公司业务无关等损害公司利益的事实，该事实是否将导致公司利益或者其他股东的利益受到损害。

四是股东和公司之间因其他法律关系存有其他诉讼或民事法律行为的事实，该事实是否构成不正当目的，应视案件具体情况而定，只要按照上述关于目的事由的四个方面进行评估，不属于不正当目的，即应当认可其股东知情权。本案原告已明确说明查阅公司财务会计报告和会计账簿的理由，虽然对公司负有到期债务未归还，但是这属于另一法律关系，并不能说明其行使知情权会对公司造成不利影响，被告的拒绝理由不能成立。因此，原告的查阅不应当认定为具有不正当目的。

（三）关于股东知情权的权利行使人

《最高人民法院关于适用〈中华人民共和国公司法〉若干问题的规定（四）》第十条第二款规定："股东依据人民法院生效判决查阅公司文件材料的，在该股东在场的情况下，可以由会计师、律师等依法或者依据执业行为规范负有保密义务的中介机构执业人员辅助进行。"根据上述规定，股东知情权是法律赋予公司股东固有的、法定的基础性权利，仅限于股东本人行使，具有排他性，其他人员仅能在满足法律规定条件下辅助进行。因此，在股东本人在场的情况下，其委托的会计师、律师等依法或者依据执业行为规范负有保密义务的中介机构执业人员可以辅助其进行查阅。在股东本人不在场的情况下，其代理人无论是否为会计师、律师等依法或者依据执业行为规范负有保密义务的中介机构执业人员，均不能单独代替股东行使股东知情权。基于上述规定，行使股东知情权的人员因权利行使不当给公司和其他股东权益造成损害的，也应当承担法律责任。

三、对于股东知情权的反思

股东知情权是公司股东享受其他权利的前提和基础。从上述股东知情权的相关内容以及《公司法》和《最高人民法院关于适用〈中华人民共和国公司法〉若干问题的规定（四）》相关条款，我们可以看到，从《公司法》到《最高人民法院关于适用〈中华人民共和国公司法〉若干问题的规定（四）》，逐步完善和丰富了股东知情权的内容和实现方式，并且努力平衡公司和股东的利益，一方面保障股东实现知情权的权利，一方面在实现股东知情权的过程中，保护公司的商业秘密，防止权利滥用行为的发生。

《公司法》及《最高人民法院关于适用〈中华人民共和国公司法〉若干问题的规定（四）》创设了关于股东知情权的部分规定，明确了股东行使知情权的前提、股东具有不正当目的的具体情形、不能阻碍股东行使知情权的理由、委托代理人、股东赔偿责任、董事和高管责任赔偿等问题，为人民法院的司法实践提供了法律遵循和评价指引。在实践中，也达成了共识和审判经验，但是关于股东知情权问题毕竟也是一个探索和完善的过程，法律规定仍不完备。如对股东查阅原始凭证、复制会计账簿、隐名股东行使知情权、诉讼中丧失股东资格等问题仍然尚未明确，需要人民法院对股东知情权的审判实践进行总结、研究和探讨，并形成积极有益的司法建议，从而推动我国《公司法》体系更加完备，对股东知情权保护更加完善。

（**一审法院独任审判员**　文巧玲
二审法院合议庭成员　朱红洲　刘　俊　聂丽华
编写人　湖北省宜昌市猇亭区人民法院　文巧玲
责任编辑　李　明
审稿人　曹士兵）

汪宏卫诉安徽大蔚置业公司股东知情权纠纷案

——股东知情权的内涵与外延

关键词：股东知情权　不正当目的　实质性剥夺　原始凭证　记账凭证

【裁判要旨】

公司进入破产清算程序，股东资格不受影响，股东向破产管理人主张知情权的，在无不正当目的的前提下，人民法院应予准许。查阅会计账簿、原始凭证是股东知情权的重要内容，在不损害公司合法权益前提下，适当赋予股东查阅会计账簿、原始凭证的权利，不仅是防范和化解公司治理风险的要求，也是基于效率和秩序的理性选择。

【相关法条】

《中华人民共和国公司法》第三十三条　股东有权查阅、复制公司章程、股东会会议记录、董事会会议决议、监事会会议决议和财务会计报告。

股东可以要求查阅公司会计账簿。股东要求查阅公司会计账簿的，应当向公司提出书面请求，说明目的。公司有合理根据认为股东查阅会计账簿有不正当目的，可能损害公司合法利益的，可以拒绝提供查阅，并应当自股东提出书面请求之日起十五日内书面答复股东并说明理由。公司拒绝提供查阅的，股东可以请求人民法院要求公司提供查阅。

第九十七条　股东有权查阅公司章程、股东名册、公司债券存根、股东大会会议记录、董事会会议决议、监事会会议决议、财务会计报告，对公司的经营提出建议或者质询。

《最高人民法院关于适用〈中华人民共和国公司法〉若干问题的规定(四)》第八条 有限责任公司有证据证明股东存在下列情形之一的，人民法院应当认定股东有公司法第三十三条第二款规定的“不正当目的”：

（一）股东自营或者为他人经营与公司主营业务有实质性竞争关系业务的，但公司章程另有规定或者全体股东另有约定的除外；

（二）股东为了向他人通报有关信息查阅公司会计账簿，可能损害公司合法利益的；

（三）股东在向公司提出查阅请求之日前的三年内，曾通过查阅公司会计账簿，向他人通报有关信息损害公司合法利益的；

（四）股东有不正当目的的其他情形。

【案件索引】

一审：安徽省六安市中级人民法院（2018）皖15民初113号（2018年12月10日）

二审：安徽省高级人民法院（2019）皖民终291号（2019年6月24日）

【基本案情】

原告汪宏卫诉请：（1）判令被告大蔚置业公司提供2014年4月8日至今债权申报的材料以及债权审核的结果和依据材料供原告查阅和复制；（2）判令被告提供2014年4月8日至今四次债权人会议对被告债权的表决记录供原告查阅和复制；（3）判令被告提供自成立至今的会计账簿（包括总账、明细账、日记账和其他辅助性账簿）和会计凭证（含记账凭证、相关原始凭证及作为原始凭证附件入账备查的相关资料）供原告查阅和复制；（4）判令本案诉讼费用由被告承担。事实和理由：原告汪宏卫系被告大蔚置业公司股东，持有被告51%股份。2014年4月8日，六安市中级人民法院受理六安市开发区管委会对被告的破产清算申请，同时指定安徽大别山律师事务所（以下简称大别山律所）为破产管理人。为了解被告的债务、公司破产后运营情况和财务状况，2018年8月28日，原告以书面方式向破产管理人大别山律所邮寄了《股东查账申请函》，要求查阅、复制相关的财务账簿和债权审核、表决的资料。大别山律所拒收《股东查账申请函》，并拒绝了原告的查账请求，且未给予原告任何书面回复。

被告大蔚置业公司辩称：（1）原告仅为被告公司进入破产程序前的股东，不享有查阅、复制被告债权申报资料、审核结果以及依据、债权人会议决议的权利。原告从主体上来说，并不具备主体资格。（2）原告虽作为被告进入破产程序之前的股东，根据《企业破产法》第十五条规定，自人民法院裁定受理破产申请后，债务人的有关人员应当“妥善保管其占有和管理的财产、印章和账簿、文书等资料……”（这里有关人员统指法定代表人），管理人已召开了四次债权人会议，送达给大蔚置业公司原法定代表人及相关人员会议资料，保障了原告股东知情权。即使根据《公司法》第三十三条，股东可以查阅有限公司会计账簿，也要写清目的。但原告的申请没有写明查阅账簿的详细目的，被告有理由认为原告查阅账册目的不具有正当性。据被告了解，原告自身及其配偶经营多家企业，包括与大蔚置业公司经营范围相同行业的其他房地产开发公司，股东知情权是法律规定的股东享有的一项重要的、独立的权利，但为了对公司商业秘密进行保护和避免恶意干扰公司经营的行为，对于公司知情权的行使同样应当给予适当的限制。原公司财务账簿系原告女婿移交给管理人的，其账目自己清楚。原告要求查阅管理人接手后账簿没有法律依据。现在大蔚置业公司资产尚未变现完毕，在财务账册中记载了大量客户信息以及成本等要素，这些信息如果泄露，会影响大蔚置业公司破产进度，影响整体债权人的合法权益。被告有理由相信原告查阅会计账簿具有不正当目的，不符合《公司法》赋予其可以查账的相关条件。综上，股东请求权的设立主要是为了公司经营期间股东合法权益得到保障，本案大蔚置业公司已被宣告破产，股东实体权益名存实亡，请法庭驳回其诉讼请求。

法院经审理查明：被告大蔚置业公司为自然人投资或控股的有限责任公司，成立于2009年8月4日。2013年8月9日，登记注册股东变更为王智慧、汪宏卫。2014年4月8日，本院作出（2014）六民破字第00001－1号民事裁定，受理申请人六安市经济技术开发区管委会、郝昌田、郝承勇对被申请人大蔚置业公司的破产清算申请，并指定大别山律所担任被申请人大蔚置业公司的管理人。2018年8月28日，股东汪宏卫向大别山律所公证邮寄《股东查账申请函》，被拒收退回。对汪宏卫要求查阅、复制相关的财务账簿和债权审核、表决资料的请求，被告未予以任何书面回复，引起诉讼。

另查明：2018年8月28日，股东汪宏卫向大蔚置业公司破产管理人安徽大别山律师事务所公证邮寄《股东查账申请函》，该函载明：“本人汪宏卫，系大蔚置业公司股东，持有大蔚置业公司51%股份。2014年4月8日，六安市中级人民法院宣布受理大蔚置业公司破产申请，同时指定贵所为安徽大蔚置业公司破产管理人。为充分了解大蔚置业公司的债权情况、公司破产后运营和财务状况，维护本人的股东权益，特请求依法行使股东对公司的知情权。请求查阅、复制材料范围：(1) 2014 年 4 月 8 日至今，大蔚置业公司债权人申报债权的金额和依据材料、贵所审核债权的结果和依据材料、前后共计四次债权人会议对公司债权的表决材料；(2) 公司成立之日至今，大蔚置业公司的会计账簿（包括总账、明细账、日记账和其他辅助性账簿）和会计凭证（含记账凭证、相关原始凭证及作为原始凭证附件入账备查的相关资料）。对上述请求，望贵所收到本函后 15 日内书面回复本人（汪宏卫），并准备好相关材料供申请人（汪宏卫）查阅、复制，查阅材料时间不少于 7 个工作日。如贵所未依法给予书面回复或不依法提供查阅、复制材料的，申请人（汪宏卫）将通过诉讼途径维护自己的权利。”

【裁判结果】

安徽省六安市中级人民法院于 2018 年 12 月 10 日作出（2018）皖 15 民初 113 号民事判决：一、被告安徽大蔚置业有限公司于本判决生效之日起 10 日内提供自公司成立以来的公司会计账簿（包括总账、明细账、日记账和其他辅助性账簿）及会计凭证（含记账凭证、相关原始凭证及作为原始凭证附件入账备查的相关资料）供原告汪宏卫查阅。二、被告安徽大蔚置业有限公司于本判决生效之日起 10 日内提供自 2014 年 4 月 8 日至今债权申报材料、债权审核结果及依据资料、四次债权人会议表决记录供原告汪宏卫查阅、复制。三、查阅、复制的地点在破产管理人办公地点或双方协商确定的地点；时间为在破产管理人正常工作时间内查阅，不得超过 30 个工作日。

大蔚置业公司不服一审判决，提起上诉。安徽省高级人民法院于 2019 年 6 月 24 日作出（2019）皖民终 291 号民事判决：驳回上诉，维持原判。

【裁判理由】

法院生效裁判认为：本案争议焦点是，对进入破产程序的大蔚置业公司，其股东汪宏卫是否享有知情权；如汪宏卫享有股东知情权，则汪宏卫如何行使股东知情权，股东知情权的范围如何确定。

一、关于汪宏卫是否享有股东知情权的问题

股东知情权是指股东获取公司信息、了解公司情况的权利，是股东行使资产收益权和参与公司经营管理权的基本前提。在现代公司治理“所有权与管理权”分离的模式下，通过查阅或者复制公司文件资料来行使知情权，是股东对公司行使“所有者”权利的重要途径和体现。一般而言，公司正常经营且股东资格存续的，股东即享有股东知情权。根据《民法总则》第七十二条的规定，大蔚置业公司虽然处于破产程序，其民事行为能力限于清算目的范围之内，但是该公司的法人资格并不当然消灭，也不能据此否定汪宏卫的股东地位。公司股东依法享有资产收益、参与重大决策、监督知情权等权利，公司破产后，股东当然不享有参与重大决策权等权利，但并非不能享有监督知情权。况且，现行有效的法律法规并无明文规定公司进入破产程序后，其股东不再享有股东知情权。因此，大蔚置业公司在进入破产程序后，汪宏卫仍然享有股东知情权。大蔚置业公司上诉认为其进入破产程序后，汪宏卫不再享有股东知情权的理由，没有法律依据，本院不予支持。

二、关于汪宏卫如何行使知情权的问题

根据《公司法》第三十三条第二款的规定，股东可以要求查阅公司会计账簿。股东要求查阅公司会计账簿的，应当向公司提出书面请求，说明目的。公司有合理根据认为股东查阅会计账簿有不正当目的，可能损害公司合法利益的，可以拒绝提供查阅，并应当自股东提出书面请求之日起15日内书面答复股东并说明理由。公司拒绝提供查阅的，股东可以请求人民法院要求公司提供查阅。本案中，鉴于大蔚置业公司已进入破产程序，汪宏卫向该公司管理人公证邮寄《股东查账申请函》，并说明其目的在于充分了解大蔚置业公司的债权情况、公司破产后运营和财务状况，维护其股东权益。但大蔚置业公司管理人在收到该书面申请后并未准许，汪宏卫提起本案诉讼，符合《公司法》的规定。大蔚置业公司虽上诉认为汪宏卫申请查阅相关资料存在不正当目的，但其没有提供充分的证据予以证明，本院对该上诉理由不予支持。

三、关于汪宏卫的知情权范围如何确定的问题

根据汪宏卫向大蔚置业公司管理人公证邮寄送达的《股东查账申请函》的内容，汪宏卫不仅要求查阅、复制大蔚置业公司成立之日至今的会计账簿和会计凭证，也要求查阅、复制大蔚置业公司自2014年4月8日至今的债权申

报材料、债权审核结果及依据资料、四次债权人会议表决记录。对此，评判如下：

第一，关于大蔚置业公司的会计账簿。《公司法》第三十三条第二款规定，股东可以要求查阅公司会计账簿，而会计账簿包括总账、明细账、日记账和其他辅助性账簿。所以，一审判决对汪宏卫要求查阅大蔚置业公司成立之日至今的会计账簿的诉讼请求予以支持，于法有据。

第二，关于大蔚置业公司的会计凭证。尽管《公司法》第三十三条第二款对此没有明文规定，但《会计法》第十五条规定，会计账簿登记，必须以经过审核的会计凭证为依据，并符合有关法律、行政法规和国家统一的会计制度的规定。由此可见，会计凭证系记账的重要依据，对会计账簿内容的真实性和完整性有异议时，会计凭证是必不可少的判断依据，而不查阅原始凭证，股东可能无法准确了解公司的真正经营状况。故一审判决对汪宏卫要求查阅大蔚置业公司成立之日至今的会计凭证的诉讼请求予以支持，并无不当。

第三，关于大蔚置业公司的债权申报材料、债权审核结果等资料。首先，大蔚置业公司在管理人管理期间仍然会产生清算目的范围之内的相关资料，如债权申报材料、债权审核依据资料、债权人会议表决记录等，由此，汪宏卫在大蔚置业公司破产期间有行使知情权的可能。其次，股东作为公司的投资人，其对公司的破产清算更加关注。而股东知情权是股东的固有权利，在公司破产程序中的体现就是股东对管理人基于清算目的形成相关资料享有知悉的权利。所以，汪宏卫在大蔚置业公司破产期间有行使知情权的必要。最后，根据《最高人民法院关于审理企业破产案件若干问题的规定》第九十九条的规定，大蔚置业公司在破产程序期间形成的相关账册、文书等资料，在破产程序终结后将移交该公司的股东保存。也就是说，汪宏卫作为大蔚置业公司的股东，其最终对上述相关资料享有知悉的权利。只是该条规定是股东在破产程序终结后的保管职责，而股东在破产程序中行使股东知情权，有利于在破产程序中平衡保护公司股东与债权人的合法权益，从而最大程度发挥破产程序的功能与价值。因此，一审判决对汪宏卫要求查阅、复制大蔚置业公司的破产债权申报材料、债权审核结果及依据资料、四次债权人会议表决记录的诉讼请求予以支持，亦无不当。

综上所述，大蔚置业公司的上诉理由不能成立，对其上诉请求不予支持。

【案例注解】

股权既是基于出资而产生，又是基于股东资格而享有的权利的集合。[①] 在繁杂的股东权利体系中，知情权作为一项基础性、工具性的权利，是股东据以了解公司经营情况与财务状况并进一步主张其他权利的利器。[②] 知情权作为股东最重要的权利之一，不应轻易被限制。因此，有必要通过司法裁判的引导，促进和保障商事主体强化规则意识，维护公平和有秩序的市场环境。《最高人民法院关于适用〈中华人民共和国公司法〉若干问题的规定（四）》〔以下简称《公司法司法解释（四）》〕的出台，统一了裁判规则，但在商事活动中，商事主体的诉求日益多元化，立法难以全面、及时地回应司法实践中出现的所有问题，因此需要在理论与实践层面进一步研究。

一、权利主体与范围之考察

股东知情权纠纷案件的诉请大多是查阅公司文件，因此，此类纠纷也称为股东查阅权之诉。不可否认的是，公司可能存在侵害股东知情权的情况：第一，公司不披露相关经营信息，导致部分股东无法全面了解公司正常运营情况，甚至自身权益受到侵害而不自知；第二，披露虚假信息和瑕疵信息，由于多种原因，公司可能披露虚假盈亏信息，误导股东入股或影响股东分红；第三，直接拒绝股东参与公司事务，有的公司的实际经营者与股东处于对立状态，会直接拒绝股东查阅或者无正当理由拖延股东查阅相关文件，使得股东权利名存实亡。

股东知情权是法律赋予股东的固有权利，与股东地位紧密相连，自股东取得股东资格之日起取得，不仰赖于公司章程、股东大会决议或董事会决议的授予。[③] 我国《公司法》规定，股东在起诉时不具有股东资格，除有证据证明合法权益受到损害等例外情况外，人民法院不予支持股东的查阅请求权。依据商事外观主义的原则，商事交易行为应以公司对外公示事项为准，一般情形下，股东身份为以股东名册、公司章程、工商登记反映的信息为准。但由于存在股

---

① 胡晓静：《股权转让中的股东资格确认——基于股权权属与股东资格的区分》，载《当代法学》2016 年第 2 期。

② 参见褚红军主编：《公司诉讼原理与实务》，人民法院出版社 2007 年版，第 359 页。

③ 刘俊海：《股份有限公司股东权的保护》，法律出版社 2005 年版，第 55 页。

东出资瑕疵、隐名、继受等情况存在，股东知情权纠纷案件中，股东的资格也是司法审查的重点之一。

关于出资瑕疵股东，《公司法》规定其有责任补足资本金并对其他足额出资股东承担违约责任，但法律上仍然认可其股东资格，因此其知情权不能被剥夺。关于隐名股东，除非其在公司内部文件中以实际出资人的身份出现，且公司与其他股东实际认可其有股东身份，否则商事外观主义的原则下，一般不支持隐名股东的查阅请求权。关于继受股东，《公司法》关于股东知情权的立法本意是为了保障股东了解公司信息，控制运营风险，树立商事主体的规则意识，而公司的运营是一个连续的、动态的过程，继受股东自取得股东资格之日起，应该赋予其充分的知情权利，从而激发市场活力。

公司的权利能力和行为能力自成立时产生，终止时消灭。本案中，虽然安徽大蔚置业有限公司进入破产程序，其权利能力和行为能力受到限制，但是原告的股东资格并没有被剥夺。《最高人民法院关于适用〈中华人民共和国公司法〉若干问题的规定（二）》〔以下简称《公司法司法解释（二）》〕第二十三条规定，清算组成员从事清算事务时，违反法律、行政法规或者公司章程给公司或者债权人造成损失，公司、股东或者债权人有权主张清算组承担赔偿责任。如果不赋予股东知情权，则难以保障破产清算程序中公司、股东的合法权益，这也不符合立法之目的。因此，本案原告的股东知情权应当予以保护。

《公司法》规定，股东有权查阅公司章程、股东名册、公司债券存根、股东会会议记录、董事会会议决议、监事会会议决议和财务会计报告等。而股东是否有权查阅原始凭证、记账凭证、破产清算中的会议记录等资料，《公司法》及其司法解释并未有明确规定，这也是造成股东知情权纠纷司法裁判不统一的重要原因之一。实践中存在两种观点，一种观点认为，股东查阅权仅限于《公司法》及司法解释明确规定的文件种类；另一种观点认为，应对股东知情权的范围作适当扩张解释，只要股东有正当目的，所查阅文件影响股东权益的，应当予以支持。客观地说，我国部分公司内部治理存在着“失范”行为，出于避税、融资等各种需要，操控财务信息，甚至蓄意制造虚假账簿，股东难以辨别其真伪，单看会计账簿，即使是专业财会人员，也不一定能够准确判断，若只允许股东查阅会计账簿，则股东知情权有可能流于形式。

“无救济即无权利。”立法是一个经验利用的过程，此处的“经验利用”包括了立法前司法审判经验的利用，一个有效的立法过程，应当是对所有的立法前经验（包括司法经验）进行了有效而充分的利用。[①] 股东知情权诉讼规则的不断完善即属于此种情况。《公司法司法解释（四）》虽然完善了股东查阅请求权行使规则，但未能明确股东知情权范围是否包括查阅记账凭证、原始凭证。虽然司法解释是事后裁判规则，不是事先行为规则，但公司法律关系主体仍应心存敬畏、反躬自省，以求无讼。[②]

笔者认为，原始凭证、记账凭证是会计账簿的制作依据，它是反映公司经营活动的直接材料，赋予股东查阅权利，有助于破解股东尤其是中小股东的维权难题。股东知情权立法的基本价值之一就是为了监督公司日常运营，保护股东的合法利益，安徽大蔚置业有限公司股东向管理人查阅账目和债权材料，可以督促管理人依法依规从事管理活动，也有助于保障股东权利和债权人的合法权利。因此，从利益衡量以及权利保护的角度看，支持股东查阅权，为股东权利提供实质性保护也符合《公司法》的立法本意。

二、正当目的之检视

每个权利都应该有边界，而限制权利的要件常为对行权目的的正当性的判断，要保证在维护一方权利的同时，不损害另一方的权利。[③] 保障股东查阅请求权，但也要考虑到股东有可能滥用知情权损害公司利益，为此，《公司法》规定了股东查阅公司文件时必须具有正当目的。《公司法司法解释（四）》列举了四类不正当目的的情形，有必要指出的是第一种情况里，若股东投资两家有竞争关系的公司但并未参与经营，也不必然丧失知情权；第二种情况里，股东向其他股东通报信息，亦不必然丧失知情权。

而第四款具有较大的不确定性，司法裁判的过程中必然涉及对“不正当目的”的解释，而解释就必须遵循法律解释的一般原则约束，即不应该超出公众对法律文义可能理解的范畴。笔者认为，可以引入公法领域的基本原则——比例原则来对立法条文进行校正解读。即“正当目的”的基本内涵是善意和诚信，法官在裁判中可以从四个层面来考量股东的目的是否正当：一是股行使知情权是否经历过前置程序；二是股东查阅权是否是维护自身利益的需要；三是目的与手段之间是否符合必要性原则；四是是否存在可能违背法律的

① 陈甦：《司法解释的建构理念分析——以商事司法解释为例》，载《法学研究》2012 年第 2 期。

② 刘俊海：《公司自治与司法干预的平衡艺术：〈公司法解释四〉的创新、缺憾与再解释》，载《法学杂志》2017 年第 12 期。

③ 梁慧星：《民法总论》，法律出版社 2004 年版，第 257 页。

强制性规定的情形。

判断股东查阅请求权是否符合比例原则的要求，首先，若是股东已经穷尽了公司内部程序，仍然无法了解公司经营状况，且其提起诉讼的目的是非常具体明确的并与公司业务或者管理存在直接联系，必须通过查阅原始凭证等资料才能达到其权益保护的目的；其次，股东知情权的行使也没有给公司利益造成明显的不当影响，一般可认定股东行使权利不具有“不正当目的”。

在法院认定股东具有不正当目的的诉讼中，部分法院的通常做法是用举证责任分配来评判这一实体问题，由公司对股东具有“不正当目的”承担举证责任。总之，无论基于公司权益保护的需要还是基于法律的规定，对股东知情权的行使予以合理的限制，不仅具有正当的价值，也符合市场经济的要求。

三、实质性剥夺之矫正

保障股东正当的知情权是维护股东利益的必要手段，但市场经济也要求尊重公司依法自治的权利。因此，有必要厘定两者的权利边界。从《公司法》规定与公司章程的关系角度，知情权条款的文义未含有从章程规定或者授权章程规定的内容，所以对其强制法属性，学者多持肯定态度。① 为了避免股东知情权被随意剥夺，法律有必要通过强制性的条款加以保护。但也并非说股东知情权不可以受公司自治意思的限制，但限制的边界止于实质性剥夺。② 比如，公司章程对股东行使知情权的时间、地点、行使方式作了细化规定，这是公司意思自治的表现，应当予以尊重。

知情权作为股东的一项基础性权利，它是股东行使其他权利的前提。考察公司是否实质性剥夺股东知情权，可以从以下两方面的情形综合判断：一是公司章程等文件的内容是否对权利主体、权利实现方式作出了可能导致知情权丧失的限制，比如有的公司规定股东查阅的时间过短以至于不能充分实现权利，则是典型的实质性剥夺股东知情权；二是公司章程等文件形成的过程是否构成多数股东的权利滥用，禁止权利滥用原则是民商法领域的一项基本原则，当然适用于股东知情权。为强调产权保护理念，应将不得以股东会决议侵犯股东个体权利、不得作出降低《公司法》以及现有公司章程对少数股东保护水准，

---

① 王保树：《从法条的公司法到实践的公司法》，载《法学研究》2006年第6期。

② 李建伟：《“实质性剥夺”股东知情权的公司意思效力研究》，载《中外法学》2018年第5期。

作为判断滥用表决权的重要因素。①

两者权利的界限何在，德国学界的一个共识是，可以基于忠实义务、比例原则以及禁止权利滥用原则对股东查阅权进行一般性的限制。② 笔者认为，有其合理性，股东不得以耗费的价值远远超出目的产生的价值的手段实现权利，有的股东要求查阅的材料过于久远或者过于庞大，以至于完全不符合经济效益的要求，则属于典型的超出比例原则的要求。同时，股东实现知情权的诉求应以实现自身必要的股东权利为限度，不得仅是以出于自身的非适当的目的，例如，有的股东在一段时间内反复要求行使权利，严重影响到了公司的正常经营秩序，违背了忠实义务和权利滥用的原则。因此，法律在给予股东充分的权利保障的同时，应当结合公司合法权益保护的要求，促使股东合理审慎地行使自身权利。

股东知情权在股东权利体系中是一项基础性的权利，是股东实现其他权利的前提。股东知情权对于股东尤其是中小股东来说，是其参与公司治理的必要前提，也是督促公司依法自治、审慎决策的重要途径。当下，防范和化解公司治理风险是现实要求，股东知情权案件的审判应当秉持的基本原则是，在《公司法》及其司法解释的现有框架下，以不损害公司合法权益为前提，适当扩大解释股东知情权之内涵，把握保障股东权利与公司权益的平衡。

（**一审法院合议庭成员** 关德全 王世如 卢文乐
二审法院合议庭成员 张苏沁 郑 霞 马士鹏
编写人 安徽省六安市中级人民法院 丁瑞祥
责任编辑 李 明
审稿人 曹士兵）

---

① 曹兴权：《股东表决权滥用的认定理路》，载《2017 年中国商法冬季论坛（海南）“公司决议效力之诉专题研讨会”会议论文集》，第 155 页。

② 张怀岭：《德国法上的股东信息权》，载《权利冲突的信息之维——论道股东知情权》（“中外商法论坛第三期”论文集），第 49～50 页。

庄水泉、杨素娟等诉漳平市官田南坂水电站等股东知情权纠纷案

——股东知情权范围的司法认定

关键词：股东知情权　会计账簿　会计凭证　原始凭证　记账凭证

【裁判要旨】

《公司法》对公司股东享有的知情权及其范围进行了明确规定，对知情权范围的司法认定不应当任意扩展。原始凭证、记账凭证组成的会计凭证不是会计账簿。

【相关法条】

《中华人民共和国公司法》第三十三条　股东有权查阅、复制公司章程、股东会会议记录、董事会会议决议、监事会会议决议和财务会计报告。

股东可以要求查阅公司会计账簿。股东要求查阅公司会计账簿的，应当向公司提出书面请求，说明目的。公司有合理根据认为股东查阅会计账簿有不正当目的，可能损害公司合法利益的，可以拒绝提供查阅，并应当自股东提出书面请求之日起十五日内书面答复股东并说明理由。公司拒绝提供查阅的，股东可以请求人民法院要求公司提供查阅。

《中华人民共和国会计法》第十四条第一款、第二款、第五款　会计凭证包括原始凭证和记帐凭证。

办理本法第十条所列的经济业务事项，必须填制或者取得原始凭证并及时送交会计机构。

记帐凭证应当根据经过审核的原始凭证及有关资料编制。

第十五条第一款 会计帐簿登记，必须以经过审核的会计凭证为依据，并符合有关法律、行政法规和国家统一的会计制度的规定。会计帐簿包括总帐、明细帐、日记帐和其他辅助性帐簿。

第二十条 财务会计报告应当根据经过审核的会计帐簿记录和有关资料编制，并符合本法和国家统一的会计制度关于财务会计报告的编制要求、提供对象和提供期限的规定；其他法律、行政法规另有规定的，从其规定。

财务会计报告由会计报表、会计报表附注和财务情况说明书组成。向不同的会计资料使用者提供的财务会计报告，其编制依据应当一致。有关法律、行政法规规定会计报表、会计报表附注和财务情况说明书须经注册会计师审计的，注册会计师及其所在的会计师事务所出具的审计报告应当随同财务会计报告一并提供。

【案件索引】

一审：福建省漳平市人民法院（2018）闽0881民初1350号（2019年2月15日）

二审：福建省龙岩市中级人民法院（2019）闽08民终654号（2019年6月21日）

【基本案情】

原告庄水泉、杨素娟、黄雪冷、陈锦松、邹江文诉称：五原告均是被告南坂水电站创始股东，自2007年3月1日至今，水电站的一切经营事务被赵丽珍及其配偶杨子聪把持。对于水电站的经营事项、财务收支等情况，赵丽珍、杨子聪均不向其他股东公开或说明。五原告曾于2018年10月致函南坂水电站及赵丽珍夫妇，要求其提供水电站自2007年1月1日起至判决生效之日止的章程（包括章程修正案）、股东会会议决议、财务会计报告供五原告查阅、复制，要求其提供南坂水电站自2007年3月1日起至判决生效之日止的会计账簿（包括总账、明细账、日记账、原始凭证和记账凭证等）供五原告查阅，但南坂水电站及赵丽珍夫妇收函后未依法在15日内答复。故五原告诉至法院，要求法院判令：（1）南坂水电站及赵丽珍提供南坂水电站自2007年1月1日起至判决生效之日止的章程（包括章程修正案）、股东会会议决议、财务会计报告供五原告查阅、复制。（2）南坂水电站及赵丽珍提供漳平市官田南坂水电站自2007年3月1日起至判决生效之日止的会计账簿（包括总账、明细账、日记账、原始凭证和记账凭证等）供五原告查阅，五原告委托的注册会计师有权协助查阅。(3) 诉讼费由南坂水电站承担。

被告南坂水电站辩称：五原告对本案所作的诉求，明显缺乏法定的事实和理由，由于五原告平时对水电站疏于管理，故水电站的具体事务长期以来一直是赵丽珍及杨子聪二人代为操劳。答辩人于2018年10月27日收到庄水泉等人的函件后，也已经于2018年11月9日向庄水泉等人作了回函，并且已由黄雪冷于2018年11月12日12时17分进行签收。请求法院驳回庄水泉等人的全部诉讼请求。

第三人赵丽珍述称：南坂水电站的组织机构完整、管理规范，有力阻止了股东不知情权的发生，确保股东知情。杨素娟、黄雪冷、庄水泉作为大股东，知悉水电站的经营情况，其余小股东不知情主要是由于出纳杨素娟及会计黄雪冷的工作不到位及部分小股东自己放弃知情权。

法院经审理查明：漳平市官田南坂水电站于1990年年底由杨子聪、邹江文、杨素娟、陈锦松发起成立，并于1993年12月9日正式经工商行政管理部门登记成立，登记的注册资本为160万元，企业类型为股份合作制，经营范围为水力发电，登记股东及出资情况为陈志根等人出资80万元，厦门兴贸汽车配件公司出资80万元。2002年，邹江文出资18万元收购赵丽珍的部分股份，但其实际持股情况至今未进行工商变更登记。2006年8月16日，南坂水电站发文任命杨子聪为总经理，黄雪冷为南坂水电站的财务总管，但无相应股东会决议记录。2007年10月23日，南坂水电站的法定代表人由林灿军变更为赵丽珍。2011年1月14日，南坂水电站制定《漳平市官田乡南坂水电站企业章程》，章程载明水电站名称、经营范围、注册资本、股东的出资方式、出资额和股份数等事项，其中出资情况及占股比例明确为：郑德根1.6753万元、占股比例0.1047；庄水泉17.5902万元、占股比例为1.0994；邹江文6.0321万元、占股比例0.3777；杨素娟19.8582万元、占股比例1.2411；黄雪冷27.921万元、占股比例为1.7451；陈锦松6.0321万元、占股比例0.3777；赵丽珍80.8911万元、占股比例5.0557，郑德根、陈锦松、庄水泉、黄雪冷、杨素娟、邹江文、赵丽珍在章程落款处签字按指模。2011年1月25日，南坂水电站就前述股东出资情况进行了工商变更登记。

南坂水电站的公章、证照、财务印鉴、密钥等均由赵丽珍保管、使用。南坂水电站2007年至2010年间的支出明细账已移交给黄雪冷，自2011年1月起产生的原始会计凭证现存放于杨子聪处，未移交黄雪冷登记会计账簿亦未委托第三方登记会计账簿。除2011年为进行企业工商登记有召开专门股东会议外，南坂水电站自2007年起未依照公司章程专门召开过股东会，亦无任何股东会决议留存。自2007年3月起，南坂水电站未自行编制财务会计报告，亦未委托第三方编制财务会计报告。2018年10月25日，庄水泉、杨素娟、黄雪冷、陈锦松、邹江文通过EMS向南坂水电站及赵丽珍夫妇寄送《关于查阅、复制漳平市官田乡南坂水电站章程、财务会计报告、会计账簿等资料的函》，2018年10月27日，南坂水电站签收该快递。2018年11月9日，杨子聪通过EMS向黄雪冷寄送《复函》，明确无法提供报表和账本。《复函》无南坂水电站公章，亦无法定代表人的亲笔签名。2018年11月12日，黄雪冷签收了该份快递。2018年11月29日，南坂水电站拟于2018年12月3日召开股东会，但因通知未到位，股东会未召开。

【裁判结果】

福建省漳平市人民法院于2019年2月15日作出（2018）闽0881民初1350号民事判决：一、漳平市官田南坂水电站应于本判决生效之日起30日内提供漳平市官田南坂水电站自2007年3月1日起至判决生效之日止的财务会计报告供庄水泉、杨素娟、黄雪冷、陈锦松、邹江文查阅、复制；二、漳平市官田南坂水电站应于本判决生效之日起10日内提供漳平市官田南坂水电站自2007年3月1日起至判决生效之日止的会计账簿（包括总账、明细账、日记账）供庄水泉、杨素娟、黄雪冷、陈锦松、邹江文查阅，庄水泉、杨素娟、黄雪冷、陈锦松、邹江文可以委托注册会计师协助查阅；三、驳回庄水泉、杨素娟、黄雪冷、陈锦松、邹江文的其他诉讼请求。宣判后，庄水泉、杨素娟、黄雪冷、陈锦松、邹江文提出上诉。福建省龙岩市中级人民法院于2019年6月21日作出（2019）闽08民终654号民事判决：驳回上诉，维持原判。

【裁判理由】

法院生效裁判认为：《公司法》第三十三条规定：“股东有权查阅、复制公司章程、股东会会议记录、董事会会议决议、监事会会议决议和财务会计报告。股东可以要求查阅公司会计账簿。股东要求查阅公司会计账簿的，应当向公司提出书面请求，说明目的。公司有合理根据认为股东查阅会计账簿有不正当目的，可能损害公司合法利益的，可以拒绝提供查阅，并应当自股东提出书面请求之日起十五日内书面答复股东并说明理由。公司拒绝提供查阅的，股东可以请求人民法院要求公司提供查阅。”该规定明确了股东查阅、复制公司章程、股东会会议记录、董事会会议决议、监事会会议决议和财务会计报告的法定权利及公司的配合义务，同时明确股东在不具有不正当目的的前提下查阅会计账簿的权利。本案中，因南坂水电站已将水电站章程作为证据提交，庄水泉、杨素娟、黄雪冷、陈锦松、邹江文亦已收到该证据副本，在其未举证证明存在其他版本的公司章程的情况下，其诉讼主张已经得到实现，再行判决其查阅、复制公司章程缺乏实践意义，故对庄水泉、杨素娟、黄雪冷、陈锦松、邹江文要求查阅、复制公司章程的请求，不予支持。在庭审过程中，各方当事人均已确认南坂水电站在日常经营过程中并未专门召开股东会并形成股东会会议决议，也即南坂水电站事实上并无股东会会议决议可供查阅、复制，故对庄水泉、杨素娟、黄雪冷、陈锦松、邹江文要求查阅、复制股东会会议决议的请求，因其缺乏可执行性，不予支持。对庄水泉、杨素娟、黄雪冷、陈锦松、邹江文要求查阅、复制财务会计报告的请求，虽然庭审中各方当事人均已确认自2007年3月起南坂水电站未再编制财务会计报告，但编制财务会计报告是单位依法应履行的义务，由此并不能免去南坂水电站提供财务会计报告供股东查阅、复制的责任，故对庄水泉、杨素娟、黄雪冷、陈锦松、邹江文的该项请求，予以支持。对庄水泉、杨素娟、黄雪冷、陈锦松、邹江文要求查阅自2007年3月1日起至判决生效之日止的会计账簿（包括总账、明细账、日记账、原始凭证和记账凭证等）的请求，因《会计法》第十四条第一款“会计凭证包括原始凭证和记帐凭证”和第十五条第一款“会计帐簿登记，必须以经过审核的会计凭证为依据，并符合有关法律、行政法规和国家统一的会计制度的规定。会计帐簿包括总帐、明细帐、日记帐和其他辅助性帐簿”，对会计凭证和会计账簿作了不同的规定，而《公司法》赋予股东查阅权限的是会计账簿，故对庄水泉、杨素娟、黄雪冷、陈锦松、邹江文要求查阅原始凭证和记账凭证的主张，不予支持。对庄水泉、杨素娟、黄雪冷、陈锦松、邹江文要求查阅会计账簿的请求，虽然南坂水电站表示有移交2007年至2010年明细账给黄雪冷，但由于移交的账簿内容并不完整，故不影响黄雪冷再行提出查阅请求，又因南坂水电站未举证证明庄水泉、杨素娟、陈锦松、邹江文知晓会计账簿情况，故庄水泉、杨素娟、陈锦松、邹江文亦依法有权查阅会计账簿；由于南坂水电站并未对庄水泉、杨素娟、陈锦松、邹江文、黄雪冷查阅目的提出异议并提交证据，故对庄水泉、杨素娟、陈锦松、邹江文、黄雪冷要求查阅2007年3月1日起至判决生效之日止的会计账簿的请求，予以支持。鉴于会计账簿具很强的专业性，没有专业知识的股东在查阅会计账簿时一般较难独立为之，对庄水泉、杨素娟、陈锦松、邹江文、黄雪冷要求其委托的注册会计师进行协助查阅的请求，予以支持。因《公司法》赋予股东行使股东知情权的对象是公司本体而不涉及法定代表人本人，故对庄水泉、杨素娟、黄雪冷、陈锦松、邹江文要求赵丽珍履行提供公司章程、股东会会议决议、财务会计报告及会计账簿的义务，缺乏依据，不予支持。

【案例注解】

股东知情权产生于现代公司的所有权与控制权相分离的模式之下，目的在于使不参与公司日常管理的股东能够知悉公司相关经营和财务信息，为在股东大会上作出决定提供依据，并监督公司的经营管理层，防止管理层出现“道德风险”。股东知情权既是手段性权利，又是固有权利，是股东实现其他权利的前提和基础。股东有权了解公司的财产状况、经营状况等与自身利益息息相关的信息。然而，公司为股东提供查阅服务时需要付出管理成本，并且很多公司信息涉及商业秘密。为了维护公司的利益，股东知情权被设置了诸多限制，其中查阅对象的范围即是众多限制中的一项。

股东知情权是指股东享有了解和自身利益相关的公司信息的权利。《公司法》第三十三条、第九十七条，《最高人民法院关于适用〈中华人民共和国公司法〉若干问题的规定（四）》〔以下简称《公司法司法解释（四）》〕第七条对股东知情权及知情权范围作出规定。《公司法》第三十三条规定：“股东有权查阅、复制公司章程、股东会会议记录、董事会会议决议、监事会会议决议和财务会计报告。股东可以要求查阅公司会计账簿。股东要求查阅公司会计账簿的，应当向公司提出书面请求，说明目的。公司有合理根据认为股东查阅会计账簿有不正当目的，可能损害公司合法利益的，可以拒绝提供查阅，并应当自股东提出书面请求之日起十五日内书面答复股东并说明理由。公司拒绝提供查阅的，股东可以请求人民法院要求公司提供查阅。”第九十七条规定：“股东有权查阅公司章程、股东名册、公司债券存根、股东大会会议记录、董事会会议决议、监事会会议决议、财务会计报告，对公司的经营提出建议或者质询。”《公司法司法解释（四）》第七条规定：“股东依据公司法第三十三条、第九十七条或者公司章程的规定，起诉请求查阅或者复制公司特定文件材料的，人民法院应当依法予以受理。公司有证据证明前款规定的原告在起诉时不具有公司股东资格的，人民法院应当驳回起诉，但原告有初步证据证明在持股期间其合法权益受到损害，请求依法查阅或者复制其持股期间的公司特定文件材料的除外。”由此可见，股东知情权是以查阅权和复制权为主，包含建议权、质询权等权利集合。股东知情权的权利来源于股东身份，范围以公司章程、法律及相关司法解释规定确定。

司法实务中，由于公司所有权与经营权相分离，部分股东未直接参与公司的经营管理，在向公司主张行使知情权的过程中衍生了大量股东知情权相关纠纷。此类案件，很多原告提出的诉讼请求往往较为含糊甚至容易超出法律规定的范畴。其中争议较大的就是会计凭证是否包含在股东知情权的查阅范围之内。关于股东有权查阅公司的哪些经营管理信息的问题，理论界与司法实践中的争论激烈，观点繁杂，大致可以归纳概括为“狭义说”“广义说”和“折中说”三种。

“狭义说”认为，股东的查阅范围仅限于《公司法》第三十三条规定的公司章程、股东会会议记录、董事会会议决议、监事会会议决议、财务会计报告、会计账簿。理由有二：一是不能突破现行立法的规定。《公司法》第三十三条采取了列举式的立法规定，对股东查阅范围作出了规定，其中并不包含会计凭证。立法上对会计凭证能否作为股东知情权的范围仍存疑虑。在《公司法》近几次的修订中，尽管法学界对会计凭证能否纳入股东知情权的范围基本持肯定态度，司法实践中也不乏类似案例。但立法上从未正式将会计凭证纳入股东知情权的范围。不仅如此，《公司法》还对查阅会计账簿设置了颇为严格的条件，必须向公司提出书面请求而且要说明目的。二是从审计立法的角度分析，股东的查账权限于会计账簿，不包括会计凭证。

“广义说”认为，除了《公司法》规定的股东有权查阅的文件之外，公司的相关信息也应在查阅范围之内，含会计凭证。主要理由是股东仅查阅会计账簿虽然可以了解一定的会计信息，但一旦会计账簿有虚假情形，公司真实的经营及管理信息就很难被掌握，股东查阅权将形同虚设。会计凭证是编制会计账簿的基础和依据，且不易造假，能够反映会计账簿的真实内容。因此，应对会计账簿作扩大解释，将会计凭证纳入会计账簿的范围。有的法院在适用《公司法》第三十三条解决股东知情权纠纷时，扩张了会计账簿的含义。

“折中说”支持股东的查阅权扩大到会计凭证，但是，对某些涉及公司商业秘密的信息不允许查阅。

笔者认为，股东知情权的行使，与公司治理结构的合理性、公司内部管理和制度运作的成熟度以及整个市场诚信体系的发展节奏密切相关。知情权制度通过赋予股东获取公司各项信息的权利，从而为股东实现其在公司中的合法权益奠定基础。然而，任何权利都是相对的，无限制的权利行使将可能影响到公司的正常运营和长远发展。为了保护公司的利益，就必须对股东的知情权进行必要的限制，为知情权设定权利边界，明确股东知情权的范围，在公司独立经营权与股东查阅权之间建立平衡，以最大限度维护股东的个人利益及公司利益。

《公司法》对股东知情权的范围进行了限定，未将会计凭证纳入其中，系综合考虑了当前我国经济发展水平，公司治理结构及制度运作的成熟度、市场诚信体系的发展节奏的结果。根据我国《会计法》及实务操作，会计账簿及会计凭证、财务会计报告系不同的概念。会计账簿的登记须以经过审核的会计凭证为依据，财务会计报告则由经过审核的会计账簿和有关资料编制而成。会计账簿编制前已经由会计机构和人员对会计凭证进行审核把关，已经能基本反映公司财务状况。退一步说，即便股东在查阅会计账簿的过程中怀疑会计账簿存在造假的情形，可向相关部门进行反映，由相关部门专业人员进行调查即可了解公司真实的财务状况。如若将会计凭证纳入股东的查询范围，不仅操作不便，也可能会对公司的正常经营造成一定影响。

就司法裁判而言，应严格坚持依法解释原则。《公司法》对查阅对象采取了列举式的规定，没有规定可以查阅会计凭证，法院应坚持文义解释。就法律解释而言，会计账簿的概念并不包含"会计凭证"。《会计法》第十三条规定，会计凭证、会计账簿、财务会计报告和其他会计资料，必须符合国家统一的会计制度的规定。《会计法》第十四条规定，会计凭证包括原始凭证和记账凭证。《会计法》第十五条规定，会计账簿登记，必须以经过审核的会计凭证为依据，并符合有关法律、行政法规和国家统一的会计制度的规定。会计账簿包括总账、明细账、日记账和其他辅助性账簿。由此可见，会计账簿的制作虽以会计凭证为依据，但会计账簿与会计凭证实为平行并列关系。《公司法司法解释（四）》删去了征求意见稿中"原始凭证或记账凭证"的规定，也体现了坚持文义解释的原则。

本案涉及的南坂水电站系股份合作制企业，不同于《公司法》规定的有限责任公司和股份有限公司。由于国家没有对股份合作制企业进行专门立法，关于股份合作制企业，目前仅有国家体改委于1997年发布的《关于发展城市股份合作制企业指导意见》（以下简称《指导意见》）的20个原则性条文，没有其他的法律、法规。故在审理股份合作制企业纠纷时，司法实务中的法律适用成为一道难题。

股份合作制企业是指以企业职工出资为主或者全部由企业职工出资构成企

业法人财产，合作劳动，民主管理，按劳分配和按股分红相结合的企业法人。股份合作制企业最早是由“农村合作经济组织”发展而来。1993 年，党的十四届三中全会通过的《关于建立社会主义市场经济体制若干问题的决定》正式提出了股份合作制企业的法律概念：国家要为各种所有制经济平等参与市场竞争创造条件，对各类企业一视同仁，现有城镇集体企业，也要理顺产权关系，区别不同情况可改组为股份合作制企业或合伙企业，有条件的也可以组建为有限责任公司；少数规模大、效益好的，也可以组建为股份有限公司或企业集团，一般小型国有企业，有的可以实行承包经营、租赁经营，有的可以改组为股份合作制，也可以出售给集体或个人。股份合作制企业的特征是以劳动合作为基础，职工共同劳动、共同占有和使用生产资料，利益共享、风险共担；资本合作采取了股份的形式，是职工共同为劳动合作提供的条件，职工既是劳动者又是企业出资人，在利润分配上是按劳分红和按股分红的统一。股份合作制企业兼具人合与资合的特征，是独立的法人。它具有公司法意义上有限责任公司的资合性，但并不是《公司法》概念上的有限责任公司或股份有限公司。虽然股份合作制企业与《公司法》规定的公司形式有所区别，但股份合作制企业具有股份制的内涵和有限责任公司的资合性特征，其市场化运作方式也与公司在一定程度上具有同质性。因此，在审理股份合作制企业的纠纷时，应准确把握股份合作制企业的法律属性，结合个案的具体情况，灵活应用自由裁量权，寻找应当适用的法律法规及政策依据，平衡各方当事人的利益，化解矛盾纠纷。首先依据股份合作制企业的《企业章程》，并参照国家体改委《指导意见》进行裁判，在《企业章程》与《指导意见》没有规定或规定不明确的情形下，可参照适用《公司法》关于有限责任公司的规定及其他相关法律进行裁判。

具体到本案中，南坂水电站于 1990 年年底由杨子聪、邹江文、杨素娟、陈锦松发起成立，并于 1993 年 12 月 9 日正式经工商行政管理部门登记成立，登记的注册资本为 160 万元，企业类型为股份合作制。庄水泉、杨素娟、黄雪冷、陈锦松、邹江文等人在股东名册内，是南坂水电站的合法股东，依法享有知情权。由于南坂水电站的日常经营长期由大股东赵丽珍及其配偶杨子聪负责，庄水泉、杨素娟、黄雪冷、陈锦松、邹江文等人很长时间未参与电站的经营管理。庄水泉、杨素娟、黄雪冷、陈锦松、邹江文等人在向南坂水电站发函要求查阅水电站章程、财务会计报告、会计账簿等资料未果的情况下，向法院提起了诉讼，要求查阅、复制相关的章程（包括章程修正案）、股东会会议决议、财务会计报告，并要求查阅相关的会计账簿（包括总账、明细账、日记账、原始凭证和记账凭证等）。由于南坂水电站章程（包括章程修正案）及《指导意见》并未对股东如何行使知情权及知情权的范围作出规定，因此，法院无法直接援引水电站章程及《指导意见》作出裁判。最终，结合股份合作制企业的法律属性，法院参照《公司法》关于有限责任公司的规定对该案作出了判决。对争议较大的原始凭证和记账凭证能否查询的问题，法院坚持文义解释的原则，对原告要求查阅原始凭证和记账凭证的诉讼请求，依法不予支持。

股东知情权纠纷案件中，原告对股东知情权的行使主要集中在财务会计报告、会计账簿、会计凭证上。原告提出的诉讼请求常常超过法律规定的范畴。在我国《公司法》对股东知情权范围采取列举式规定的情况下，不宜突破法律明文规定，对股东知情权的范围进行扩展。会计凭证不属于会计账簿，亦不在《公司法》规定的股东查阅范围之内，若公司章程没有规定可以对会计凭证进行查阅的情况下，对原告要求查阅会计凭证的诉讼请求，依法不予支持。

在涉及股份合作制企业的股东知情权纠纷案件中，在企业章程未对股东知情权的行使及范围作出规定的情况下，法院可参照《公司法》关于有限责任公司的规定进行裁判。

（**一审法院独任审判员**　陈金友
二审法院合议庭成员　郑国柱　张文池　郭胜华
编写人　福建省漳平市人民法院　朱经炜
责任编辑　李　明
审稿人　曹士兵）

二、案例精析

【编者按】 各级人民法院坚持“反映审判全貌，总结审判经验，服务审判工作”的编辑方针，突出“真实、全面、及时、说理”的编辑特色，报送了一批具有典型性、新类型、重大疑难复杂案例，对指导审判业务、宣传国家法制、预防和化解社会矛盾纠纷，促进法学教育与理论研究作出了积极努力。《人民法院案例选》将继续坚持这一优良传统，并通过中国应用法学研究所责任编辑撰写编后补评等方式，对判决和评析中虽未提及但比较重要的或评析不充分的问题，进行补充评析，以期达到总结经验教训、指导审判业务、促进理论研究的目的。

刑　事

陈远、王天有等违法运用资金案

——违法运用资金罪中的情节认定

关键词：刑事　违法运用资金　保险资金运用　情节严重

【裁判要旨】

1. 情节严重是违法运用资金罪的入罪标准；此罪规定了情节严重、情节特别严重两档量刑，也可因情节轻微免予刑事处罚。入罪情节和量刑情节的两个“情节”分属于不同的维度，服务于不同的审判需要，并不矛盾，亦不冲突。

2. 违法运用资金罪的情节轻重认定应结合犯罪数额、保险资金运用规模巨大的特点、是否造成损失、是否产生恶劣社会影响或者其他严重后果等因素综合评价。

3. 情节特别严重是违法运用资金罪的情节加重犯，应结合加重数额、加重结果及犯罪目的、犯罪动机等主客观因素予以认定。

【相关法条】

《中华人民共和国刑法》第一百八十五条之一　商业银行、证券交易所、期货交易所、证券公司、期货经纪公司、保险公司或者其他金融机构，违背受托义务，擅自运用客户资金或者其他委托、信托的财产，情节严重的，对单位判处罚金，并对其直接负责的主管人员和其他直接责任人员，处三年以下有期徒刑或者拘役，并处三万元以上三十万元以下罚金；情节特别严重的，处三年以上十年以下有期徒刑，并处五万元以上五十万元以下罚金。

社会保障基金管理机构、住房公积金管理机构等公众资金管理机构，以及保险公司、保险资产管理公司、证券投资基金管理公司，违反国家规定运用资金的，对其直接负责的主管人员和其他直接责任人员，依照前款的规定处罚。

第三十七条 对于犯罪情节轻微不需要判处刑罚的，可以免予刑事处罚，但是可以根据案件的不同情况，予以训诫或者责令具结悔过、赔礼道歉、赔偿损失，或者由主管部门予以行政处罚或者行政处分。

【案件索引】

一审：北京市西城区人民法院（2017）京0102刑初343号（2017年12月25日）

二审：北京市第二中级人民法院（2018）京02刑终178号（2018年9月29日）

【基本案情】

北京市西城区人民检察院指控：中融人寿保险股份有限公司（以下简称中融人保公司）经中国保险监督管理委员会（以下简称保监会）批准，于2010年3月注册成立。2011年12月至2013年11月，被告人陈远在担任中融人保公司董事长期间，伙同被告人王天有，以购买灾备系统、支付投资预付款等名义，多次将中融人保公司的资金非法拆借给上海润科通信科技有限公司等企业使用，拆借资金共计人民币5.24亿元。其中，资本金账户支出共计人民币1.74亿元，保险产品资金专用账户支出共计人民币3.5亿元。被告人胡全学于2011年12月至2013年8月间，作为经办人参与非法拆借资金共计人民币2.54亿元。

被告人陈远及其辩护人辩护：涉案款项支出的性质系投资行为。其辩护人辩护意见如下：（1）中融人保公司与上海润科通信科技有限公司间签有投资顾问协议，二者间的资金往来不是借款关系；（2）国务院相关文件鼓励创新保险资金的运用方式，保险公司出借资金的行为没有违反国家法律、法规；（3）本案涉及事项已由保监会进行了处罚，而并未移交司法机关，无需刑法再予以处理；（4）被告人陈远对中融人保公司与相关企业签订借款协议的事情不知情，亦不应承担责任；（5）本案涉及的5.24亿元资金并未出现任何损失；请求法院对被告人陈远宣告无罪。

被告人王天有及其辩护人辩护：自己作为公司的副总经理及财务负责人，是按照董事长陈远的工作安排履行职务，在公司资金运作的问题上，自己不是主要责任人。其辩护人辩护意见如下：（1）在涉案资金的支出用途上，公诉机关不能排除“项目投资”的可能；（2）借款事实可产生债权关系，保险公司将资金用于债权投资亦属国务院文件规定的合法、合理运用资金行为；（3）对于同类事件，均是由保监会作出行政处罚，执法尺度应予统一；（4）被告人王天有不是涉案保险公司的负责人，其只是接受公司负责人陈远的指派从事程序性工作，其本人并无违法运用资金的主观故意，与陈远亦未形成合意共谋；（5）本案涉及的5.24亿元资金未产生损失；（6）在保监会已处理的同类违规事件中，本案涉及的金额明显较少，亦不属情节严重。

被告人胡全学及其辩护人辩护：自己在公司内只履行岗位职责，不清楚且亦未参与资金拆借一事，没有违法运用资金的主观故意，亦无重大过失。其辩护人辩护意见如下：（1）被告人胡全学在保险公司内不是管理决策人员，其对资金用途不知情，且与陈远、王天有并无合谋；（2）被告人胡全学对违法运用资金的事实亦无放任的间接故意；（3）被告人胡全学在本案中所起作用较小。

法院经审理查明：中融人保公司是2010年3月注册成立的民营保险公司，联合铜箔（惠州）有限公司（以下简称联合铜箔公司）是中融人保公司的发起人和股东之一。同时，联合铜箔公司是上市公司中科英华高技术股份有限公司（以下简称中科英华公司）的全资子公司。

2011年12月至2013年11月间，经时任董事长的陈远决定及时任副总经理兼财务负责人的王天有审核，中融人保公司以“购买灾备系统”“支付投资预付款”等名目，先后将13笔该公司资本金账户、保险产品资金专用账户内的资金出借给上海润科公司使用，累计出借资金为5.24亿元。上海润科公司收到中融人保公司上述资金后，随即通过上海博晨实业有限公司账户分别转入中科英华公司实际控制的多家公司账户。涉案资金的最终使用人为中科英华公司，用于该公司“续贷”“倒贷”的资金周转。2013年2月至2013年11月，中融人保公司先后回收款项9笔，金额累计为5.27亿余元。其间，胡全学作为中融人保公司风控信评部负责人，在没有确认存在投资项目的情况下，经王天有授意，于2011年12月至2013年8月间，以“购买灾备系统”“支付投资预付款”等名目多次发起付款申请，涉及资金共计2.54亿元。

【裁判结果】

北京市西城区人民法院于2017年12月25日作出（2017）京0102刑初343号刑事判决：一、被告人陈远犯违法运用资金罪，免予刑事处罚。二、被告人王天有犯违法运用资金罪，免予刑事处罚。三、被告人胡全学犯违法运用资金罪，免予刑事处罚。

宣判后，原公诉机关北京市西城区人民检察院提出抗诉；原审被告人陈远、王天有、胡全学不服，提出上诉。

北京市第二中级人民法院于2018年9月29日作出（2018）京02刑终178号刑事判决：一、维持北京市西城区人民法院（2017）京0102刑初343号刑事判决书主文第三项。二、撤销北京市西城区人民法院（2017）京0102刑初343号刑事判决书主文第一项、第二项。三、上诉人陈远犯违法运用资金罪，判处有期徒刑一年六个月，并处罚金人民币15万元。四、上诉人王天有犯违法运用资金罪，判处有期徒刑一年，缓刑一年，并处罚金人民币10万元。

【裁判理由】

法院生效裁判认为：

一、中融人保公司运用资金的性质属于关联企业之间的资金拆借行为

合同的实际履行情况及涉案资金的流向显示，中融人保公司运用资金的行为与设备采购和投资无关。涉案资金未使用于合同约定的用途，资金运用的过程符合资金拆借的特征，且陈远、王天有亦供认转出资金最终由中科英华公司实际使用。上述证据能够相互印证涉案资金的运用属资金拆借的事实。

二、中融人保公司拆借保险资金的行为违反了国家规定

（一）保险公司运用资金只能限于《保险法》规定的领域及国务院规定的其他资金运用形式

对保险资金的管理、利用，《保险法》以“白名单”的方式作了严格、明确的规定，即只能运用于《保险法》规定的领域及国务院规定的其他资金运用形式。该条文规范的目的，是保险公司作为金融机构，资金运用必须稳健，遵循安全性原则，其资金应用于投资，确保保险资金的保值和增值，进而确保

保险资金的良性运转。

（二）中融人保公司资金拆借的行为超出了《保险法》及国务院相关文件规定的保险资金运用范围

首先，《保险法》的立法演变虽然就保险资金的运用领域呈现扩大趋势，但从未允许保险公司可以向其他企业拆借资金。其次，国务院发布的《关于加快发展现代保险服务业的若干意见》《关于深化投融资体制改革的意见》等文件，虽然提出逐步放宽保险资金投资范围，创新资金运用方式，鼓励保险公司通过投资企业股权、债权、基金、资产支持计划等多种形式，在合理管控风险的前提下，为科技型企业、小微企业、战略性新兴产业等发展提供资金支持，但中融人保公司向关联企业拆借资金，并非保险资金的创新运用方式，明显与国务院相关文件的规定不符。这种拆借行为违背保险公司基本利益，因而也不可能是上述意见所认可的资金运用方式。

三、本案属于情节严重

《刑法》第一百八十五条之一第二款关于违法运用资金罪的法定刑援引第一百八十五条之一第一款背信运用受托财产罪的规定，有“情节严重”“情节特别严重”两种情形和两个量刑档次。“情节严重”是本罪的定罪条款兼具量刑条款。

根据《最高人民检察院、公安部关于公安机关管辖的刑事案件立案追诉标准的规定（二）》，违法运用资金罪的追诉标准为：（1）违反国家规定运用资金数额在30万元以上的；（2）虽未达到上述数额标准，但多次违反国家规定运用资金的；（3）其他情节严重的情形。上述规定中，将犯罪数额、次数作为独立的情节评价标准，即违反国家规定运用资金数额在30万元以上，或者虽未达到上述数额标准，但多次违反国家规定运用资金的，即达到情节严重的定罪标准。

（一）中融人保公司违法运用资金的行为，属犯罪情节严重

中融人保公司违法运用资金13笔，每笔500万元至1.1亿元不等，累计金额5.24亿元，违法运用资金数额巨大，次数多；违法运用资金的起止时间为2011年12月至2013年11月，时间跨度较大，资金风险持续时间较长；且中融人保公司在运用资金的过程中未采取必要风险控制措施，资金使用风险较大；其拆借资金以签订虚假合同为手段，恶意逃避监管，违背股东利益，使巨额资金的运用处于不确定状态，社会危害性较大，依法应当认定为犯罪情节严重。

（二）应结合本案特点综合评判是否达到情节特别严重的程度

虽然在金融犯罪中通常以犯罪数额作为情节严重程度的标准，但犯罪数额在不同的领域表现出来的社会危害性有一定的差异。保险公司作为金融机构，通常具有运用资金规模巨大的特点，如果单纯以犯罪数额作为情节轻重的标准，则忽视了犯罪危害的特殊性，影响罪责刑的统一。是否属于情节特别严重，应当结合本案特点进行综合评判。

首先，虽然本案违法运用资金的总额达5.24亿元，但上述资金分13笔转出，中融人保公司一方面回收之前借出的资金，一方面又拆借出新的款项，资金运用处于循环状态，并非所有涉案资金同时处于风险之中。其次，资金使用方中科英华公司是上海证券交易所上市公司，偿付能力较强，且资金往来账目清晰，大部分资金占用时间较短，故虽然所涉保险资金的安全处于不确定状态，但尚未造成特别巨大的风险。最后，在客观上，中融人保公司所拆借的资金均已收回，没有造成实际经济损失，也未造成特别重大的社会危害。

四、陈远、王天有、胡全学构成违法运用资金罪，陈远、王天有系主犯，胡全学应认定为从犯

陈远作为中融人保公司的董事长，是该公司违法运用资金行为的决策者；王天有作为中融人保公司的董事、副总经理兼财务负责人，是主持实施违法运用资金行为的负责人，均应以直接负责的主管人员身份承担法律责任；胡全学在没有确认存在投资项目、明知存在违法运用资金风险的情况下，仍然按照王天有的授意发起用款申请，应以其他直接责任人员的身份承担法律责任。在共同犯罪中，陈远是决策者，作用最大；王天有系主持实施违法运用资金行为的负责人，作用相比陈远较小，该二人在共同犯罪中均起主要作用，系主犯，应当按照其所参与或者组织、指挥的全部犯罪处罚。胡全学系受指使参与犯罪，在共同犯罪中起次要作用，系从犯，依法应对其从轻处罚。

五、关于对陈远、王天有、胡全学的刑事追诉与原保监会行政处罚之间的关系问题

监管部门的行政处罚与司法机关依法刑事追诉，均系为维护金融市场秩序，保障公众资金的安全。针对中融人保公司违法运用保险资金的行为，原保监会虽对该公司及陈远等人进行了行政处罚，但该公司违法运用资金的行为情节严重，已触犯了刑律，故应依法对陈远等人进行刑罚处罚。由于触犯法律类型的不同，行政违法责任的追究不能替代刑事责任的追究。

【案例注解】

2006年6月29日《刑法修正案（六）》在《刑法》第一百八十五条后增加一条作为第一百八十五条之一，增设了违法运用资金罪，明确规定了与广大群众切身利益息息相关的社会保障基金、住房公积金等公众资金的投资、利用方式，是为惩罚相关机构违规使用公众资金、保障涉及公众利益的资金安全、规范国家金融保险秩序而设立的罪名。实践中对此类行为多以保监会行政处罚的方式进行制裁。本案系违法运用资金罪适用的第一案，关于涉案行为入罪标准与量刑情节的确定存在诸多疑难之处。本案的最大争议焦点就在于各被告人的行为是情节轻微、情节严重还是情节特别严重。本案犯罪数额5.24亿元，远超追诉标准，一审法院认定本案系情节轻微；北京市西城区人民检察院抗诉认为本案属情节严重；北京市人民检察院第二分院则认为构成情节特别严重。同一事实，认定标准不同导致对犯罪情节的判断截然不同，直接影响量刑幅度。因此，把握好本罪的情节认定标准，是违法运用资金罪适用的重中之重。

一、违法运用资金罪的入罪情节判定

《刑法》中所称情节，是指除客观损害结果外，影响行为社会危害程度的各种情况，如行为的方法、手段、时间、地点、行为人的动机、目的、一贯表现等。[①] 刑法对情节作了程度不等的各种表述，包括情节特别恶劣、情节恶劣、情节特别严重、情节严重、情节较轻、情节轻微和情节显著轻微七种。情节较轻（《刑法》第一百一十一条）一般是作为从轻处理的条件，即对已经构成犯罪的行为适用较低档次的法定刑；情节轻微（《刑法》第三十七条）是免予处罚的条件，即对已经构成犯罪的行为不予刑事处罚；情节显著轻微，则可能不认为是犯罪。情节轻微从表面上看，似乎仅比《刑法》第十三条但书规定中的情节显著轻微高一个档次，但实际上两者有质的差别，属于截然不同的判断维度。情节轻微以行为已经构成犯罪为前提，属于“要不要判刑”的量刑节点，而情节显著轻微则可能属于非罪的事实情况范围，是区分罪与非罪的情节，属于“要不要入罪”的判断节点。应当明确，入罪情节和量刑情节的两个“情节”并不是同一层次使用的概念，而是分属于不同的维度，服务于

---

① 储槐植、张永红：《善待社会危害性观念——从我国刑法第13条但书说起》，载《法学研究》2002年第3期。

不同的审判需要，此二者并不矛盾，亦不冲突。

根据《最高人民检察院、公安部关于公安机关管辖的刑事案件立案追诉标准的规定（二）》对违法运用资金罪的追诉标准的规定为：（1）违反国家规定运用资金数额在30万元以上的；（2）虽未达到上述数额标准，但多次违反国家规定运用资金的；（3）其他情节严重的情形。根据《刑法》第一百八十五条之一第二款规定，违法运用资金罪的法定刑援引第一百八十五条之一第一款背信运用受托财产罪的规定，情节严重的，对其直接负责的主管人员和其他直接责任人员，处三年以下有期徒刑或者拘役，并处3万元以上30万元以下罚金；情节特别严重的，处三年以上十年以下有期徒刑，并处5万元以上50万元以下罚金。可见，对于违法运用资金罪的入罪情节，须达到违反国家规定运用资金且情节严重，即情节严重是本罪的基本犯。该条文表述已将情节显著轻微的情形排除在犯罪之外，即只要涉案行为符合上述规定的成立条件，就应当认定为犯罪，而不能以情节显著轻微、危害不大为由宣告无罪。在当前我国行政处罚和刑事制裁的违法—犯罪二元机制之下，此罪立法既定性又定量的模式，有效地解决了行政处罚和刑事追诉的二元划分。定量因素抬高了本罪的犯罪构成门槛，使所有属于“情节显著轻微、危害不大”的违规运用资金行为以不符合犯罪构成而被过滤掉，从而可仅处以行政处罚，而对于不属于“情节显著轻微、危害不大”的违法行为则应加以刑罚处罚。具体到本案，针对中融人保公司违法运用保险资金的行为，原保监会对该公司及陈远等人进行了行政处罚，但违法运用资金的行政责任与刑事责任追诉之间并不冲突矛盾。监管部门的行政处罚与司法机关依法刑事追诉，均系为维护金融市场秩序，保障公众资金的安全。本案中该公司违法运用资金的行为情节严重，已触犯了刑律，故应依法对涉案人员进行刑罚处罚。

二、违法运用资金罪的量刑情节认定

根据上述规定，对于违法运用资金罪的量刑情节判断，可能出现三种情况：情节轻微、情节严重、情节特别严重。关于情节轻微，仍见于《刑法》第三十七条的规定。关于情节严重之规定，前述法律条文将犯罪数额、次数作为独立的情节评价标准，即违反国家规定运用资金数额在30万元以上，或者虽未达到上述数额标准，但多次违反国家规定运用资金的，即达到情节严重的标准。但对于情节特别严重的判断标准，法律及司法解释尚无明确规定。经查，陕西省、河南省、天津市高级人民法院制定了关于违法运用资金罪情节特别严重标准的相关意见，其中陕西省高级人民法院规定数额100万元以上为情节特别严重，河南省、天津市高级人民法院规定数额150万元以上为情节特别严重，但实践中均尚未适用。

从犯罪数额来看，金融犯罪通常以犯罪数额作为情节严重程度的判断标准，但犯罪数额在不同的领域表现出来的社会危害性有一定的差异。考虑到本罪的适格主体特征、资金运用规模、社会危害性等因素，在判断本案情节严重程度时如果单纯以犯罪数额作为情节轻重的标准，容易忽视犯罪危害的特殊性，影响罪责刑相适应。

从资金运用特点来看，据银保监会提供的近期数据，全国保险公司、保险资产管理公司共计200余家，总资产17.6万亿，运用资金数额15.6万亿。本案中融人保公司虽然是一家规模较小的人寿保险公司，但案发时总资产255亿元，运用资金的规模也在200亿元以上。作为金融机构，保险公司运用资金的规模动辄千万元，甚至更巨。最高人民检察院、公安部规定的30万元刑事追诉标准已经远远低于实践情况，不符合保险公司资金运用规模通常巨大的特点，这是一个立法和司法解释技术上的难题。因此，本罪关于数额的规定应属于量刑情节之一，作为情节因素的数额并不能产生独立确定犯罪的定量要件，[①] 而必须结合资金安全、资金运用特点、社会危害性等其他情节因素综合考量。

从立法目的来看，首先，违法运用资金罪立法的目的之一是为了保障公众资金的安全，[②] 评价违法运用资金罪的犯罪情节时，资金的风险程度、造成的社会影响及后果是界定情节轻重的重要因素。其次，本罪规定于《刑法》第三章“破坏社会主义市场经济秩序罪”中，可见本罪侵犯的法益不仅包括特定公众资金的安全，还包括保险金融管理秩序。由于保险类资金通常具有数额庞大的特点，更易于操控产生收益，但从法益侵犯性而言，认定本罪既遂的标准，并不必然是造成了资金损失，而是实施了违法运用资金的行为，造成公众资金安全风险及冲击保险金融业管理制度即可。

综上，结合本案案情，得出以下结论：

---

① 张勇：《犯罪数额研究》，中国方正出版社2004年版，第85页。

② 2005年12月24日，全国人大常委会法工委相关负责人在第十届全国人大常委会第十九次会议作《关于〈中华人民共和国刑法修正案〉（六）（草案）的说明》：“有些部门提出，负责经营、管理保险资金、社会保障基金、住房公积金等公众资金的单位，违反国家规定运用资金的，将会严重影响公众资金的安全，影响社会稳定，对情节严重的，应当追究刑事责任。法制工作委员会经同有关部门研究，拟在刑法中增加规定……”参见《中华人民共和国全国人民代表大会常务委员会公报》2006年第6期。

（一）陈远、王天有的行为不属于情节轻微

《刑法》第三十七条规定的“情节轻微”从社会危害性角度看，涉案行为应当符合不具有较大社会危害性的性质。其精神意蕴在于，从一般预防角度考虑，在认定被追诉者有罪的基础上，若不对被追诉者判处刑罚也不会在客观上起到鼓励他人模仿犯罪的负面效果。而实际上，目前保险公司违规拆借资金现象并不鲜见，近年来，因违规运用资金被处罚的案件达900余件，除本案外，保监会2009年以来共计对8个类似案件进行了行政处罚，本案造成的行业负面影响颇为严重。从量刑情节来看，情节轻微应包括法定的从轻、减轻或者免除处罚情节。本案除胡全学在共同犯罪中起次要作用，听命于王天有，系受指使参与犯罪，应当认定为从犯，具有法定从轻情节外，陈远、王天有均不具有法定从轻、减轻或者免除处罚情节，不宜认定为情节轻微。

（二）陈远、王天有的行为应属情节严重

从犯罪数额、资金风险防控、保险金融管理秩序等方面考量，中融人保公司违法运用资金累计金额5.24亿元，已远超出30万元入罪标准，且在运用资金的过程中未采取必要风险控制措施，使巨额资金的运用处于不确定状态，当属情节严重。首先，运用资金具有随意性。陈远个人决策将资金拆借给关联企业，事前未对资金运用的风险进行评估，没有要求资金使用方提供保证或者担保，事中未安排专门的部门和人员对资金的使用过程进行监督、管控，造成保险资金处于风险之中。其次，违法运用资金数额巨大，次数多。本案违法运用资金13笔，每笔500万元至1.1亿元不等，累计金额5.24亿元。最后，违法运用资金时间跨度较大。本案违法运用资金的起止时间为2011年12月至2013年11月，时间跨度较大，使资金持续处于风险之中，具有较大的社会危害性。

（三）本案不能认定为情节特别严重

“情节严重”是本罪的基本情节犯，因此“情节特别严重”则是本罪的情节加重犯。本罪“情节特别严重”之认定尚无明文规定，结合刑法基本理论及本案，笔者认为其加重情节的具体判断仍应当以主客观相统一为标准。

1. 是否存在客观加重。情节加重犯中的加重情节，是反映犯罪的社会危害性和行为人的人身危险性及其程度并决定该罪轻重，从而决定量刑程度的事实因素。虽然本罪的加重情节没有具体规定，但是结合案情及《刑法》第三章第四节破坏金融管理秩序罪的相关规定，加重数额、加重结果等因素应当被纳入考虑范围。就加重数额而言，虽然本案涉案金额达5.24亿元，但仍应结合保险资金运用规模加以比较。保监会对违规运用保险资金进行行政处罚的案例中，如平安资产公司对50亿元的募集资金进行定向投资时未谨慎处理相关投资计划事务，显示出保险资金运用规模通常相当庞大，相较而言，本案犯罪数额难以达到加重数额的条件。就加重结果而言，出借的资金本息已全部偿还，没有造成实际经济损失，亦不宜认定为加重处罚条件。

2. 是否存在主观加重。情节加重犯之加重情节并不全部属于客观加重处罚的因素，加重情节还应包括犯罪目的、犯罪动机等主观加重处罚的因素。具体到本案，中融人保公司拆借资金的行为，资金进出账清晰，且中科英华公司使用资金的方向与借款的目的相符，即中科英华公司用作“续贷”“倒贷”，均按约定归还，难以认定犯罪目的或者动机具有进一步加重情节，因此不宜认定为情节特别严重。

（**一审法院合议庭成员**　程　杰　刘海燕　赵建媛
二审法院合议庭成员　陈胜涛　周　耀　吴炎冰
编写人　北京市第二中级人民法院　陈胜涛　王钰楠
责任编辑　包献荣
审稿人　李玉萍）

杜振狮非法经营案

——利用电商平台消费信用额度非法套现的性质认定

关键词：刑事　非法经营　电商平台　消费额度　套现服务

【裁判要旨】

违反国家规定，采取虚构交易、虚开价格、交易退款等方式为他人提供电商平台消费额度套现服务，将交易货款支付给买家并从中扣取手续费，情节严重的，应以非法经营罪定罪处罚。

【相关法条】

《中华人民共和国刑法》第二百二十五条第三项　违反国家规定，有下列非法经营行为之一，扰乱市场秩序，情节严重的，处五年以下有期徒刑或者拘役，并处或者单处违法所得一倍以上五倍以下罚金；情节特别严重的，处五年以上有期徒刑，并处违法所得一倍以上五倍以下罚金或者没收财产：

（三）未经国家有关主管部门批准非法经营证券、期货、保险业务的，或者非法从事资金支付结算业务的；

《最高人民法院、最高人民检察院关于办理非法从事资金支付结算业务、非法买卖外汇刑事案件适用法律若干问题的解释》第一条　违反国家规定，具有下列情形之一的，属于刑法第二百二十五条第三项规定的“非法从事资金支付结算业务”：

（一）使用受理终端或者网络支付接口等方法，以虚构交易、虚开价格、交易退款等非法方式向指定付款方支付货币资金的；

（二）非法为他人提供单位银行结算账户套现或者单位银行结算账户转个

人账户服务的；

（三）非法为他人提供支票套现服务的；

（四）其他非法从事资金支付结算业务的情形。

【案件索引】

一审：重庆市江北区人民法院（2017）渝0105刑初817号（2017年11月14日）

【基本案情】

重庆市江北区人民检察院指控：被告人杜振狮在未取得相关金融资质的情况下，于2015年7月与杜府城（另案处理）、杜聪明（另案处理）、杜水平（另案处理）等人共谋串通淘宝用户，在淘宝网上店铺虚构商品交易，利用“蚂蚁花呗”套现。杜振狮等人在扣除手续费后，将余款转入淘宝用户的支付宝账户。杜振狮、杜府城等人所获取的手续费，除一部分支付给中介人员外，余款由杜振狮、杜府城等人瓜分。2015年11月10日至2015年11月13日，被告人杜振狮与杜府城等人通过中介人员串通多名淘宝用户，虚构交易共计2500余笔，套取人民币470万余元。公诉机关认为，被告人杜振狮的行为触犯了《刑法》第二百二十五条第三项的规定，已构成非法经营罪，杜振狮到案后如实供述罪行，提请对其依法判处。

被告人杜振狮对起诉书指控的事实及罪名无异议。其辩护人提出被告人杜振狮的行为不属于非法从事支付结算业务，不构成犯罪。杜振狮到案后如实供述罪行，在本案中所起作用小于杜府城，系初犯，如认定其构成犯罪，建议对杜振狮判处三年以下有期徒刑并适用缓刑。

法院经审理查明：2015年7月，被告人杜振狮与杜府城（另案处理）等人共谋串通淘宝用户，在淘宝网上店铺虚构商品交易，利用“蚂蚁花呗”套现，并从中收取手续费。其具体手法是，杜振狮、杜府城等人向杜爱民（另案处理）等人购得可以使用“蚂蚁花呗”支付的淘宝店铺后，通过中介人员将店铺的链接发送给意图套现的淘宝用户，淘宝用户则根据其套现的金额点击链接购买同等价值的商品，同时申请由“蚂蚁花呗”代为支付货款。杜振狮、杜府城所掌控的淘宝店铺的支付宝账户在收到货款后，淘宝用户在无真实商品交易的情况下即在购物页面确认收货随即再申请退货，杜振狮、杜府城等人扣除7%～10%的手续费后，将剩余的款项转入淘宝用户的支付宝账户。杜振狮、杜府城等人所获取的手续费，除一部分支付给中介人员外，余款由杜振狮、杜府城等人分配。2015年11月10日至2015年11月13日，被告人杜振狮等人通过“阿斌8822”“心心相印潮尚馆”“大祥小祥大大祥”“值得一饰潮尚馆”等淘宝网上店铺，串通多名淘宝用户，虚构交易2500余笔，利用“蚂蚁花呗”套取470万余元，被告人杜振狮获利6000余元。

另查明：“蚂蚁花呗”系重庆市阿里巴巴小额贷款有限公司于2014年下半年开发的小额信贷产品，该公司经营范围为在全国范围内开展办理各项贷款，票据贴现、资产转让业务。“蚂蚁花呗”的特点是用户在淘宝、天猫和部分外部商家消费时，可选择由“蚂蚁花呗”先行垫付货款，在规定的还款日之前向“蚂蚁花呗”偿还欠款无需支付利息及其他费用，但其不具备直接提取现金的功能。

【裁判结果】

重庆市江北区人民法院于2017年11月14日作出（2017）渝0105刑初817号刑事判决：被告人杜振狮犯非法经营罪，判处有期徒刑二年六个月，并处罚金人民币3万元。

宣判后，被告人杜振狮未提出上诉，判决已发生法律效力。

【裁判理由】

法院生效裁判认为：被告人杜振狮伙同他人利用淘宝店铺虚构交易收款并扣除手续费后再通过支付宝向淘宝用户支付资金，数额达470万余元，扰乱了市场经济秩序，情节严重，其行为已构成非法经营罪，依法应予以处罚。公诉机关指控的事实清楚，证据充分，指控的罪名成立。关于辩护人提出杜振狮的行为不属于非法从事支付结算业务，其行为不构成犯罪的辩护意见。经审理认为，根据中国人民银行《支付结算办法》的规定，支付结算是指单位、个人在社会经济活动中使用票据、信用卡和汇兑、托收承付、委托收款等结算方式进行货币给付及其资金结算的行为。银行是支付结算和资金清算的中介机构。根据国务院《非法金融机构和非法金融业务活动取缔办法》的规定，未经中国人民银行依法批准，任何单位和个人不得擅自从事金融业务活动。而杜振狮在没有真实交易的情况下，通过虚构交易，将重庆市阿里巴巴小额贷款公司的资金直接支付给淘宝用户，并从中获利，系未经国家有关主管部门批准非法从事资金支付结算业务的行为，符合我国《刑法》第二百二十五条第三项所规定非法经营罪的构成要件。杜振狮到案后，如实供述罪行，审理中认罪、悔罪，依法对其从轻处罚。

【案例注解】

本案系全国首例利用淘宝"蚂蚁花呗"信用额度非法套现案件。近年来，随着互联网经济的兴起和蓬勃发展，网络消费、网络支付、移动支付等日益兴盛，"支付宝""蚂蚁花呗""京东白条"等新兴网络金融公司和网络金融产品发展迅猛，有些甚至已成为社会经济生活中不可或缺的重要金融手段。在传统金融领域，各类严重扰乱市场经济秩序的行为，都有相对明确的规定。但在新兴金融领域，因为金融与新技术的结合，让一些新类型犯罪行为的性质不容易被识别。特别是在新生事物出现后较长一段时间内，法律监管容易存在漏洞。对行为人利用淘宝"蚂蚁花呗"套现赚取手续费的行为应如何定性，相关法律、司法解释未予以明确。司法实践中，对"蚂蚁花呗"套现行为应否入罪、以何种事由入罪存有不同看法。

一、关于电商平台消费信用额度的性质

随着互联网金融、网络支付的发展，一些电商平台为促进消费、吸引消费者，纷纷赋予平台用户一定的消费信用额度，用户可以在购物消费时选择信用额度内先消费，由相关公司垫付货款，到规定的还款期后再还款，有一定的免息期。如京东商城的"京东白条"、淘宝网的"蚂蚁花呗"、苏宁易购的"任性付"等。就"蚂蚁花呗"而言，其系重庆市阿里巴巴小额贷款有限公司开发的小额信贷产品。自2016年起，"蚂蚁花呗"转由重庆市蚂蚁小微小额贷款有限公司运营。重庆市阿里巴巴小额贷款有限公司根据消费者的网购情况、支付习惯、信用风险等综合考虑，通过大数据运算，结合风控模型，授予用户500～50000元不等的消费额度。用户在消费时，可以预支"蚂蚁花呗"的额度，在确认收货后再进行还款，最长免息期可达41天。到期还款日当天系统依次自动扣除支付宝账户余额、余额宝（需开通余额宝代扣功能）、借记卡快捷支付（含卡通）用于还款已出账单未还部分。消费者也可以主动进行还款，如果逾期不还每天将收取万分之五的逾期费。"蚂蚁花呗"自2015年4月正式上线，主要用于在天猫、淘宝上购物，后开始打破了购物平台的限制，将服

务扩展至更多的线上线下消费领域。目前，“蚂蚁花呗”已经走出阿里系电商平台，共接入了40多家外部消费平台：大部分电商购物平台，比如亚马逊、苏宁等；本地生活服务类网站，比如口碑、美团、大众点评等；主流3C类官方商城，比如乐视、海尔、小米、OPPO等官方商城；以及海外购物的部分网站。

蚂蚁花呗为消费者提供的消费信用额度、免息期等服务，类似银行提供的信用卡服务，但其并不属于信用卡服务。主要理由是，根据中国人民银行《支付结算办法》第一百三十条、第一百三十二条、第一百二十四条规定，信用卡是指商业银行向个人和单位发行的，凭以向特约单位购物、消费和向银行存取现金，且具有消费信用的特制载体卡片。商业银行、非银行金融机构开办信用卡业务须报经中国人民银行总行批准，其所属分、支机构开办信用卡业务，须报经辖区内中国人民银行分、支行备案。商业银行（包括外资银行、合资银行）、非银行金融机构未经中国人民银行批准不得发行信用卡。即信用卡的发行主体必须是经过中国人民银行批准注册备案的商业银行或者其他金融机构。而根据中国人民银行等五部门出台的《金融业企业划型标准规定》，小额贷款公司属于该文件中的“其他金融机构”。虽然提供“蚂蚁花呗”服务的重庆市蚂蚁小微小额贷款有限公司属于小贷公司，属于其他金融机构，但其只有报请中国人民银行批准并加以报备之后才能具有发行信用卡的资质。根据重庆市蚂蚁小微小额贷款有限公司的经营范围看，其不具有发行信用卡的资质，只具有发放贷款的资质。因此，重庆市蚂蚁小微小额贷款有限公司并不具有信用卡发行资格，其所开展的“蚂蚁花呗”业务不能归入信用卡业务。从用户在开通“蚂蚁花呗”服务与重庆市蚂蚁小微小额贷款有限公司签订《花呗用户服务合同》看，“蚂蚁花呗”能够向用户提供商品分期和消费贷款等服务，因此“蚂蚁花呗”实质是一款新型网络消费信贷产品。

二、关于资金支付结算业务规定是否属于非法经营罪中“国家规定”

根据《刑法》第二百二十五条规定，非法经营罪以违反国家规定为前提。该条“违反国家规定”属于典型的空白罪状。空白罪状，又称空白刑法，不完备刑法，对于其构成要件中的禁止内容事项，刑法条文本身并无直接规定，必须援引其他相关部门法规进行判断，方能补足构成要件上的完整性。与完备刑法规范相比较而言，空白刑法规范最显著的特征即表现为存在较大规范弹性，其构成要件的完备需要援引具体的非刑事部门法律法规内容进行规范要素判断，才能在具体个案中实现构成要件明确性。[①] 结合《刑法》第九十六条规定，违反国家规定，是指违反全国人民代表大会及其常务委员会制定的法律和决定，国务院制定的行政法规、规定的行政措施、发布的决定和命令，但不包括违反规章的规定，更不包括地方各级人民政府所颁布的规范性文件的规定。资金支付结算业务属于金融业务，未经批准从事资金支付结算业务则属于非法金融业务。对此，国务院于1998年颁布并于2011年进行修订的《非法金融机构和非法金融业务活动取缔办法》第四条明确："本办法所称非法金融业务活动，是指未经中国人民银行批准，擅自从事的下列活动：（一）非法吸收公众存款或者变相吸收公众存款；（二）未经依法批准，以任何名义向社会不特定对象进行的非法集资；（三）非法发放贷款、办理结算、票据贴现、资金拆借、信托投资、金融租赁、融资担保、外汇买卖；（四）中国人民银行认定的其他非法金融业务活动。"由于《非法金融机构和非法金融业务活动取缔办法》属于国务院发布的行政法规，属于《刑法》第二百二十五条非法经营罪条款中"国家规定"之范围。因此，行为人未经中国人民银行批准，擅自从事办理结算业务以及其他非法金融业务的，符合非法经营罪中"违反国家规定"范围。

三、关于从事资金支付结算业务的认定

资金支付结算业务行为系《刑法》规定的非法经营行为之一，但具体如何认定资金支付结算业务行为，《刑法》第二百二十五条并未作出明确的规定，而只是概括性作出了表述。根据中国人民银行《支付结算办法》第三条、第六条的规定，支付结算是指单位、个人在社会经济活动中使用票据、信用卡和汇兑、托收承付、委托收款等结算方式进行货币给付及其资金清算的行为。银行是支付结算和资金清算的中介机构。未经中国人民银行批准的非银行金融机构和其他单位不得作为中介机构经营支付结算业务，但法律、行政法规另有规定的除外。从该办法列举的支付结算行为形式来看，资金支付结算行为包含了货币的支付行为和资金清算两个方面的内容。从资金支付结算本质上看，无论是资金的支付还是资金的结算，其本质上都是货币的转移支付。

四、关于从事消费额度套现行为的性质认定

电商平台消费额度以消费为核心，但其监管防范体系并不完善，实践中部

① 肖中华：《空白刑法规范的特性及其解释》，载《法学家》2010年第3期。

分人员在利益驱使下专门从事消费额度套现业务。通过在搜索引擎中输入关键词的方式发现，“蚂蚁花呗+套现”搜索到的结果高达121万条，“京东白条+套现”也高达94.4万，这其中还不乏多条以“套现教程”“套现帮助”为标题的内容。[①] 根据2009年12月16日起施行的《最高人民法院、最高人民检察院关于办理妨害信用卡管理刑事案件具体应用法律若干问题的解释》第七条规定，违反国家规定，使用销售点终端机具（POS机）等方法，以虚构交易、虚开价格、现金退货等方式向信用卡持卡人直接支付现金，情节严重的，应当依据《刑法》第二百二十五条的规定，以非法经营罪定罪处罚。即信用卡套现行为应以非法经营罪论处。对于从事与之本质相同的“蚂蚁花呗”消费信用额度套现的相关人员应如何定性，存有不同认识。[②]

第一种意见认为，从《刑法修正案（七）》的立法修正背景来看，其增设非法从事资金支付结算业务的情形，主要针对的是“地下钱庄”逃避金融监管，非法为他人办理大额资金转移等资金支付结算业务的行为；“蚂蚁花呗”本身并不具有资金支付结算的业务功能，其仅仅只是一种小额信贷产品，其目的在于满足用户在线支付的消费需求，而不能直接提取现金。因此，行为人使用“蚂蚁花呗”进行套现的行为，不同于信用卡套现的行为，其并不涉及银行类的金融业务活动，不属于从事资金支付结算业务，也无法认定为其他形式的非法经营行为。

第二种意见认为，“蚂蚁花呗”套现与信用卡套现相类似，可以把“蚂蚁花呗”理解为具有透支功能的虚拟的信用卡，从而适用司法解释关于利用POS机等方法从事信用卡套现。

第三种意见认为，在“蚂蚁花呗”套现行为中，相关行为人在没有真实交易的情况下，通过虚构交易，将重庆市阿里巴巴小额贷款公司的资金直接支付给淘宝用户，是在未经中国人民银行批准的情况下作为中介机构经营支付结算业务，属于非法经营的行为。

由于“蚂蚁花呗”业务开展主体不具有信用卡发行资格，因此其不属于信用卡业务，故第二种意见不可取。从“蚂蚁花呗”套现的行为特征上看，套现业务行为人采取虚构交易、虚开价格、交易退款等方式，将小额贷款公司

---

① 叶文辉：《电商平台个人信用支付产品存在的风险及应对建议》，载《金融论坛》2015年第12期。

② 王国平：《从首例利用“蚂蚁花呗”套现案例探析相关套现行为的本质属性》，载《法律适用》2018年第10期。

代付的货款在退款时并不是直接退回款项代付人，而是由行为人非法转入交易买家支付宝账户。相关套现业务行为人的行为改变了资金的流转路径，使“蚂蚁花呗”变相可以直接提取现金，亦改变了“蚂蚁花呗”服务于生活消费的初衷，该行为在客观上扰乱了正常的市场金融秩序。因此，利用“蚂蚁花呗”进行套现的行为与利用信用卡套现的行为并无本质意义上的区别，相关行为人利用“蚂蚁花呗”所从事的消费额度套现、并从中收取手续费的行为，实际上从事的是中介性质的支付结算业务行为。根据中国人民银行《支付结算办法》第六条规定，银行是支付结算和资金清算的中介机构。未经中国人民银行批准的非银行金融机构和其他单位不得作为中介机构经营支付结算业务。而根据《非金融机构支付服务管理办法》第八条、第九条和第十条规定，从事支付服务应经中国人民银行批准依法取得《支付业务许可证》，在全国范围内从事支付业务的，其注册资本最低限额为1亿元人民币，在省（自治区、直辖市）范围内从事支付业务的，其注册资本最低限额为3000万元人民币，同时还对支付机构的高级管理人员数量、反洗钱措施等条件作出了严格规定。本案中，被告人杜振狮从事的资金支付结算业务未经中国人民银行批准，属于必须予以取缔的非法金融业务活动。因此，其行为具有“违反国家规定”的违法性，应以非法经营罪论处。

五、关于消费额度套现情形严重的认定

根据《刑法》和最高人民法院、最高人民检察院关于非法经营罪的相关规定来看，相关非法经营行为只有情节严重的，才构成非法经营罪。非法经营罪情节严重主要从非法经营数额、非法所得数额以及造成严重后果等方面进行判断。2010年5月7日，最高人民检察院、公安部联合印发的《关于公安机关管辖的刑事案件立案追诉标准的规定（二）》第七十九条第三项规定，非法从事资金支付结算业务数额在200万元以上或者违法所得数额在5万元以上的应予立案追诉。就信用卡套现而言，根据2009年12月16日起施行的《最高人民法院、最高人民检察院关于办理妨害信用卡管理刑事案件具体应用法律若干问题的解释》第七条规定，从事信用卡套现数额在100万元以上，或者造成金融机构资金20万元以上逾期未还，或者造成金融机构经济损失10万元以上的属于“情节严重”；数额在500万元以上的，或者造成金融机构资金100万元以上逾期未还的，或者造成金融机构经济损失50万元以上的，属于“情节特别严重”。如果参照信用卡套现的量刑标准，被告人杜振狮的行为有可能符合“情节特别严重”的认定条件。但由于消费额度套现不同于信用卡套现，

因此不能用信用卡套现的标准对被告人杜振狮行为进行量刑。消费额度套现本质上属于非法从事资金支付结算业务，杜振狮在没有真实交易的情况下，通过虚构交易将重庆市阿里巴巴小额贷款公司的资金直接支付给淘宝用户，并从中获利，系未经国家有关主管部门批准非法从事资金支付结算业务的行为，符合《最高人民检察院、公安部关于公安机关管辖的刑事案件立案追诉标准的规定（二）》第七十九条第三项应予立案追诉标准，已达到非法经营行为情节严重标准。

需要注意的是，2019 年 2 月 1 日施行的《最高人民法院、最高人民检察院关于办理非法从事资金支付结算业务、非法买卖外汇刑事案件适用法律若干问题的解释》已对非法从事资金支付结算业务的追诉标准进行了修订。根据该解释第三条、第四条规定，非法从事资金支付结算业务非法经营数额在 500 万元以上或违法所得数额在 10 万元以上的，应当认定为非法经营行为“情节严重”；非法经营数额在 2500 万元以上或违法所得数额在 50 万元以上的，应当认定为非法经营行为“情节特别严重”。具有曾因非法从事资金支付结算业务或者非法买卖外汇犯罪行为受过刑事追究，二年内因非法从事资金支付结算业务或者非法买卖外汇违法行为受过行政处罚，拒不交代涉案资金去向或者拒不配合追缴工作致使赃款无法追缴，或者造成其他严重后果情形之一，非法经营数额在 250 万元以上或者违法所得数额在 5 万元以上的，可以认定为非法经营行为“情节严重”；非法经营数额在 1250 万元以上或者违法所得数额在 25 万元以上，可以认定为非法经营行为“情节特别严重”。

（**一审法院合议庭成员** 黄　亚　陈道荣　戴真银

编写人 重庆市高级人民法院　游中川
重庆市第一中级人民法院　王晓利

责任编辑 包献荣

审稿人 李玉萍）

耿万喜诈骗案

——普通经济纠纷与诈骗犯罪的认定

关键词：刑事　诈骗　非法占有目的　经济纠纷　履约能力

【裁判要旨】

1. 行为人未虚构合同主体内容，仅对合同效益、交易风险及履约能力等有夸张许诺的，不宜认定为诈骗行为。

2. 行为人是否具有非法占有的目的，可通过行为人的履约能力、对标的物处置、履约积极性或者损失补救等客观事实来认定。

【相关法条】

《中华人民共和国刑事诉讼法》第二百四十五条①第一款　人民法院按照审判监督程序重新审判的案件，由原审人民法院审理的，应当另行组成合议庭进行。如果原来是第一审案件，应当依照第一审程序进行审判，所作的判决、裁定，可以上诉、抗诉；如果原来是第二审案件，或者是上级人民法院提审的案件，应当依照第二审程序进行审判，所作的判决、裁定，是终审的判决、裁定。

《最高人民法院关于适用〈中华人民共和国刑事诉讼法〉的解释》第三百八十九条第一款第三项、第四项　再审案件经过重新审理后，应当按照下列情形分别处理：

（三）原判决、裁定认定事实没有错误，但适用法律错误，或者量刑不当的，应当撤销原判决、裁定，依法改判；

---

① 本法2018年修正后，本条改为第二百五十六条，条文内容未变。

（四）依照第二审程序审理的案件，原判决、裁定事实不清或者证据不足的，可以在查清事实后改判，也可以裁定撤销原判，发回原审人民法院重新审判。

第三百八十九条第二款 原判决、裁定事实不清或者证据不足，经审理事实已经查清的，应当根据查清的事实依法裁判；事实仍无法查清，证据不足，不能认定被告人有罪的，应当撤销原判决、裁定，判决宣告被告人无罪。

【案件索引】

一审：江苏省滨海县人民法院（1986）刑字第135号（1986年10月7日）

二审：江苏省盐城市中级人民法院（86）刑上字第250号（1986年11月24日）

指令再审：江苏省高级人民法院（2016）苏刑再6号（2017年4月10日）

再审（提审）：最高人民法院（2018）最高法刑再5号（2018年6月7日）

【基本案情】

江苏省滨海县人民检察院指控：被告人耿万喜于1985年10月21日至26日以给滨海县土产果品公司（以下简称滨海果品公司）代购橘子罐头为由，先后两次将该公司3万元骗到四川省江津县果品公司（以下简称江津果品公司），企图为自己贩卖橘子作资金。案发后，经多方追款，直至1986年3月以货抵款，赃款才全部追回。公诉机关认为，被告人耿万喜的行为构成诈骗罪，提请法院依法判处。

被告人耿万喜及其辩护人的辩护意见：（1）被告人耿万喜没有诈骗的犯罪目的和动机，认定其犯诈骗罪的法律依据不足；（2）本案已经过经济庭调解结案，根据有关规定再作重复处理不妥。

法院经审理查明：1985年5月21日，原审被告人耿万喜以陈铸东平货铺（以下简称东平货铺）的名义与江津果品公司订了50吨柑橘购销合同。同年6月15日，耿万喜所在单位江苏省阜宁县综合贸易服务部（以下简称阜宁服务部）亦与江津果品公司订了50吨柑橘。

为解决资金问题，1985年10月17日，阜宁服务部以代买橘子罐头为由，与滨海县陈铸供销社签订联营橘子的合同，陈铸供销社向阜宁服务部提供3万元资金。10月21日，耿万喜因滨海果品公司对橘子罐头感兴趣，持内容为

“现货20吨，价2650元，果品加工厂，如要速汇款复”的电报，与滨海果品公司经理王某、高某谈妥代购橘子罐头事宜。双方在电报上注明货名、价款及到货时间等，加盖阜宁服务部业务专用章。耿万喜表示购买橘子罐头需资金3万元，滨海果品公司于当日向江津果品公司汇出2万元，10月26日又汇出1万元。

1985年10月21日，阜宁服务部经理田某、业务员耿某某前往四川省江津县（现重庆市江津区）办理购买橘子事宜。到达江津后，田某、耿某某二人前往江津果品加工厂了解行情，得知当地并无罐头存货，而且价格远超预期。耿某某遂将该行情告知耿万喜，耿万喜亦转告滨海果品公司。滨海果品公司随即表示不要橘子罐头，要求耿万喜等人归还3万元，但耿万喜以钱款在田某、耿某某手上为由推脱。其间，耿万喜向耿某某去信，要求耿某某将滨海果品公司的3万元用于购买东平货铺的橘子，至于滨海果品公司所需的罐头可以想办法先发一部分或者购买当地批发货充抵，最终耿某某、田某将全部款项用于购买橘子。由于当时四川控制橘子销售，加上天气原因，橘子腐烂严重，耿某某未将东平货铺购买的橘子发往江苏。而田某则将阜宁服务部购买的橘子分批发往江苏，其中一批到达阜宁后，耿万喜打电话通知滨海果品公司，滨海果品公司随即派人前去收货，后由阜宁服务部负责销售该批橘子，将所卖橘子款约10500元交给滨海果品公司。之后阜宁服务部又汇款9000元给滨海果品公司偿还欠款。1986年3月，在滨海县人民法院的调解下，阜宁服务部以白酒抵欠款10544.88元，双方债务两清。

【裁判结果】

最高人民法院于2018年6月7日作出（2018）最高法刑再5号刑事判决：一、撤销江苏省高级人民法院（2016）苏刑再6号刑事裁定、江苏省盐城市中级人民法院（86）刑上字第250号刑事裁定和江苏省滨海县人民法院（1986）刑字第135号刑事判决。二、原审被告人耿万喜无罪。

【裁判理由】

法院生效裁判认为：诈骗罪是指以非法占有为目的，用虚构事实或者隐瞒真相的方法，骗取数额较大的公私财物的行为。本案中，原审被告人耿万喜未经认真考察即对滨海果品公司作出承诺，夸大履约能力；在滨海果品公司明确不再购买橘子罐头并提出返款要求后，仍擅自决定将货款挪作他用，具有一定的过错。但耿万喜确有为履行代购橘子罐头的协议和弥补损失而积极作为，结合诈骗罪的犯罪构成和案发当时的法律、政策综合考虑，原判认定耿万喜犯诈骗罪的依据不足。具体如下：

首先，既有证据不能认定耿万喜有虚构事实或者隐瞒真相的行为。第一，耿万喜持1985年10月18日由江津方面发来的关于橘子罐头行情的电报与滨海果品公司商谈代购橘子罐头的业务，说明耿万喜并非凭空虚构事实。第二，耿某某、田某在到达江津后，确有前往当地果品加工厂了解橘子罐头价格及存货，在得知橘子罐头涨价及没有存货后，耿万喜基于滨海果品公司对罐头价格的预期，及时将该价格变动情况通知滨海果品公司，并没有隐瞒对其不利的事实。第三，耿万喜将滨海果品公司的3万元用于购买其经营的东平货铺的橘子，虽然未经滨海果品公司同意，挪用资金用于非合同目的，但这种行为属于资金周转的一种方式，应承担民事违约责任，不属于刑法上虚构事实或者隐瞒真相的行为。

其次，再审查明的事实尚不能认定耿万喜具有非法占有他人财产的目的。第一，田某的证言、耿万喜的辩解，证实耿万喜可以代表阜宁服务部对外从事经济活动，耿万喜及阜宁服务部在案发前亦通过与陈铸供销社联营的方式取得一定的资金，故耿万喜及其所在的阜宁服务部具有一定的履约能力。第二，在耿万喜与滨海果品公司谈妥代购橘子罐头事宜之后，耿万喜代表阜宁服务部在上述电报上签下货款、价格、到货时间等内容，并加盖阜宁服务部的业务专用章，该电报具有合同的效力，可视为耿万喜所在的阜宁服务部愿为此次交易承担法律后果。第三，滨海果品公司与阜宁服务部订立的合同均盖有单位的印章，款项往来均走单位的账户，滨海果品公司的汇款也均由田某、耿某某在使用，耿万喜始终没有直接占有和使用滨海果品公司的3万元，该3万元也从未流入到耿万喜的个人账户，难以认定耿万喜具有非法占有的目的。

再次，滨海果品公司案发前并没有遭受实际损失。滨海果品公司购买橘子罐头的合同目的落空后，耿万喜和阜宁服务部积极采取措施，通过销售橘子、转款和以货抵债的方式，使滨海果品公司的3万元货款全部收回。在对耿万喜采取刑事强制措施之前，受案法院已就滨海果品公司诉阜宁服务部合同纠纷一案调解结案，双方对债务问题已无争议。

最后，根据当时的法律和政策，本案中的行为应当按照经济纠纷处理。1985年7月18日发布的《最高人民法院、最高人民检察院关于当前办理经济犯罪案件中具体应用法律的若干问题的解答（试行）》“关于诈骗罪的几个问题”中规定：“国营单位或集体经济组织，有部分履行合同的能力，但其主管人员或直接责任人员用夸大履约能力的方法，取得对方信任与其签订合同，合同生效后，虽为履行合同作了积极的努力，但未能完全履行合同的，应按经济合同纠纷处理。”据此，本案中耿万喜虽然具有一定的过错，但根据案发当时的法律和司法解释，其与滨海果品公司之间的争议，属于经济合同纠纷，不宜作为犯罪处理。

【案例注解】

本案是最高人民法院第三巡回法庭成立后第一起当庭宣告无罪的刑事再审案件。妥善处理历史形成的产权案件，审慎把握区分经济纠纷与刑事犯罪，是当前刑事审判的重要工作任务。本案例对于人民法院准确把握经济违法行为入刑标准具有重要指导意义。

区分经济纠纷与诈骗犯罪，最关键是要解决两个问题：

一、准确把握经济纠纷中一般不实陈述或者重大误解与隐瞒真相、虚构事实的诈骗手段之间的区别

首先，要确定行为人是否有达成交易从而实现合同利益的“诚意”。本案中，耿万喜于1985年10月18日接到四川江津发来的电报，说明耿万喜确实有委托他人去了解四川江津橘子罐头的行情。虽然电报上没有明确是橘子还是橘子罐头（一审公诉人有提出），但从2650元/吨及“果品加工厂”这些内容可以推测应是橘子罐头的行情，由此说明耿万喜对于购买橘子罐头一事确有做相应准备工作；阜宁服务部与滨海果品公司虽没签订关于代购橘子罐头的合同，但在滨海果品公司的提议下，耿万喜在电报上签下货款、价格、到货时间等内容，并加盖阜宁服务部的业务专用章，该电报具有合同的效力，可视为耿万喜及其单位愿为此次交易承担法律后果的表现；耿某某、田某及陈铸供销社派出的人员在到达四川江津后，确有前往当地果品加工厂再次了解橘子罐头的价格及存货情况，在得知橘子罐头涨价及没存货后，耿万喜在明知滨海果品公司要求罐头价格不能超过1.3元/罐的情况下，及时将该情况通知滨海果品公司，并没有隐瞒对其不利的事实。从以上事实可以看出，耿万喜为达成涉案橘子罐头的交易，确实进行一定的主动、积极的行为。

其次，要看行为人不实陈述的意图是为达成交易合意还是为骗取财物，不实陈述的对象是否涉及合同的主体行为。耿万喜确有为代购橘子罐头做过一系

列行为，但其未经认真考察研究就轻易对滨海果品公司作出承诺，导致双方交易的预期利益未能实现，其对于购买橘子罐头这一主体行为没有虚构、隐瞒，但对于合同效益、交易风险及履约能力等有夸张、夸大之嫌。据《最高人民法院、最高人民检察院关于当前办理经济犯罪案件中具体应用法律的若干问题的解答（试行）》（1985）第四点的规定，“国营单位或集体经济组织，有部分履行合同的能力，但其主管人员或直接责任人员用夸大履约能力的方法，取得对方信任与其签订合同，合同生效后，虽为履行合同作了积极的努力，但未能完全履行合同的，应按经济合同纠纷处理”，对耿万喜的行为不宜认定为诈骗行为。

最后，耿万喜将滨海果品公司的3万元用于购买其经营的东平货铺的橘子，虽然未经滨海果品公司同意挪用资金用于非合同目的，但这种行为属于资金周转的一种方式，应承担违约责任，但尚未构成虚构事实的欺诈手段。

二、通过查明的事实准确认定行为人是否具有非法占有他人财物的目的

诈骗罪与民事欺诈的本质区别在于行为人是否具有非法占有的目的。司法实践中，主观目的很难通过证据来直接证明，一般通过行为人是否具有履约能力、财物处理方式、是否有积极履行合同或者弥补对方损失等客观事实或者行为来推定其是否具有非法占有的目的。

首先，从阜宁服务部的会议记录及田某的证言、耿万喜的供述可以证明耿万喜具有代表阜宁服务部对外从事经济活动的资格，而阜宁服务部作为国营企业，具有合法经营商品贸易的资质，在案发前亦通过与陈铸供销社联营的方式取得一定的资金能力，其与四川江津方面也有合作的经验，故耿万喜与阜宁服务部在本案中具有一定的履约能力与经营资质。

其次，本案滨海果品公司与阜宁服务部之间属于单位之间的行为。双方订立的合同均盖有单位的印章，款项来往均走单位的账户，滨海果品公司的汇款也均由田某、耿某某在使用，耿万喜始终没有直接占有和使用滨海果品公司的3万元，该3万元也从未流入到耿万喜的个人账户，从赃款流向上难以认定耿万喜有非法占有的故意。

最后，耿万喜有积极的行为弥补滨海果品公司的经济损失。其一，在写给耿某某的信件中，耿万喜有提到“需想办法，发一车皮橘罐头，滨海果品先给5000～10000瓶，否则我们失信于人”“他们叫我先搞五千瓶给他们门市，无法，我准备拿批发价给他们约1.60元，给滨果算1.48元，我们要亏几百

元”。而耿某某的证言中亦提到“耿万喜多次对我讲，你先把滨海果品公司钱还掉”。这些证据可以印证耿万喜并无侵吞滨海果品公司货款的故意。其二，证人耿某某、王某、陈某1、陈某2、胡某某的证言也能印证耿万喜将橘子到达阜宁的消息通知滨海果品公司，让滨海果品公司将橘子拉去销售抵偿欠款的事实。其三，耿万喜作为阜宁服务部的代理人，积极推动阜宁服务部与滨海果品公司在法院的调解。从上述可知，耿万喜既有弥补滨海果品公司损失的想法，亦有相应的实际行动。

〔**一审法院合议庭成员** 曹子华 郭霞富 靳水跃

二审法院合议庭成员 任宝秀 徐 平 郭乃湘

指令再审法院合议庭成员 刘景玉 刘 刚 卢 宁

再审（提审）法院合议庭成员 王旭光 王展飞 仇晓敏

编写人 最高人民法院 仇晓敏
福建省泉州市中级人民法院 孙 越

责任编辑 包献荣

审稿人 李玉萍〕

欧建宏、陈言敏等非法控制计算机信息系统案

——未经智能手机用户授权利用后台程序推送商业性电子信息行为的司法认定

关键词：刑事　非法控制计算机信息系统　未经授权　广告 SDK

【裁判要旨】

行为人在尚未出售的智能手机中预装程序，待手机投入使用后，在用户不知情的情况下推送商业性电子信息，且此程序还具有自动上传用户手机信息、自动更新、静默下载等功能，属于对计算机信息系统进行非法控制，应当以非法控制计算机信息系统罪定罪处罚。

【相关法条】

《中华人民共和国刑法》第二百八十五条第二款　违反国家规定，侵入前款规定以外的计算机信息系统或者采用其他技术手段，获取该计算机信息系统中存储、处理或者传输的数据，或者对该计算机信息系统实施非法控制，情节严重的，处三年以下有期徒刑或者拘役，并处或者单处罚金；情节特别严重的，处三年以上七年以下有期徒刑，并处罚金。

《最高人民法院、最高人民检察院关于办理危害计算机信息系统安全刑事案件应用法律若干问题的解释》第一条第二款　实施前款规定行为，具有下列情形之一的，应当认定为刑法第二百八十五条第二款规定的“情节特别严重”：

（一）数量或者数额达到前款第（一）项至第（四）项规定标准五倍以上的；

（二）其他情节特别严重的情形。

第十一条第一款 本解释所称“计算机信息系统”和“计算机系统”，是指具备自动处理数据功能的系统，包括计算机、网络设备、通信设备、自动化控制设备等。

【案件索引】

一审：浙江省平湖市人民法院（2018）浙0482刑初574号（2019年1月25日）

二审：浙江省嘉兴市中级人民法院（2019）浙04刑终71号（2019年7月11日）

【基本案情】

浙江省平湖市人民检察院指控：被告人欧建宏、陈言敏等违反国家规定，采用技术手段，非法控制计算机信息系统，属情节特别严重，应当以非法控制计算机信息系统罪共同犯罪追究刑事责任。

被告人欧建宏、陈言敏等以及辩护人均提出广告SDK是合法的，预装行为不属于侵入或者其他技术手段，没有违反国家规定；广告SDK获取用户信息、向用户手机弹送广告不属于控制行为；广告SDK实施的是广告运行权，而非系统控制权，本案中计算机信息系统未受到侵害。

法院经审理查明：2015年8月，被告人欧建宏、陈言敏等的人事关系从北京网秦天下科技有限公司（以下简称网秦公司）转入上海朗趣软件科技有限公司（以下简称朗趣公司），成立朗趣公司北京团队，直至案发期间陆续有被告人刘鹏、李仁平等加入。朗趣公司北京团队成立后，继续与原朗趣公司团队（又称上海团队）合作原有业务，并开始研发只保留广告功能的SDK，即广告SDK，同时向被告人赖宜练所在的深圳市鼎勤通讯有限公司（以下简称鼎勤公司），被告人罗轶先、李铭岳所在的深圳智汇云商科技有限公司（以下简称智汇公司）以及深圳语信时代通信设备有限公司、上海耘棋信息技术有限公司、深圳云逗科技有限公司等手机方案商、中间商、厂商（以下统称为手机商）推广广告SDK业务。经协商，由朗趣公司北京团队提供广告SDK工具包，手机商将广告SDK工具包预装到智能手机系统（以下简称手机）中，并使广告SDK获取系统权限，朗趣公司北京团队则根据存活率按安装台数或以广告费收入分成的方式向手机商支付费用。

装有广告 SDK 的手机在用户首次开机联网时，广告 SDK 即通过互联网与后台服务器连接，在用户不知情的情况下向后台服务器上传 imei、imsi 等用户信息、自动更新广告 SDK 版本等，并根据与手机商达成的运营方案通过服务端（即 BOSS 系统）对推送方式、内容及频率等进行配置，向用户推送商业性电子信息，从而产生广告费收入。

2016 年，被告人欧建宏使用他人身份信息陆续注册成立北京瑞徕科技有限公司、北京徕乾科技有限公司、新疆港乾信息技术有限公司、北京泰安瑞达科技有限公司等用于收取广告 SDK 的违法所得。

另查明，朗趣公司自 2015 年 10 月 21 日起至案发，收到深圳腾讯科技有限公司（以下简称腾讯公司）打款共计 36122708. 36 元，其中 2017 年收到的 14493171. 03 元均系广告 SDK 的违法所得；自 2016 年 7 月起至案发，徕乾公司收到腾讯公司打款共计 20211758. 27 元，其中包含广告 SDK 的违法所得；自 2017 年 6 月起至案发，瑞徕公司收到腾讯公司打款共计 9673163. 13 元，均系广告 SDK 的违法所得；鼎勤公司自 2016 年 1 月 27 日起至案发，以深圳市鼎科创达科技有限公司的名义收到朗趣公司打款共计 4755745. 25 元，均系广告 SDK 的违法所得；智汇公司自 2015 年 8 月 3 日起至案发，收到朗趣公司打款共计 3916164. 28 元，其中 130 余万元系广告 SDK 的违法所得。

【裁判结果】

浙江省平湖市人民法院于 2019 年 1 月 25 日作出（2018）浙 0482 刑初 574 号刑事判决，以非法控制计算机信息系统罪，判处被告人欧建宏有期徒刑四年六个月，并处罚金 30 万元；判处其余被告人一年四个月至二年八个月不等的有期徒刑，并处 1 万元至 14 万元不等的罚金，部分被告人适用缓刑。

宣判后，被告人欧建宏等 13 人分别以案件定性错误、量刑过重等理由提起上诉。浙江省嘉兴市中级人民法院于 2019 年 7 月 11 日作出（2019）浙 04 刑终 71 号刑事裁定：驳回上诉，维持原判。

【裁判理由】

法院生效裁判认为：本案的争议焦点在于广告 SDK 的运行是否构成非法控制计算机信息系统，具体表现为：（1）非法性；（2）控制行为；（3）客体为计算机信息系统。

经查，广告SDK是预装在手机中的，手机用户不知情，而且广告SDK的预装及运营有诸多规避行为，例如设置白名单（不运营的用户）、区域性运营（避开百度、阿里、腾讯三大公司所在地）、设置静默期（激活后一段时间内不运营）、不在桌面上显示广告SDK的图标、规避操作系统提供方的检测获取签名、进网样机中未预装广告SDK等；在弹送广告的方式上具有伪装性，例如在用户点击某个应用程序的前后弹送广告，使用户误以为是打开的应用程序所弹的广告等。此外，被害人陈述亦证实对所使用的手机装有广告SDK并不知情，所弹广告未经允许。综上可见，广告SDK的预装及运行均未经用户允许，而其获取用户信息、自动更新、静默安装等功能均属于未经用户授权，上述行为违反了《计算机信息系统安全保护条例》及《全国人大常委会关于加强网络信息保护的决定》的相关规定，属于违反国家规定，具有非法性。

广告SDK使用户手机执行了一系列操作：获取用户信息，自动上传、下载、删除数据，弹出广告、调用手机辅助功能自动模拟用户操作等，上述操作与用户操作手机的行为目的无因果关系，符合控制行为的本质。

智能手机作为具备自动处理数据功能的通信设备，当然属于计算机信息系统的范畴。

综上，被告人欧建宏、陈言敏等28人以牟利为目的，违反国家规定，采用技术手段非法控制他人计算机信息系统，属情节特别严重，其行为均已构成非法控制计算机信息系统罪，系共同犯罪。

【案例注解】

一、以非法控制计算机信息系统罪的本质判断涉案行为性质

非法控制计算机信息系统罪是指违反国家规定，对国家事务、国防建设、尖端科学技术领域以外的计算机信息系统实施非法控制，情节严重的行为。非法控制计算机信息系统罪是《刑法修正案（七）》新增的罪名，该罪名的客体属复杂客体，包括国家对计算机信息系统安全的管理秩序、计算机信息系统的正常运行秩序及计算机信息系统及其存储、处理或者传输的数据的安全。

在审理此类涉及其他技术领域的犯罪时，往往对被告人采取的技术手法不甚理解，因此，在司法实务中需要把握犯罪行为的实质。本案影响广告SDK定性的具体问题如下：

（一）非法性

根据《刑法》第二百八十五条第二款的规定，非法控制计算机信息系统的方法包括侵入或者其他技术手段。侵入是未经授权或者超越授权获得对计算机信息系统存储、处理或者传输的数据增、删、改或者获取的权限，本质在于未经授权或者超越授权。因此，非法控制的本质在于未经授权或者超越授权。

经查，广告 SDK 的预装及运行均未经用户允许，而其获取用户信息、自动更新、静默安装等功能均属于未经用户授权，上述行为违反了《计算机信息系统安全保护条例》及《全国人大常委会关于加强网络信息保护的决定》的相关规定，属于违反国家规定，具有非法性。

（二）何为控制

控制的后果是控制计算机信息系统执行特定的操作，是使用了控制权的行为，不限于行为人直接行使了控制权，也可以是通过“计算机程序”等媒介使用了控制权。[①] 而且控制行为不必然具有排他性，包括完全控制，也包括部分控制，只要是计算机信息系统执行其发出的指令即可。

经查，广告 SDK 除了向手机用户弹送广告外，还具有获取用户信息、自动更新、静默安装等功能，本案便是利用广告 SDK 程序使用户手机执行了一系列非用户意志的操作，而广告 SDK 的运行及运行后果能否被手机用户中止和改变不影响行为性质的认定。

（三）计算机信息系统的界定问题

根据《最高人民法院、最高人民检察院关于办理危害计算机信息系统安全刑事案件应用法律若干问题的解释》（以下简称《办理危害计算机信息系统案件司法解释》），刑法保护的计算机信息系统，是指具备自动处理数据功能的系统，包括计算机、网络设备、通信设备、自动化控制设备等。从该规定看，计算机信息系统应当指的是设备整体，并非仅指其中的操作系统，而智能手机作为具备自动处理数据功能的通信设备，当然属于计算机信息系统的范畴。

综上，本案中广告 SDK 程序的安装及运行未经授权，具有非法性，其运行使智能手机执行了特定操作，实为控制，属于非法控制计算机信息系统。

二、非法控制计算机信息系统罪的量刑标准及本案的量刑考虑

非法控制计算机信息系统，情节严重的，构成此罪。一方面，非法控制计

---

① 喻海松：《网络犯罪二十讲》，法律出版社 2018 年版，第 32 页。

算机信息系统行为可能没有十分明显的损害后果，例如本案中被害人仅是手机卡顿，使用感差，抑或尚未发生损害后果，存在损害的可能性，而控制计算机信息系统的台数无疑影响损害后果或者隐患的严重程度；另一方面，目前非法控制计算机信息系统行为的目的主要是牟取经济利益，同时也可能给他人造成经济损失，因此，违法所得及造成经济损失的金额也客观反映犯罪行为的严重程度。《办理危害计算机信息系统案件司法解释》将非法控制计算机信息系统的数量以及造成经济损失、违法所得金额作为衡量情节严重的标准，即非法控制计算机信息系统 20 台以上的，应当认定为“情节严重”；违法所得 5000 元以上或者造成经济损失 1 万元以上的亦构成“情节严重”；同时，它设置了兜底条款，对于不符合上述情形，但确实达到情节严重程度，如造成恶劣社会影响的，也可以按照犯罪处理。此外，该解释将“情节严重”的 5 倍设置为“情节特别严重”的标准，即非法控制计算机信息系统 100 台以上、违法所得 25000 元以上或者经济损失 5 万元以上的，构成“情节特别严重”。

本案中，广告 SDK 控制手机的实际数量因客观现实问题而无法查清，其中有涉案公司业务存在重叠的原因，此外，根据 imei 号认定被控制手机台数也存在问题（双卡双待的手机有两个 imei 号），但本案控制手机的数量已远超情节特别严重的 100 台的标准无疑；同时结合违法所得方面，仅 2017 年，朗趣公司、瑞徕公司的违法所得就高达 2400 余万元，鼎勤公司、智汇公司的违法所得金额也在数百万元，均已远超 25000 元的情节特别严重标准，故无论从控制的台数还是违法所得金额，本案均已达到“情节特别严重”的情形，法定刑为三年以上七年以下有期徒刑，并处罚金。被告人欧建宏作为公司实际负责人，在共同犯罪中起主要作用，系主犯，在上述法定刑以内量刑；其余被告人作为公司员工，对于广告 SDK 的原理均系明知，主观上有非法控制计算机信息系统的共同故意，在各自的分工领域发挥作用，均系从犯，依法予以减轻处罚，在法定刑以下量刑处罚，并对部分所起作用较小的被告人依法适用缓刑。

三、本案定罪处罚的现实意义

互联网加快了社会发展的步伐，并已融入了人们的日常生产、生活，随着信息技术的普及和发展，极大地促进了社会方方面面的发展，但其安全隐患和威胁也日渐突显，利用计算机网络实施的各类犯罪也以其技术性、隐蔽性、快速性，开始对社会造成不同程度的危害，并埋下诸多安全隐患，互联网信息技术也成为了一把“双刃剑”。

互联网催生了各种各样丰富的资源，人们从互联网上中寻求到经济利益的机会也越来越多，各种行业应运而生，且更新换代速度快，灵活的头脑、敏捷的思维、发展的眼光都成为现代社会创业成功的关键。本案的被告人文化程度普遍较高，都具有研究生、本科文化水平，具有较高的计算机技术应用能力，初衷是从事广告业务，赚取各大平台的广告费，并将手机用户作为发展业务的资源，但错误地在并未通过手机用户授权的情况下，采用技术手段，违反手机用户意志推送商业性电子信息。从表面上看，似乎只是推送广告的行为，没有给他人带来实际的经济损失，赚取的也是正当的广告推广费用，并没有具体的社会危害性，但其背后隐藏的实质是侵犯了智能手机的运行权及用户的信息安全，同时作为被告人口中的“灰色地带”，该行为也扰乱了正常的行业秩序。值得重视的是，广告SDK后台数据中已有上亿个imei号，可见运营的用户资源数量之庞大，在本案被告人熟练运营广告SDK之后，已开始拓展其他业务范围，在广告SDK基础上尝试利用微信辅助功能模拟用户操作，实施公众号导粉行为，经营微信公众号业务，同样属于非法控制计算机信息系统的行为，可见其行为的潜在危害性。

本案系浙江省首例通过非法控制计算机信息系统推送商业性电子信息的案件，审理过程中对于该行为构成犯罪与否争议较大，不仅因为该行为牵涉智能手机生产、销售的诸多环节，专业性较强，还因为被告人具有较多的规避行为，自认为已规避法律风险，出现多方面的自我辩解，可见被告人并非对于其行为性质缺乏正确的法律认知，而是面对巨大的经济利益，同时身处行业大环境之中，具有随波逐流的心态，抱着侥幸心理，铤而走险。通过对此类行为作出司法实务上的评判，对于规范公众及该行业从业人员对非法控制计算机信息系统行为的认知具有指导意义，保护了智能手机的正常运行秩序以及数据安全的同时，有助于扫除此类所谓的行业灰色地带，整顿和规范行业秩序。

（**一审法院合议庭成员**　吴竹琴　金　兰　蒋锡麟
二审法院合议庭成员　袁敏玮　张　筱　徐　洁
编写人　浙江省平湖市人民法院　吴竹琴
责任编辑　包献荣
审稿人　李玉萍）

李正亮寻衅滋事案

——放火损毁公私财物但未危及公共安全行为的刑法评价

关键词：刑事　寻衅滋事　公共安全　放火

【裁判要旨】

行为人醉酒后为宣泄而在楼道公共场所无端点燃公私财物，致使其独立燃烧，但主观上没有追求或放任危害公共安全的心理，客观上未造成足以危及公共安全的危险的，不构成放火罪。若该行为属于在公共场所无事生非、制造事端，情节恶劣，扰乱社会正常秩序的，应认定为损毁型寻衅滋事罪。

【相关法条】

《中华人民共和国刑法》第二百九十三条　有下列寻衅滋事行为之一，破坏社会秩序的，处五年以下有期徒刑、拘役或者管制：

（一）随意殴打他人，情节恶劣的；

（二）追逐、拦截、辱骂、恐吓他人，情节恶劣的；

（三）强拿硬要或者任意损毁、占用公私财物，情节严重的；

（四）在公共场所起哄闹事，造成公共场所秩序严重混乱的。

纠集他人多次实施前款行为，严重破坏社会秩序的，处五年以上十年以下有期徒刑，可以并处罚金。

第一百一十四条　放火、决水、爆炸以及投放毒害性、放射性、传染病病原体等物质或者以其他危险方法危害公共安全，尚未造成严重后果的，处三年以上十年以下有期徒刑。

第一百一十五条　放火、决水、爆炸以及投放毒害性、放射性、传染病病原体等物质或者以其他危险方法致人重伤、死亡或者使公私财产遭受重大损失的，处十年以上有期徒刑、无期徒刑或者死刑。

【案件索引】

一审：江苏省淮安市洪泽区人民法院（2018）苏0813刑初10号（2018年4月24日）

【基本案情】

公诉机关江苏省淮安市洪泽区人民检察院以被告人李正亮犯寻衅滋事罪，向淮安市洪泽区人民法院提起公诉。

被告人李正亮对起诉书指控的犯罪事实未提出异议。其辩护人的辩护意见是，被告人李正亮具有自首情节，其在案发后，自己进行灭火、抢救受损财物，并报警，在公安机关讯问时，如实供述自己的罪行，符合自首的认定。被告人李正亮没有前科劣迹，主观恶性较小；案件的社会影响及危害较小，并得到了有效控制。建议对被告人李正亮适用缓刑。

法院审理查明：2017年5月6日3时许，被告人李正亮同朋友醉酒后在KTV消费，因个人原因致头部摔破，在朋友帮助下在诊所进行包扎后，被送到位于洪泽区天湖豪庭小区。因情感纠纷，为发泄内心不满，被告人李正亮用随身携带打火机点燃停放在楼道中的电动车座垫，然后乘电梯上楼。楼道起火地方，并无其他充电电源，排除电瓶车自燃起火情况，通过监控可以认定在被告人进入楼道后起火。楼道电动车起火，并伴有浓烟冒出，约六分钟，被告人李正亮乘电梯下一楼，来到楼道见起火，遂拨打110报警。后民警和消防人员赶到现场将火势扑灭。火灾造成两辆电动车被烧毁、一楼楼道墙面损坏、电梯间配件损坏的财产损失，经鉴定共计价值人民币3000余元。

被告人李正亮归案后如实供述自己的犯罪事实。

另查明，案发后，被告人李正亮已经赔偿了被害人的全部经济损失。

【裁判结果】

江苏省淮安市洪泽区人民法院于2018年4月24日作出（2018）苏0813刑初10号刑事判决：被告人李正亮犯寻衅滋事罪，判处有期徒刑一年，缓刑一年六个月。

一审宣判后，被告人未提出上诉，检察院亦未提出抗诉，判决已经生效。

【裁判理由】

法院生效裁判认为：被告人李正亮破坏社会秩序，任意损毁公私财物，情节严重，其行为已构成寻衅滋事罪。公诉机关对李正亮犯寻衅滋事罪的指控成立，本院予以支持。对于被告人李正亮的辩护人提出的被告人李正亮具有自首情节的辩护意见，本院经审查认为，被告人李正亮在案发后报警，其目的是掩盖真相，推诿罪责，并无自动投案的主动性和自愿性，不符合自首的条件，故该辩护意见无法律依据，不予采纳。但被告人李正亮归案后如实供述自己的犯罪事实，可以从轻处罚。被告人李正亮已赔偿被害人的全部经济损失，辩护人的相关辩护意见成立，予以采纳，可以酌情从轻处罚。

【案例注解】

本案争议焦点是行为人醉酒后为宣泄内心不满而点燃摆放于楼道内的电动车的行为，是构成损毁型寻衅滋事罪还是放火罪。此案需要解决的是放火罪中的“危害公共安全”的认定。

一、“危害公共安全”是放火犯罪认定的关键

放火罪，是行为人追求或放任通过火的燃烧致使公私财物损失、人员伤亡的犯罪，系危害公共安全类犯罪的典型样式，属于重罪。其特征表现为对不特定多数人的生命、健康和重大公私财产安全的侵犯，侵害的法益是公共安全。《刑法》对放火罪分别用第一百一十四条和第一百一十五条两个条款予以规定，两个法条的共同点为，放火行为须达到“危害公共安全”；不同点为前者“尚未造成严重后果”，法定刑在三年以上十年以下，刑罚相对较轻，后者“造成严重后果”，对应的法定刑在十年以上有期徒刑、无期徒刑或者死刑，刑罚相对较重，最高可判处死刑；两个法条之间为互补关系，即前者是构成放火罪的一般构成要件规定，放火行为危害公共安全但“尚未造成严重后果”，后者是放火罪的结果加重要件规定，补强并加重“造成严重后果”的放火行为所产生的危害公共安全的刑罚处罚，两个法条共同织密了放火犯罪对公共安全法益侵害的保护网，同时也便于司法实践操作和公众遵守。据此可知，放火

罪认定的关键是对“危害公共安全”正确把握和运用。

1.“危害公共安全”的属性认定。当前通说认为，公共安全是特指不特定多数人的生命健康、财产安全、重大公私财产安全和其他公共利益的安全。[①] 有论者认为，公共安全是多数人的生命和财产安全，包含特定和不特定多数人。[②] 也有论者提出，公共安全是对不特定人的生命、健康或财产安全的统称。[③] 还有论者认为，公共安全是指不特定或多数人的生命、健康或财产安全。[④] 笔者认为，公共安全的设计是有别于针对特定个人、财产的法益的侵犯，其目的是从社会个人、财产法益的保护抽象上升到社会整体利益的保护，可以说社会性、公众性是其鲜明的特点。这里的社会性，是对社会成员整体利益的侵犯，体现的是犯罪对象的不特定性。对于不特定的理解，应以危害行为危及的对象、范围、程度超出行为人预料和控制出发，其可能是特定的、也可能是不特定的犯罪对象。而公众性，则体现的是行为所危及对象的量，“多数”的理解应是危及对象量上的判断，因而“不特定”与“多数”是可以并存的概念，并不矛盾。[⑤] 无论是将“不特定”与“多数”合并在一起，还是仅保留其中一个，都是对其保护范围的缩小，因而定义为“不特定”或“多数”人的生命、健康或财产安全，能最全面体现公共安全的社会性、公众性特征。因此，放火罪中的“危害公共安全”即是对不特定或多数人的生命、健康和财产的安全，此集中体现了放火行为的客观属性，而这种客观属性主要依靠在事后通过判断行为当时及其之后是否造成人员伤亡、财产损害来表现出来。换句话说，并不是所有的放火行为都危害公共安全，而仅是对造成人员伤亡、财产损害为表现的公共安全产生客观紧迫性，才可以用放火罪进行评价，否则应按他罪定罪量刑处置。

2.“危害公共安全”的认定标准。对于放火罪中“危害公共安全”的认定，理论上存在争议，主要表现在以下三种学说：其一是“独立燃烧说”，即点火物接触到对象物，使得对象物处于独立燃烧的状态；其二是“效用丧失说”，即由于燃烧使得对象物重要部分消失，丧失其基本用途；其三是“毁弃

① 参见高铭暄、马克昌主编：《刑法学》（下编），中国法制出版社 1999 年版，第 609 页。

② 参见刘志伟主编：《危害公共安全犯罪疑难问题与司法对策》，吉林人民出版社 2001 年版，第 60 页。

③ 参见张小虎：《放火罪之理论探讨》，载《河南省政法管理干部学院学报》2002 年第 4 期。

④ 参见张明楷：《刑法学》（下），法律出版社 1997 年版，第 556 页。

⑤ 参见陆玮：《放火罪与寻衅滋事罪的区分》，载《人民司法·案例》2018 年第 2 期。

说”，即燃烧使得对象物的破坏达到故意损毁财物罪中的毁坏程度。[①] 刑法中对危害公共安全犯罪的规制，基于公共区域内的人和物两个方面考虑，从上述三种意见来看，笔者认为，“效用丧失说”“毁弃说”则是从财物的角度来判定放火行为是否危害公共安全，而“独立燃烧说”着重强调的是对公共安全的保护，不仅从物的效用，还从人的生命、健康方面予以全面综合考虑，避免了顾此失彼。因而，“独立燃烧说”应是“危害公共安全”的判定标准。理由有三：首先，“独立燃烧说”符合立法对放火罪这一危害公共安全的性质；其次，放火罪的主要对象物是建筑物，而在我国主要表现为砖木结构、砖混结构和钢筋混凝土结构三种，这种建筑结构及材质的燃烧需要一定时间，采用“独立燃烧说”较为符合目前实际现状；最后，采用“独立燃烧说”有助于鼓励犯罪中止，正如有论者所言，考虑到我国建筑物结构及其材质，从点火物接触到对象物再到独立燃烧，再到造成重大损失，需要一定的时间，也正是在这段时间内，行为人有可能选择放弃犯罪，减少放火行为造成的损害结果。[②] 这也印证了刑法不仅在于惩治犯罪，同时也在教化引导减少犯罪。

3. 本案中放火行为的评价。本案中李正亮处于醉酒状态下实施的放火行为，我国《刑法》明确规定，并不因其处于醉酒状态而免除刑事处罚。对于李正亮放火行为应着重从以下三个方面来认定：一是放火行为是否危害到公共安全。从放火的地点来看，发生在居民楼楼道，属于公共场所，但从其放火对象来看，仅是对电动车后座上的可燃物点燃，并引发存放在楼道中的两辆电瓶车进行独立燃烧，火势便被楼道混凝土结构的墙体所阻挡，未能进一步蔓延，即使两辆电瓶车全部损毁，也无法引发大火进而危害到该栋楼内不特定或多数人的生命、健康或财产安全，不属于放火罪中“危害公共安全”的放火行为。二是放火行为损害的结果是可控的。放火行为的危害在于行为的不可控性，一旦点火物接触到对象物，达到独立燃烧的状态，火势就容易处于失控状态，进而危害公共安全。本案中，行为人用打火机点燃对象物电瓶车后座的易燃物，致使其着火，并蔓延至两辆电瓶车，通过对损害结果的鉴定，烧毁了电瓶车两辆、熏黑了墙壁及因高温损坏的部分电梯部件，损害结果是可控的；即使不灭火，火也会在燃烧电瓶车后熄灭，加之，行为人及时报警，在火势未起之际，已经被扑灭，火势客观上处于可控状态。三是行为人主观上无放火犯罪的故意或放任危害公共安全的心理。行为人在凌晨三点回家时，已经处于醉酒状态，

---

① 参见黎宏：《论放火罪的若干问题》，载《法商研究》2015 年第 3 期。

② 参见张明楷：《刑法学》（下），法律出版社 1997 年版，第 556 页、第 561 页。

这种醉酒是因其自身大量饮酒所致。行为人处于醉酒状态后，为宣泄内心不满，迁怒于楼道里摆放的电动车，通过监控视频可以看到，其在踉踉跄跄中多次在楼道里进出，并用脚踹被烧坏的电动车，拿出打火机点火后，乘电梯上楼回家，在其上楼后6分钟，行为人又来到一楼楼道，遂报警。行为人之所以放火是为了发泄心中的愤懑，在楼道放火不仅会危及他人安全也会使其自身处于危险境地，对于一个成年人来说，不会不知道放火行为的严重性，从其下楼查看火势，即使是醉酒状态下他也考虑到放火的问题严重性。从其报警情形来看，他要求快来灭火，这是他花身家性命得来的房子，如果灭火不及时要警察赔。从中可以看出，行为人对自己的放火行为已经后悔，本意是对妨碍在楼道通行的电动车进行泄愤，并未想对包括自身在内的居民安全产生危害，法庭上有其供述，与其在侦查阶段、审查起诉阶段的供述相一致，且通过调阅监控视频录像、报警电话记录、参与救火并被烧伤的客观事实，可以认定在行为人放火时，并未有希望或放任危害公共安全的主观故意。行为人的放火行为在客观和主观上均不符合放火罪的犯罪构成要件，不应以放火罪追究刑事责任。尽管行为人的放火行为对该栋居民楼内的不特定或多数人的生命、健康或财产安全带来了一定的危险，但这种危险是可控的，是在客观事实上无法对公共安全造成重大危害的，如对其按照放火罪追究刑事责任，则显得苛刻且不符合法律规定。

二、损毁型寻衅滋事罪的认定

损毁型寻衅滋事罪，是指行为人无事生非，为宣泄内心不满，随意采用放火等方式毁损公私财物，严重破坏社会秩序的行为，其属于《刑法》第二百九十三条寻衅滋事罪明确规定的客观表现种类。笔者认为，损毁型寻衅滋事罪构成要件为，行为人在主观上为故意，在客观上实施了放火等行为，侵犯的法益为双重法益，且对社会秩序的破坏达到了“情节严重”的程度。

1. 行为人主观上的寻衅滋事故意。行为人有明显的追求或放任侵犯社会秩序的意图，并通过寻衅滋事行为表现出来。根据《最高人民法院、最高人民检察院关于办理寻衅滋事刑事案件适用法律若干问题的解释》（以下简称《办理寻衅滋事案件司法解释》）第一条的规定，行为人为寻求刺激、发泄情绪、无事生非、逞强耍横等，实施《刑法》第二百九十三条规定的行为的，应当认定为寻衅滋事。因而，在损毁型寻衅滋事犯罪中，行为人具有一般寻衅滋事犯罪中所具有的无事生非、发泄情绪、寻求刺激，逞强耍横的主观内容。

2. 行为人客观上实施了放火等损毁公私财物行为。当前，寻衅滋事犯罪客观表现行为主要有四类，损毁他人公私财物行为属于第三类，而损毁他人公私财物的常见行为方式有放火焚烧、打砸等。放火焚烧损毁他人财物的行为，要注意行为人实施的地点、犯罪对象、产生结果、是否危害到公共安全等，严格区分本罪与放火罪、故意杀人（伤害）罪等犯罪之间的界限。

3. 行为人侵犯的是双重法益。行为人为达到宣泄内心、无事生非的目的，随意放火损毁他人公私财物，火势一方面对财物进行损毁，另一方面有可能危及他人人身生命安全；同时，这种放火行为必然造成社会恐慌，破坏正常的社会公共秩序。因而，损毁型寻衅滋事罪的法益可分为两个层面，一个是放火行为对个体人身或财产权益的侵害，另一个是对社会正常公共秩序的危害，这也是该类犯罪被列在第六章妨害社会管理秩序罪的原因。

4. 破坏社会秩序“情节严重”的认定。要构成损毁型寻衅滋事犯罪，除了行为人实施了任意损毁公私财物外，《刑法》规定其必须达到“情节严重”。根据《办理寻衅滋事案件司法解释》第四条的规定，任意损毁、占用公私财物，破坏社会秩序，具有下列情形之一的，应当认定为《刑法》第二百九十三条第一款第三项规定的“情节严重”：（1）强拿硬要公私财物价值1000元以上，或者任意损毁、占用公私财物价值2000元以上的；（2）多次强拿硬要或者任意损毁、占用公私财物，造成恶劣社会影响的；（3）强拿硬要或者任意损毁、占用精神病人、残疾人、流浪乞讨人员、老年人、孕妇、未成年人的财物，造成恶劣社会影响的；（4）引起他人精神失常、自杀等严重后果的；（5）严重影响他人的工作、生活、生产、经营的；（6）其他情节严重的情形。对此，笔者认为，损毁型寻衅滋事罪中的“情节严重”，可以从犯罪数额、对象、后果等方面予以综合考虑。具体到本案中涉及的放火损毁他人公私财物行为，考虑到寻衅滋事罪重点打击的是对社会公共秩序的破坏，而采用放火方式损毁他人财物的行为，还可能会危及他人人身生命安全，对社会造成严重恐慌，因而行为人一经实施点燃对象物且独立燃烧的，便可认定为“情节严重”，符合罪刑相一致原则，同时也有助于发挥刑法对犯罪的惩治作用，便于司法实践操作。

5. 本案中行为人评价。行为人李正亮通过点燃电动车后座可燃物，以达到其发泄内心不满的目的，这明显是无事生非、制造事端。在其放火后，由于火势处于可控状态，未对居民楼小区内不特定或多数人的生命、健康或财产安全造成危险，但也符合了无事生非的主观特征，即对不特定个体合法权益的侵害。该行为在客观上对他人两辆电动车及小区业主共同所有的楼道墙体及电梯部分受损部件造成不同程度损坏，经鉴定达3000余元。在主观上，该行为的社会危害性使得处于该居民楼内居民处于恐慌状态，对社会公共安全生产产生不信赖，在社会公众心理产生不安宁；在客观上也对小区内的公共秩序产生了严重的破坏，严重影响了小区内居民正常工作、生活的安宁。由此可见，被告人的行为达到了对社会公共秩序破坏“情节严重”程度。结合行为人主客观方面因素，笔者认为，行为人李正亮放火损毁他人公私财物的行为以损毁型寻衅滋事罪定罪量刑，符合罪刑法定原则，罚当其罪。

三、损毁型寻衅滋事罪与故意损毁财物罪的区分

李正亮放火损毁他人公私财物的行为，客观上造成他人财产损失，主观上有损毁他人财物的故意，对他人公私财物所有权法益的侵害，尽管该损失3000余元，未达到故意损毁财物罪5000元以上的立案追诉标准，但其采用放火损毁的方式、发生在楼道的地点，这与损毁型寻衅滋事罪“情节严重”的判定具有一致性，在前文已经论证不再赘述。因而，李正亮放火损毁他人公私财物的行为触犯了故意损毁财物罪。一个行为同时触犯了两个罪名，属于想象竞合犯，应按照从一重罪原则处断。根据两个罪名的法定刑，损毁型寻衅滋事罪法定刑分为两档，一档为五年以下有期徒刑、拘役或者管制，二档为五年以上十年以下有期徒刑，可以并处罚金；故意损毁财物罪法定刑同样分为两档，一档为三年以下有期徒刑、拘役或罚金，二档为三年以上七年以下有期徒刑。通过比较，同一档次的损毁型寻衅滋事罪法定刑明显高于故意损毁财物罪的。因而，应按照损毁型寻衅滋事罪定罪量刑。

同时，对于两个罪名的区分，有学者提出了“任意损毁公私财物的行为，可能构成故意毁坏财物罪，也可能构成寻衅滋事罪”，“司法机关的任务，不是在两罪之间找出区别，而是以想象竞合犯从一重罪论处”。[①] 该论点是基于两个罪名之间存在同一构成要件事实重合的基础上，难以区分两罪情形下，以想象竞合犯理论解决实践中的难题。而对于有些构成要件事实能区分的情况下，还是有必要进行区分。可以从以下三个方面对损毁型寻衅滋事罪和故意损毁财物罪进行区分，从犯罪对象来看，前者为不特定对象的公私财物，后者一般为特定的；从犯罪客体来看，前者是对公共秩序和他人公私财物所有权法益的双侵害，后者仅是对他人财物所有权法益的单侵害；从犯罪主观方面来看，前者是对公共秩序犯罪和损毁他人公私财物的目的，后者仅是损毁他人公私财物的目的。具体到本案中，一是李正亮放火损毁他人财物的行为，不是针对特

① 张明楷：《寻衅滋事罪探究》（下篇），载《政治与法律》2008年第2期。

定的他人财物，而是任意的、随机的，有别于故意损毁财物罪针对特定的他人财物。二是李正亮案中，除了对公共秩序法益的侵害外，还对他人所有公私财物造成了损失，而故意损毁财物罪仅是对他人公私财物的损毁。三是李正亮主观上不仅具有损毁他人财物的故意，还有无事生非、不计后果地采取放火，放任对公共秩序侵害的故意。故而，从两罪的区分角度来看，本案应以损毁型寻衅滋事罪定罪更能全面涵括李正亮的违法犯罪行为，彰显罪刑相适应，实现罚当其罪。

（**一审法院合议庭成员** 陈 旭 陈秀萍 张 海
编写人 江苏省淮安市洪泽区人民法院 鲁海军
责任编辑 周维明
审稿人 李玉萍）

民　事

于海慧等诉沈兴福等生命权、健康权、身体权纠纷案

——交通事故逃逸追赶行为主观过错的认定

关键词：民事　侵权责任　过错　注意义务　因果关系

【裁判要旨】

判断行为是否构成侵权不能将行为与案件事实进行孤立判断，应将行为与案件事实相结合进行综合认定。主观过错中“可预见性”的判断应以一般理性人的能力为标准，当一般理性人在特定情形下根本无法预见到其行为会造成他人的损害时，则不应认定该行为人存在过错。

【相关法条】

《中华人民共和国侵权责任法》第二条　侵害民事权益，应当依照本法承担侵权责任。

本法所称民事权益，包括生命权、健康权、姓名权、名誉权、荣誉权、肖像权、隐私权、婚姻自主权、监护权、所有权、用益物权、担保物权、著作权、专利权、商标专用权、发现权、股权、继承权等人身、财产权益。

第六条　行为人因过错侵害他人民事权益，应当承担侵权责任。

根据法律规定推定行为人有过错，行为人不能证明自己没有过错的，应当承担侵权责任。

【案件索引】

一审：北京市延庆区人民法院（2017）京0119民初6349号（2017年12月4日）

二审：北京市第一中级人民法院（2018）京01民终2580号（2018年5月3日）

【基本案情】

原告（被上诉人）王玉珍、于海慧、于治明诉称：2016年10月23日早晨7时许，于勇驾驶农用三轮车从四五七县路行驶至延庆西康检查站途中，其所驾驶的车辆不小心将沈兴福的手划伤，因于勇对此事不知情，继续驾车向前行驶。行驶至延庆西康检查站西30米处时，五名被告共同将于勇拦截，之后又将其强行从车上拽下来，由于五名被告长时间与于勇纠缠，导致其体力不支，瘫倒在地数十分钟，但是五名被告没有采取任何施救行为。后于勇被送往北京市延庆区医院，住院治疗10天，最终治疗无效死亡。原告认为于勇的死亡与被告的侵权行为有必然的、直接的因果关系，故为维护合法权益，诉至法院，请求判决：（1）被告给付医疗费71696元、护理费1000元、住院伙食补助费1000元、死亡赔偿金446200元、丧葬费42516元、被扶养人生活费29706元、精神损害抚慰金50000元、交通费1000元，以上各项共计643118元；（2）诉讼费由被告承担。

被告（上诉人）沈兴福、陆明军、沈建国、沈兴余、沈兴茂辩称：既不同意三名原告的诉讼请求，也不同意进行赔偿。第一，原告诉状称于勇将沈兴福的手划伤与事实不符。根据东花园检查站民警张海林提供的事故现场照片及延庆区医院的病历本、X光片等证据，证明于勇撞伤沈兴福的腰部、手部，并撞坏了车子反光镜。第二，于勇撞人撞车后，仍旧全速向前行驶，从河北省跑到北京市，属于交通事故肇事逃逸。第三，经北京市公安局延庆分局对于勇的尸体进行死亡鉴定，鉴定意见是结合案情及医院病历，于勇符合高血压脑出血死亡，外伤、情绪激动可以是脑出血的诱因。于勇驾驶三轮车到事发地点已经发病，在河北省撞人、撞车后逃逸至北京市地界导致情绪激动，其死亡原因是其自身高血压等多种疾病体质问题，和被告没有任何法律上的因果关系。第四，原告以被告未对于勇进行施救行为为由，要求被告承担赔偿责任，没有任何证据。在发现于勇犯病后，由沈兴龙及时联系于勇同村村民付兴，由付兴代为联系于勇家属，在联系两次间隔许久后王玉珍及于勇的哥哥才到达现场，以至于于勇病情拖延。被告以于勇生命权为先，从人道主义的角度出发，事后未对肇事者主张赔偿。第五，原告诉称五名被告同时拦截于勇，强行将其从车上拽下，与事实不符。沈兴福被撞伤后，在事发地点等待警察处理交通事故，五名被告并未同时在场。被告并未将于勇强行拽下车，只是看于勇一直没说话，挨一下看他是否有意识。第六，五名被告并未与于勇纠缠，当时沈兴福未在现场，于勇一句话都不会说，如何与之纠缠。第七，于勇的死亡地点在医院外转院的路上，在医生告知病人危险系数较高的情况下，于勇家属强行要求自行转院。且未叫救护车、大夫和护士陪同，直接租用医院外没有任何医疗器械和安全保障的面包车进行转院，家属的转院行为与于勇的死亡具有直接关系。

法院经审理查明：2016 年 10 月 23 日 7 时许，沈兴福驾驶的车辆停放在河北省怀来县西榆林村路南，恰逢沈兴福准备上车之时，于勇驾驶农用三轮车自西向东行驶至此处，与沈兴福及其车辆发生剐蹭，事故导致沈兴福的手与上衣被剐蹭，车辆左侧反光镜被剐蹭。事故发生后，于勇并未停车，继续驾驶农用三轮车向东行驶。于勇于 7 时 7 分许行驶至延庆区西康公路检查站大棚西侧 20 米处停车。随后陆明军、沈建国、沈兴余、沈兴茂追赶至此处，四人围绕农用三轮车与于勇进行交涉，曾强行打开车门试图拖拽于勇下车。7 时 17 分许于勇下车，手扶车门，跪倒在地，强行站起来后倚靠车门站立。随后四人先后离开事发现场，陆明军、沈建国、沈兴茂前往工地干活，沈兴余又随沈兴福回到西康公路检查站。沈兴福、沈兴余通过同村村民沈兴龙联系于勇亲属，9 时许于勇妻子王玉珍赶到事发现场，11 时许于勇被送至北京市延庆区医院进行住院治疗。于勇的病情被诊断为：（1）脑疝；（2）脑出血；（3）脑室出血；（4）高血压……2016 年 11 月 2 日，于勇家属要求自行将于勇转往北京市上级医院继续治疗，并于 15 时许将于勇转运出院，转院过程中于勇死亡。

于勇有高血压 2 年，未规律监测及服药。北京市公安局延庆分局对于勇的尸体进行了死亡原因鉴定，鉴定意见：（1）于勇符合高血压脑出血死亡；（2）外伤、情绪激动可以是脑出血的诱因。

【裁判结果】

北京市延庆区人民法院于 2017 年 12 月 4 日作出（2017）京 0119 民初 6349 号民事判决：一、沈兴福等人赔偿王玉珍等人因于勇死亡产生的医疗费

21508 元、护理费 300 元、住院伙食补助费 300 元、交通费 300 元、死亡赔偿金 142771 元、丧葬费 12754 元、精神损害抚慰金 15000 元，共计 192933 元；二、沈兴福等人互负连带赔偿责任；三、驳回王玉珍等人的其他诉讼请求。

宣判后，沈兴福等人向北京市第一中级人民法院提起上诉。北京市第一中级人民法院于 2018 年 5 月 3 日作出（2018）京 01 民终 2580 号民事判决：一、撤销北京市延庆区人民法院（2017）京 0119 民初 6349 号民事判决；二、驳回于海慧、王玉珍、于治明的全部诉讼请求。

【裁判理由】

法院生效裁判认为：司法在维护公民合法权利不受侵犯以及保证公民的行为自由不受干涉时，应当秉承何种适当的相互对待准则，是评判侵权责任时所要解决的主要问题之一。

一、对本案于勇死亡的原因分析

根据鉴定意见，于勇属于高血压脑出血死亡。鉴定意见亦认为，外伤、情绪激动可以是脑出血的诱因。

于勇在事发前确实发生了交通事故，导致沈兴福及其车辆受到损害。事故发生后，于勇驾车逃逸。之后，沈兴福等人追赶至康庄镇西康公路检查站附近。从本案补充的事实分析，在公安机关介入后，几乎所有参与追赶于勇的当事人包括案外人在询问中均表示，于勇在驾驶室中存在不言语、无反应、眼睛无神、出汗等异常表现。本院反复观看视频资料认为，被调查人员的表述与视频录像有吻合之处。同时，录像显示，在无人拖拽情形下，于勇自行下车无法站稳，跪倒在地。依据日常生活经验法则可作出如下判断：于勇下车之前就已经发病，且该发病与交通事故、事故逃逸、多人追赶、恐惧担忧等都有不同程度的关联，即沈兴福等人的追赶行为与于勇的发病之间存在着一定的原因关联。

然而，法律上的因果关系并不是单纯事物之间的原因关联。任何事物在或多或少的层面上都可以出现引起与被引起的关系。法律作为规范人们行为的规则，在因果关系的判断上仍然需要衡量引起结果的原因是否具有违法性，是否逾越了人与人正当交往的界限。

二、对本案沈兴福等人行为的评价

本院认为，法律在衡量普通人行为是否适当时，应首先将行为人放置于普通生活世界中去考量。本案事故发生后，于勇驾车逃逸，后沈兴福召集多人进行追赶。现实中，当自己的合法权益受到侵害后，固然当事人可以通过报警等正当程序解决，但在诸如事故逃逸、盗窃等场合，受害人召集旁人进行追赶是社会公众在自身合法权益受到侵害时的常态行为，这是一种通过私力维护自己权益的有效方式，其在道德上无可厚非且法律并不禁止，只要行为不超出必要限度即可。本院认为沈兴福等人的行为符合人们的普遍观念且并未超出法律许可的一般界限。

本案中沈兴福等人显然没有故意加害于勇的事实存在。沈兴福等人在追赶于勇之时，从一般人角度而言根本无法预见到于勇会存在高血压脑出血的危险。于海慧等认为沈兴福等救助不力，该观点意指沈兴福等人存在事后不予救治的主观过错和行为。本院认为，当事人违反不作为义务的前提是存在法定或者合同约定的作为义务。从社会交往互助的角度，也存在因先前行为而产生的作为义务。由于本次事故之后的多重因果关联，让于勇处于危险之中，沈兴福等履行适当的救助义务确实符合法律精神。但由于沈兴福等人的在先行为是其通过私力救助自己权利的合法行为，其亦无法预见到不确定风险存在，因而，这种积极救助的行为虽然应该大力提倡但在法律上不应过于严苛。依据人情法理，一位违法者因其自身行为开启风险时，不应对没有过错且无法预料后果的相对方过于苛求。通过笔录可知，当沈兴福等人观察之后感觉到于勇存在一些反常情况，沈兴福等人也积极寻找于勇家人处理，相关人员已经呼叫救护车，因而沈兴福等人没有过错，没有违反必要的作为义务。

本院认为，虽然沈兴福等人的行为客观上与于勇死亡之间存在关联，但因沈兴福等人并无主观过错，其行为不具有违法性，法律上的因果关系也不具备，因此，于海慧等要求沈兴福等承担赔偿责任的请求欠缺事实和法律依据。于勇的死亡虽让人同情，但因风险系其自身开启，该种风险如果让无过错的上诉人承担，会明显影响普通人的行为自由，势必导致没有人在违法行为面前再敢于作为。

【案例注解】

本案的事实较为清晰，行为人追赶驾车逃逸的受害人，受害人随后死亡，鉴定意见认为：受害人系高血压脑出血死亡，外伤、情绪激动可以是脑出血的诱因。因此，本案的被诉行为是沈兴福等人的追赶行为，损害后果是受害人的死亡，而通过常识判断可以得知，在被追赶的情形下，会不同程度地导致人的精神紧张和情绪激动，根据鉴定意见我们可以作出沈兴福等人的追赶行为与受害人发病并最终死亡之间存在着一定的原因关联。因此，沈兴福等人是否构成侵权、是否应当承担责任的核心在于如何评价行为人的追赶行为以及其是否存在过错、因果关系是否成立的问题。

一、对沈兴福等人“加害”行为的分析

作为侵权责任构成要件的加害行为是指侵害他人民事权益的，受意志支配的人之行为。法律在衡量普通人行为是否适当时，应首先将行为人放置于普通社会生活中去考量。加害行为既是客观的，也是前提性的，因为只有先前存在加害行为，才存在判断该行为在主观上是否存在过错的可能。对于客观行为，固然要用客观标准来判断，但却不能将被诉行为与案件事实割裂来考查。本案于海慧等主张沈兴福等存在追赶、拖拽、纠缠死者于勇的情形，上述行为导致了于勇死亡的损害后果。经查明，沈兴福等确实追赶于勇，但事发时双方并未发生肢体冲突，于勇也不存在外伤。因此，实质上本案被诉的“加害”行为是沈兴福等人的追赶行为。如果孤立来看，在公共道路上召集旁人进行追赶，该行为本身存在一定的危险性，但不能因该行为具备危险性便认定侵权成立，正如警察追赶犯罪嫌疑人的行为虽具有危险性，但不会被认定为加害行为。当与本案事实结合起来，便可知沈兴福等人的追赶系归因于于勇在先的逃逸行为。现实生活中，当自己的合法权益受到侵害后，固然可以通过报警等正当程序解决，但在诸如事故逃逸、盗窃等突发情况之场合，受害人召集旁人进行追赶是社会公众在自身合法权益受到侵害时的常态行为，也是自然反应，这是一种通过私力维护自己权益的有效方式，其在道德上无可厚非且法律并不禁止。因此，结合本案事实来看，沈兴福等人的追赶行为既不具有违法性也不具备可苛责性。

二、关于主观过错

过错是对行为人主观心理状态的评价，包括故意与过失。本案中沈兴福等人显然没有故意加害于勇的事实存在，因此判断其是否有过失是本案的关键。过失一般是指行为人对侵害他人民事权益之结果的发生，应注意或能注意却未注意的心理状态。其中“应注意或能注意”包含了“可预见性”的要素，也

即行为人能够或应当预见到其行为会侵害他人的民事权益。此种“可预见性”的判断应以一般理性人的能力为标准，当一般理性人在特定情形下根本无法预见到其行为会造成他人的损害时，则不认为该行为人存在过失。沈兴福等人在追赶于勇时，从一般理性人角度而言，根本无法预见到于勇会存在高血压脑出血的危险。而当于勇出现不言语、无反应、出汗等反常表现时，沈兴福等人积极寻找于勇家人处理，相关人员也已经呼叫救护车，符合一般理性人面对该情况应采取的救助行为。作为与死者于勇不存在特殊关系、特殊义务（如家属或同行者）的沈兴福等人，积极救助行为应在道德上提倡但在法律上本不应过于严苛。因此，沈兴福等尽到一个理性人在当时当下应当作出的行为和措施，并未违反相应的注意义务，不存在过失。

三、关于因果关系

从自然因果链条观察，如果一个原因引起或导致了一个结果的发生，那么双方之间就建立起了因果关系。自然因果链条是我们衡量事物原因与结果的基底。法律中的因果关系自然也不会脱离自然因果关系这种引起与被引起的基础模式。然而，法律中的因果关系与自然因果关系相比较却更为复杂。自然因果关系的确定是经验层面的问题，而法律中的因果关系，不仅仅是对自然因果关系的自然截取，它承载着法律人的解释和评价。这种评价的意义体现在两个方面：一是过滤无关原因，令行为人为且仅为自己的行为负责，贯彻自己责任原则。二是合理截取因果关系链条。正是通过合理截取因果关系的链条，控制责任范围，因果关系要件有效维护了行为自由。①

一般来讲，对因果关系的判断应分为两个阶段：第一阶段先判断损害结果与被诉行为之间有没有事实上的联系，也即事实因果关系，它处理的是责任成立问题；第二阶段要判定损害是否应予赔偿，即法律因果关系，它处理的是赔偿范围问题。② 在两个阶段中，第一阶段即责任成立上的因果关系更为重要，因为它直接建立起行为和可归责之间的关联，涉及人的行为自由。当然，在第一阶段同样还会有两个考量步骤，第一个步骤就是判定自然因果关联是否成立，第二步骤就是通过价值评价的介入实现法律因果关系的实现。诚如王利明教授在论述相当因果关系说的优点时所强调：“其（相当因果关系说）允许法官作出一种法律上的因果关系判断，它并不要求受害人对因果关系的证明达到

① 程啸：《侵权责任法》，法律出版社2015年版，第220~221页。

② 程啸：《侵权责任法》，法律出版社2015年版，第232页。

如同科学那样精确的地步，即便没有达到这种地步，也不妨害法官根据一定的法律上的价值判断来确定因果关系的存在，这种做法减轻了受害人因果关系方面的举证负担，同时赋予法官一定的自由裁量权，使得法官能够根据案件的具体情况、法律规定、经验、常识等进行调整。”① 可见，评价本身就寓于法律因果关系的实现之中。

本案中，尽管根据鉴定意见，沈兴福等人的追赶行为在事实上可能与于勇的死亡存在因果关系，但自然意义上的因果关系与法律上的因果关系不能绝对等同。虽然沈兴福等人的行为客观上与于勇死亡之间存在关联，但沈兴福等人并无过错，而且从一般人的角度并兼顾社会常识性认知，没有人会预见到这种行为和后果之间会产生确定的法律上因果关系。因此，本案中的因果关系不具备。

（**一审法院合议庭成员** 蒋凯宇 孙焕云 王燕杰
二审法院合议庭成员 陈 伟 白 云 王国庆
编写人 北京市第一中级人民法院 王国庆 刘雅播
责任编辑 杨 奕
审稿人 范明志）

① 王利明：《侵权责任法研究》（上卷），中国人民大学出版社2010年版，第385~386页。

倪陆某某诉陆某某离婚后财产纠纷案

——离婚协议中给予子女财产约定性质的认定

关键词：民事　离婚协议　利他合同　利益第三人条款　直接请求权

【裁判要旨】

离婚协议通常系关于婚姻关系解除、子女抚养、共同财产分割等内容的一揽子协议，其中将财产给予子女的约定性质上为利益第三人条款，而非在父母与子女之间建立赠与合同关系，因此，负有给付义务的一方不得基于赠与合同关系行使任意撤销权。同时，基于《合同法》第六十四条的规定及利他合同的法理，子女享有直接请求给付的权利。

【相关法条】

《中华人民共和国合同法》第二条　本法所称合同是平等主体的自然人、法人、其他组织之间设立、变更、终止民事权利义务关系的协议。

婚姻、收养、监护等有关身份关系的协议，适用其他法律的规定。

第六十四条　当事人约定由债务人向第三人履行债务的，债务人未向第三人履行债务或者履行债务不符合约定，应当向债权人承担违约责任。

【案件索引】

一审：上海市松江区人民法院（2017）沪0117民初16349号（2017年11月28日）

二审：上海市第一中级人民法院（2018）沪01民终357号（2018年9月12日）

【基本案情】

原告（被上诉人）倪陆某某诉称：原告法定代理人倪某某与被告陆某某于2007年登记结婚，2008年11月24日生育倪陆某某。2010年倪某某与陆某某离婚，2012年5月11日重新登记结婚，2016年11月17日经法院调解离婚，离婚调解书中未对诉争房屋进行处理。2010年及2016年11月16日倪某某与陆某某两次离婚时均约定：男方在诉争房屋房产证上加倪陆某某名字，并于一个月内办理手续。协议签署后陆某某并没有依约履行。故请求判令陆某某配合倪陆某某将上海市松江区茸龙路的房屋登记为双方共同所有，各占50%的份额。

被告（上诉人）陆某某辩称：诉争房屋属于陆某某婚前个人财产，在赠与完成之前其可以撤销。

法院经审理查明：倪陆某某系倪某某与陆某某的婚生儿子，出生于2008年11月。上海市松江区茸龙路房屋系陆某某于2005年购买，现登记在陆某某一人名下。

倪某某与陆某某于2007年7月3日登记结婚，于2010年4月30日协议离婚。双方离婚时签订的离婚协议第三条财产处理约定：“双方有夫妻共同财产坐落在上海市松江区茸龙路××弄大江苑××室商品房一套，现协商归男方和儿子各半，男方须于离婚后一周内在房产证上加上儿子倪陆某某的名字……”

2010年6月3日，倪陆某某诉至法院，后与陆某某达成人民调解协议书一份。该协议载明：“一、陆某某和倪陆某某于2010年8月3日之前一起去办理将倪陆某某名字加入产权证的手续；办理此手续产生的费用各半承担；二、倪陆某某自愿撤诉；……”

2012年5月11日，倪某某与陆某某重新登记结婚。2016年11月16日，倪某某与陆某某签订离婚协议，载明：“双方于2016年11月16日离婚，协商一致达成以下协议：1. 男孩倪陆某某归女方抚养，由原告男方支付抚养费壹仟元。2. 男方所拥有的房产证加上倪陆某某名字，双方于一个月内去办理。3. 男方一次性补偿女方叁万元整，三个月内付清。”2016年11月17日，双方经上海市松江区人民法院调解离婚。民事调解书载明：“双方当事人自愿达成如下协议：一、原告陆某某与被告倪某某双方自愿离婚；二、原、被告婚生子倪陆某某随被告共同生活；三、原告陆某某自2016年11月起每月25日前给付被告倪某某孩子抚养费1000元，教育费、医疗费凭发票各半承担，至孩子十八周岁止；四、原告陆某某于2017年2月16日前给付被告倪某某房屋补偿款人民币30000元；……"

【裁判结果】

上海市松江区人民法院于2017年11月28日作出（2017）沪0117民初16349号民事判决：陆某某于判决生效之日起10日内配合倪陆某某办理房屋产权变更登记手续，将上海市松江区茸龙路××弄××号××室房屋登记为倪陆某某、陆某某共同共有，其中倪陆某某、陆某某各占有50%的份额。

宣判后，陆某某不服原审判决，提出上诉。上海市第一中级人民法院于2018年9月12日作出上海市第一中级人民法院（2018）沪01民终357号民事判决：变更上海市松江区人民法院（2017）沪0117民初16349号民事判决主文为，陆某某应于本判决生效之日起10日内配合倪陆某某办理房屋产权变更登记手续，将上海市松江区茸龙路××弄××号××室房屋登记为倪陆某某、陆某某按份共有，其中倪陆某某、陆某某各享有50%的份额。

【裁判理由】

法院生效裁判认为：陆某某与倪某某达成的离婚协议涉及多方面内容，这些内容互为前提，构成一个整体，其中关于诉争房屋的处理又构成向倪陆某某履行的第三人条款。基于债的相对性原理，该第三人条款并非在陆某某与倪陆某某之间形成赠与合同关系，而属于利他合同的范畴，因此，陆某某所谓在诉争房屋权利转移前可任意撤销赠与的主张，不能成立。倪陆某某作为离婚协议利他条款的利益第三人，有权依据离婚协议的约定要求陆某某履行相应义务，即陆某某应当配合倪陆某某办理产权变更登记手续，将诉争房屋登记为倪陆某某、陆某某按份共有，双方各享有50%的份额。

【案例注解】

本案例涉及离婚协议中给予子女财产约定的性质认定及法律适用。审判实践中，对上述问题存在不同的认识。有观点认为，该约定在父母与子女之间形成赠与合同关系，但对父母在财产权利移转前是否可任意撤销，也有不同意见。其一，有意见认为，父母可基于《合同法》第一百八十六条第一款的规定，任意撤销赠与①；其二，有意见认为，赠与对象为未成年子女时，具有道德义务性质，依《合同法》第一百八十六条第二款的规定，父母不能任意撤销；其三，有意见认为，离婚财产协议中的赠与条款是夫妻分割共同财产的一种方式，属于共同共有人对共同财产的共同处分行为，其中一个共有人不应享有单独撤销权利，除非共同共有人共同行使撤销权②；其四，有意见认为，该赠与系附条件的赠与或具有特定目的，父母不能任意撤销。此外，也有观点认为，离婚协议中给予子女财产约定仅为离婚协议众多内容中不可分割的一部分，基于离婚协议的整体性以及各个内容互为前提、互为条件，依据《最高人民法院关于适用〈中华人民共和国婚姻法〉若干问题的解释（二）》第八条的规定，父母不得随意撤销。但因该约定仅仅涉及向离婚协议以外的第三人履行的问题，在一方不履行给付义务，只能由相对方提起诉讼，子女并无直接请求给付的请求权。

笔者认为，离婚协议中关于给予子女财产的约定性质上应为利益第三人条款，而非在父母与子女之间建立赠与合同关系。《合同法》第六十四条系对包括利益第三人合同在内的广义的向第三人履行合同的规定，虽然该条款并未明确子女是否具有直接请求权，但基于利他合同的法理，子女作为离婚协议的利益第三人，有权基于离婚协议的约定直接主张权利。

一、离婚协议中给予子女财产约定的性质

（一）并非在父母与子女之间形成赠与合同关系

《合同法》第一百八十五条规定，赠与合同是赠与人将自己的财产无偿给予受赠人，受赠人表示接受赠与的合同。据此，赠与合同形式上需要赠与双方的意思表示，即赠与人作出将自己的财产无偿给予受赠人的意思表示，受赠人作出接受赠与的意思表示。而无偿性是赠与合同的本质特征。

夫妻在离婚协议中约定将财产给予子女明显并未在父母与子女之间建立赠与合同关系。首先，离婚协议的主体为夫妻双方，二者达成将财产给予子女的约定，欠缺子女的意思表示，认为父母与子女之间据此建立赠与合同关系，有违合同相对性。③ 何况，离婚协议中约定给予子女的财产在性质上是否为夫妻

---

① 参见福建省厦门市翔安区人民法院（2012）厦翔民初字第905号民事判决。

② 参见浙江省金华市中级人民法院（2009）浙金民终字第1794号民事判决。

③ 有观点认为，父母在离婚协议中代表未成年子女作出了接受赠与的意思表示。应该说，该解释较为牵强，因为从离婚协议的主体及内容来看，并不存在由父母代理的未成年子女一方。

共同财产，因案而异。如果认为该约定在父母与子女之间建立赠与合同关系，就需要明确财产的性质以确定赠与人究竟为父母一方或者双方。在离婚协议未对给予子女的财产性质作出界定的情况下，认定赠与合同的主体将变得复杂。其次，夫妻双方在离婚过程中约定将特定财产给予子女，与双方婚姻关系解除、子女抚养、夫妻共同财产的处理均存在牵连关系。夫妻将特定财产给予子女，往往以对方在其他方面作出让步为前提，因此，这种财产处理的安排并不具有赠与合同无偿性的本质特征。本案倪某某与陆某某第二次离婚时达成的离婚协议，约定将双方未成年子女倪陆某某的名字加入诉争房屋产证，结合倪某某与陆某某第一次离婚时达成的离婚协议以及陆某某与倪陆某某在此之后达成的人民调解协议的内容可知，其实质含义是指陆某某将系争房屋50%的产权移转登记于倪陆某某名下。纵观双方两次离婚的过程，可以说，陆某某同意承担前述给付义务是以倪某某同意解除婚姻关系且同意接受其他关于子女抚养等方面的安排为前提，而非仅仅基于与倪陆某某之间的血缘关系，无偿向倪陆某某表示赠与其相应财产。①

实际上，如果把离婚协议中约定将财产给予子女视为赠与合同关系，那么对于一方事后要求行使任意撤销权时，不管采用哪种观点，均会产生不同的问题。允许一方任意撤销，无疑有悖于夫妻达成离婚协议的初衷，亦有悖于诚实信用原则；认为赠与具有道德义务性质，明显具有牵强附会之嫌，似乎夫妻双方在离婚时不给予子女财产就有违道德要求；认为系夫妻双方的赠与，又无法解释离婚时约定将一方个人财产给予子女的情形；认为系附条件或有目的的赠与就不能任意撤销，但《合同法》上并无依据；认为离婚协议具有整体性，婚姻法相关司法解释也明确协议的效力，所以不能撤销，但婚姻法相关司法解释并未直接规定形成赠与是否可以撤销的问题。

（二）实质为利益第三人条款

第三人利益合同，是指双方当事人约定，由债务人向第三人履行债务，第三人直接取得请求权的合同。② 第三人利益契约，依其功能，可分为两个基本类型。第一个基本类型系以缩短给付为目的，旨在简化给付关系。第二个类型系具有生计抚养照顾性质之第三人利益契约，以第三人利益之保险契约为典型，其特色系契约上之给付目的自始以归于第三人为目的。③

---

① 实际上，本案中对于系争房屋性质上是否属于夫妻共同财产，倪某某与陆某某尚存在争议。

② 胡康生主编：《中华人民共和国合同法释义》，法律出版社2007年版，第36页。

③ 王泽鉴：《民法学说与判例研究（第七册）》，北京大学出版社2009年版，第108页。

离婚协议中给予子女财产的约定，自始即以子女取得特定财产为目的，属于典型的利益第三人合同的范畴，只不过从整体上看，因离婚协议还包括了婚姻关系解除、子女抚养、夫妻共同财产的处理等其他内容，给予子女财产的约定仅仅为离婚协议的部分条款。将离婚协议中给予子女财产约定的性质界定为利益第三人条款，能够准确说明夫妻双方作出该约定的目的并周全地保护子女，尤其是未成年子女的合法权益。

有观点认为，离婚协议中给予子女财产的约定仅仅构成向第三人履行的问题。① 如果将向第三人履行，解释为第三人代债权人接受履行，那么第三人并不独立享有合同上的权利和利益，而只是代替债权人接受债务人的履行。如果债务人不向第三人作出履行或履行不适当，则第三人无权要求债务人向其继续履行或承担责任。② 离婚协议中给予子女财产的约定，子女显然并非仅仅代替其父母中的一方接受履行，否则，离婚协议直接将财产处分给夫妻一方即可。何况，如果将给予子女财产简单地视为向子女履行，则其父母基于各种原因，达成变更协议，取消子女受领财产的权利成为理所当然，这与离婚协议对子女尤其是未成年子女权益保障的初衷相悖。因此，子女在离婚协议中应享有独立的权利和利益，属于利益第三人合同的第三人。

二、离婚协议中给予子女财产约定的法律适用

（一）《合同法》第六十四条规定了广义的向第三人履行合同

请求权基础，指的是支持一方当事人向他方当事人有所主张的法律规范。③《最高人民法院关于适用〈中华人民共和国婚姻法〉若干问题的解释（二）》第八条规定，离婚协议中关于财产分割的条款或者当事人因离婚就财产分割达成的协议，对男女双方具有法律约束力。该规定仅仅系离婚协议有关财产分割约定的效力性规范，而非请求权基础规范或裁判规范。

离婚协议涉及婚姻关系的解除以及财产分割等内容。《合同法》第二条规定，婚姻、收养、监护等有关身份关系的协议，适用其他法律的规定。从逻辑上理解，对于夫妻双方于离婚时达成的财产分割协议，自可适用《合同法》的规定。

《合同法》第六十四条规定，当事人约定由债务人向第三人履行债务的，

---

① 孙国鸣主编：《离婚纠纷法律精解判例分析与诉讼指引》，中国法制出版社2012年版，第69页。
② 王利明：《合同法研究（第一卷）》，中国人民大学出版社2011年版，第159页。
③ 王泽鉴：《民法思维》，北京大学出版社2009年版，第46页。

债务人未向第三人履行债务或者履行债务不符合约定，应当向债权人承担违约责任。该规定是否针对利益第三人合同，特别是第三人是否享有直接请求权，历来存在争议。有观点认为，《合同法》第六十四条规定向第三人履行的合同，这种合同是指双方当事人约定，由债务人向第三人履行债务，第三人直接取得请求权。① 也有观点认为，《合同法》第六十四条根本未赋予第三人以任何法律地位，所谓“约定向第三人给付”，其性质只能认定为“经由被指令人而为交付”。② 还有观点认为，《合同法》第六十四条规定，只是没有完全沿袭法国、德国等国家的民法所确定的第三人利益合同的构成要件，而非不承认利益第三人合同。③

我们认为，广义的向第三人履行合同应包括利益第三人合同及第三人代为受领的合同，二者之间最主要的区别即在于第三人是否对债务人享有直接请求权。从内容来看，《合同法》第六十四条的规定确实未明确第三人对债务人享有直接请求权，其关于债务人不履行债务或履行债务不符合约定，应当向债权人承担违约责任的规定，从逻辑上亦不能得出第三人可直接向债务人主张权利的结论，但该条规定亦未明文排除利益第三人合同。而且，一方面，利益第三人合同在社会生活中极为常见，如以第三人为受益人之保险合同，第三人享有给付保险金的独立请求权，又如货运合同，亦承认收货人有要求承运人给付的请求权，上述请求权的依据均是我国法律的特别规定，如认为《合同法》第六十四条并不包括利益第三人合同，将会导致《合同法》存在缺少一般规定引领特别规定的体系性缺陷，亦会导致司法实践中许多案件面临缺乏法律依据的局面。另一方面，正如有观点指出的，《合同法》第六十四条如不包含利益第三人合同，其规范意义也将大大降低，在无该条文规定的前提下，合同相对性原则亦属当然之理，无需特设条款加以强调。④ 因此，在目前的司法实践中，可以认为《合同法》第六十四条即是广义的向第三人履行合同的规定，包含利益第三人合同的内容。

（二）依利益第三人合同的法理，子女享有直接请求权

有法律依法律，无法律依习惯，无习惯依法理，为民事裁判的基本规则。《合同法》第六十四条规定了利益第三人合同在内的广义的向第三人履行合

① 胡康生主编：《中华人民共和国合同法释义》，法律出版社 2007 年版，第 36 页。

② 尹田：《论涉他契约》，载《法学研究》2001 年第 1 期，转引自韩世远：《合同法总论》，法律出版社 2011 年版，第 266 页。

③ 崔建远：《债权：借鉴与发展（修订版）》，中国人民大学出版社 2014 年版，第 165 页。

④ 韩世远：《合同法总论》，法律出版社 2018 年第 4 版，第 367 页。

同，但对利益第三人合同的第三人是否享有直接请求权未予明确。如前所述，利益第三人合同的本质特征即在于第三人对债务人享有直接请求权。因此，承认利益第三人合同，就必然承认第三人对债务人的直接请求权。

离婚协议中约定父母给予子女财产，子女作为利益第三人，当然有权直接基于离婚协议提起诉讼，要求其父母履行给付义务。

（**一审法院独任审判员**　邹建云
二审法院合议庭成员　金绍奇　许　军　潘俊秀
编写人　上海市第一中级人民法院　金绍奇
责任编辑　杨　奕
审稿人　范明志）

董艳诉李彬、李彩侠、张双全债务转移合同纠纷案

——当事人约定不明情形下债务转移、债务加入、指示付款的认定

关键词：民事　指示付款　债务转移　债务加入　追偿权

【裁判要旨】

当事人约定不明情形下债务转移、债务加入、指示付款的认定，需要根据《合同法》第一百二十五条规定的符合合同目的原则，确定争议条款的真实意思，探求当事人的真意。对债务转移的构成要件，应遵守《合同法》第八十四条规定，将债权人同意作为债务转移合同的生效要件。债务转移合同具有无因性，债务人与第三人之间的基础法律关系或利益关系是第三人承担债务的原因，该原因关系系债务人与第三人之间的内部关系，影响到第三人承担债务后是否对债务人享有追偿权，但对外不能对抗债权人。

【相关法条】

《中华人民共和国合同法》第八十四条　债务人将合同的义务全部或者部分转移给第三人的，应当经债权人同意。

第一百二十五条第一款　当事人对合同条款的理解有争议的，应当按照合同所使用的语句、合同的有关条款、合同的目的、交易习惯以及诚实信用原则，确定该条款的真实意思。

【案件索引】

一审：安徽省亳州市中级人民法院（2017）皖16民初315号（2017年12月1日）

二审：安徽省高级人民法院（2018）皖民终380号（2018年6月21日）

【基本案情】

原告（被上诉人）董艳诉称：张双全向董艳出具1033万元的借条，此外还有每年利息240万元，张双全要求将对李彬1100万元的债权转让给董艳，董艳称不够偿还张双全所欠的本金加利息，但张双全说他只有这么大的偿还能力，所以董艳同意张双全将债务转移给李彬。董艳曾看到李彬打给张双全1100万元的借条，上面还有四个担保人以及华仕房产公司的公章，该借条在2015年4月1日李彬向董艳出具借条之后从张双全处抽回。请求李彬、李彩侠、张双全偿还董艳借款本金1100万元及利息52.8万元（利息按月息2%暂计至2016年6月12日，以后利息另行计算）。

被告（上诉人）李彬、李彩侠辩称：虽然董艳与张双全之间转账金额合计1111.3万元，但董艳持有的借据仅为1033万元，说明银行流水1111.3万元中，有78.3万元与本案无关联性。而且这只是董艳与张双全之间的债权债务，与李彬无关。董艳持有的借条系李彬出具的，但该借款并未交付，未实际发生，其与董艳不存在民间借贷关系。对于借款说明，系在李彬与张双全之间存在真实债权债务关系的前提下，指示李彬还款的约定。张双全虽陈述对李彬享有1100万元的到期债权，但并未提供证据加以证明，因此李彬与张双全之间不存在真实债权债务关系，借款说明更不构成债务转移。综上，请求驳回董艳的诉讼请求。

被告（被上诉人）张双全辩称：其与董艳的债务应由李彬承担，该债务转移已经生效，张双全不再承担责任。2015年4月1日，李彬出具借条之日，双方对账李彬欠张双全至少1100万元。因张双全欠董艳的钱，董艳多次向张双全催款，张双全无流动资金，只享有对李彬的债权，三人协商由李彬代为偿还，李彬手中无资金，先出具的借条。但张双全与董艳之间因种种原因一直未对账，不确定具体金额，明显低于1100万元，双方口头约定先由李彬出具借条，再另行结算，欠董艳的钱从1100万元中支付。

法院经审理查明：张双全自2012年至2014年间向董艳借款1033万元，并陆续出具了借条。2015年4月1日，李彬出具借条，载明："今借到董艳现金壹仟壹佰万元整，此款壹年还清。"李彬在下方注明，此款借款说明："此笔李彬借张双全的壹仟壹佰万元整，由李彬直接还款给董艳。"后因未还款，董艳致讼。

【裁判结果】

安徽省亳州市中级人民法院于2017年12月1日作出（2017）皖16民初315号民事判决：一、李彬、李彩侠于判决生效之日起10日内给付董艳借款1100万元及利息（利息自2016年4月2日起，按6%年利率计算至付清之日止）；二、驳回董艳对李彬、李彩侠、张双全的其他诉讼请求。

宣判后，李彬、李彩侠向安徽省高级人民法院提起上诉。安徽省高级人民法院于2018年6月21日作出（2018）皖民终380号民事判决：驳回上诉，维持原判。

【裁判理由】

法院生效裁判认为：本案的争议焦点为：张双全对董艳的债务是否转移给李彬。经对2015年4月1日董艳、张双全、李彬均在场出具的借条和借款说明分析，李彬虽给董艳出具"今借到董艳现金壹仟壹佰万元整"的借条，但实际上董艳并未出借给李彬1100万元，在此情况下，如按李彬所称其与董艳之间只是单纯的借款关系，李彬不但不起诉董艳反而任由董艳起诉他，不合常理。对于李彬为何向董艳出具借条，李彬的说法自相矛盾，二审庭审时而称是向董艳借款，时而称"张双全借董艳的钱，所以等楼盘赚了钱我（李彬）直接把钱打给董艳"，第二种说法等于自认张双全将对董艳的债务转移给李彬。通过分析本案案情，借款说明上的内容亦不能理解为张双全指示李彬还款，如是指示还款，在张双全出借给李彬1100万元的条件未成就时，李彬不可能直接给董艳出具借条，更不必要载明其借到董艳1100万元。针对李彬的上诉理由，且结合其在二审庭审称其因工程建设需融资1100万元，李彬无法对借款说明的内容以及借款说明为何作为借条的附件作出合理解释。相较之下，董艳的说法更为可信，"这张借条说不明白事实情况，所以我又让张双全写了借款说明，备注了一下，让李彬签了字"。至于张双全和李彬之间1100万元债权的真实性问题，董艳和张双全均主张李彬在债务转移之前曾向张双全打有借条，但李彬在 2015 年 4 月 1 日向董艳出具借条之后从张双全处抽回了借条。对此法院认为，张双全和李彬之间的债权债务关系仅仅为张双全将对董艳的债务转移给李彬的原因关系，这是一种对内的法律关系，李彬不得以此原因关系对抗董艳。债务转移是诺成合同，当事人一经签字即产生法律效力，李彬、李彩侠对借条和借款说明的真实性并无异议，只是认为未实际履行。对于张双全与李彬之间的法律关系，在张双全对李彬实际享有 1100 万元债权的情况下，李彬向董艳承担还款责任后无权向张双全追偿；在张双全对李彬并未实际享有 1100 万元债权的情况下，李彬向董艳承担还款责任后有权向张双全追偿。李彬、李彩侠虽对 1100 万元的债权数额有异议，认为董艳持有的借据仅为 1033 万元，但张双全、李彬在债务转移时均认可了 1100 万元，故应予以认定。

【案例注解】

对李彬向董艳出具借条和借款说明的行为，究竟产生何种法律效力，有四种意见。第一种意见认为，综合借条和借款说明的内容来看，系在李彬与张双全之间存在真实债权债务关系的前提下，指示李彬还款的约定，李彬是否负有向董艳的还款责任，关键在于李彬与张双全之间是否存在真实的债权债务关系。第二种意见认为，张双全将向董艳所负本息合计 1100 万元债务转移给李彬，并由李彬向董艳出具借条，债务转移成立。但该债务转移原因发生在李彬与张双全之间，在张双全未将所借款项 1100 万元交付李彬，也未举证证明对李彬享有债权的情况下，应由张双全、李彬共同承担还款责任，李彬向董艳履行还款义务后，可向张双全进行追偿。第三种意见认为，借条中的借款说明部分实质是附条件的债务转移，如条件未成就，债务不发生转移的效力，仍应由原债务人张双全承担还款责任；如条件成就，发生债务转移，应由李彬承担还款责任。第四种意见即本案生效判决理由。前三种意见均着眼于张双全与李彬之间是否存在真实的债权债务关系，并将其作为李彬向董艳承担还款责任的前提条件。前三种意见与第四种意见的根本性区别在于是否对张双全与李彬之间的债权债务关系作实质性审查。结合原、被告的诉辩意见，根据合同解释原则，第四种意见更符合本案实际情况，也更有利于保护债权人利益。

一、指示还款、债务转移、债务加入概念之辨析

对本案的几种意见，分别涉及指示付款、债务转移、债务加入，在此有必

要区分这几个法律概念。指示付款对应的是《合同法》第六十五条，即第三人代为履行。第三人与债权人并无契约关系，不是合同当事人，第三人不履行债务或者履行债务不符合约定，债务人应承担违约责任。而债务转移与债务加入中的第三人，取代原债务人完全承担债务或与原债务人承担连带责任。债务转移与债务加入的区别在于原债务人是否脱离债务关系。这可以从理论上一言以概之，但由于三者作出意思表示的方式相同或近似，实务中并不容易区分，否则本案也就不会出现四种分歧意见。

1. 债务转移与债务加入。第二种意见在认定债务转移成立的同时，又以原债务人张双全未有将所借款项1100万元交付第三人李彬，也未举证证明对李彬享有债权为由，认为两人应承担共同还款责任，名为债务转移，实为债务加入。无论是债务转移还是债务加入合同，都既可以由债权人和第三人订立，也可以由债务人和第三人订立，还可以由第三人、债权人及债务人三方订立，甚或由第三人单方允诺，且当事人往往约定不明，债权人和第三人在协议中只约定了第三人愿意偿还债务人对债权人的债务，或者是第三人直接向债权人出具还款计划，债权人予以接受，或者债权人直接向第三人追款，第三人予以认可，而第三人与债权人均未明示免除原债务人债务。对此应把握的原则是：第三人向债权人承诺承担债务人义务的，如果没有充分的证据证明债权人同意原债务人退出合同关系，不宜轻易认定构成债务转移，一般应认定为债务加入。本案李彬出具借条时三方均在场，借款说明亦是在董艳的授意下所写，且从本案的诉讼过程来看，董艳最初起诉的被告并没有张双全，在原一审法院的释明下申请追加张双全，但董艳一、二审均表示债务已由张双全转移给李彬。在此情况下宜认定为债务转移而不是债务加入。

《合同法》第八十四条规定了债务转移，但对于部分转让合同义务的规定是债务转移还是债务加入，不无疑问。对此，有观点认为，该条关于部分转让合同债务的规定实则是债务加入，只不过是一种按份的债务加入，即新加入的债务人就受让的部分债务向债权人负责，原债务人承担除此之外的债务。其理由是：考虑到实务中存在承担人和债务人约定按份负责的债务承担案件，完全没有法律条文可资援用，不如在现行法的框架内承认按份负责的债务加入类型。[①] 这与债务加入承担连带责任（不真正连带责任）的通说不符，债务加入仅带来债务主体的变更，并具有加强债权人法律地位之功能，如果改为按份之债，因按份的债务加入并未增加作为一般担保的责任财产的数量，在加入的承

① 崔建远主编：《合同法》（第五版），法律出版社2011年版，第234页。

担人非诚实信用之人或责任财产薄弱的情况下，就可能削弱原来债权人法律地位，并不符合债务加入的规范目的。[①] 按份责任说主张只有债权人同意，按份的债务加入合同才会拘束债权人，但这一要件不符合债务加入原理：第三人和债务人签订债务加入合同，具有使债权人对承担人取得债权的效果，在这个意义上，它属于一种为第三人利益的合同，只需要债权人有受益的意思表示即可，而债权人受益意思表示的认定相当宽松，并不需要其明确表示接受，可以解释为推定、默示，乃至于不反对就等于接受等等，从而在实践中把作为一个条件而存在的债权人的接受，几乎完全消解掉。[②] 而从《合同法》第八十四条的文义来看，正因为合同义务转移可能对债权人造成不利影响，才需要债权人同意，债权人同意虽然明示、默示均可，也可以依推断的行为表示之，例如，对于第三人为抵销、起诉或为催告或通知解约，亦表明同意，但债权人同意为债务转移合同的生效要件，这与债务加入并不相同，因此部分转让合同义务应作为债务转移的一种类型。

2. 第三人代为履行与债务加入。债务加入与第三人代为履行都是第三人向债权人履行债务，二者的成立与生效均不须债权人同意，且原债务人都不脱离原债务关系，因此二者有极大的相似性，容易混淆，如：债务人与第三人约定由第三人向债权人履行债务，如果约定不明，其性质是债务加入还是第三人代为履行，很难作出辨别。二者在实务上区别的方法，总的来说，债务加入须有债务人与第三人的特别约定，如第三人与债务人约定就同一债务负全部清偿责任的，或约定债权人既有权向第三人直接请求给付，也有权直接要求债务人给付的，均为债务加入，如无特别约定，应推定为第三人代为履行，这符合合同义务不及于第三人之原理。本案因为约定不明，仅从借条及借款说明的字面含义上很难判断是指示付款，还是债务转移，抑或是债务加入。这就需要运用合同的解释原则。根据合同的体系解释原则，合同内容通常是单纯的合同文本所难以完全涵盖的，而是由诸多的其他行为和书面材料所组成，应该把这些材料都放在一起进行解释，以便通过其他合同成分或证据材料的帮助，明确争议内容所具有的意义。在董艳并未实际出借给李彬1100万元的情况下，李彬出具的借条不能从通常意义上理解。通过对案情的分析，能够认定三方对于借条及借款说明的真实意思表示是将张双全对董艳的债务转移给李彬。当事人订立合同均为达到一定目的，在当事人签订的债务转移合同并不符合规范文本的情

① 王洪亮：《债法总论》，北京大学出版社2016年版，第471页。

② 薛军：《利他合同的基本理论问题》，载《法学研究》2006年第4期。

况下，需要根据《合同法》第一百二十五条规定的符合合同目的原则，确定争议条款的真实意思，探求当事人的真意。

二、原因关系的瑕疵是否影响债务承担合同的效力

无论是在债务转移还是在债务加入合同中，债权人、债务人、第三人三方之间都构成以下法律关系：债务人与债权人之间的法律关系为对价关系，即产生债务的合同；债务人与第三人之间的关系为原因关系，即债务承担合同的原因行为；第三人与债权人之间的关系为执行关系，其内容是实现债务承担合同。如果债权人和债务人之间产生债务的合同无效、被撤销、被解除、不被追认，使得债务不存在，即债务承担合同的标的物不存在，债务承担合同亦随之无效。第三人与债务人对内的法律关系，除当事人特别约定为承担行为之原因外，不过为承担行为之动机，其对内的法律关系如何，对于债务承担行为不生影响。“承担人因其承担债务之法律关系所得对抗债务人之事由，不得以之对抗债权人。就中如此原因法律关系为无效（例如债务承担系基于债务人之委任，其委任为无效或可撤销，或债务承担之对待给付未由原债务人取得），不得主张之。”① 从这个意义上说，债务承担合同具有无因性，只有在债务承担合同本身为无效或可撤销时，才影响到债务承担合同的效力。之所以如此，是因为在三方利益的衡量中，债务人与第三人之间的基础法律关系或利益关系是第三人承担债务的原因，这仅是其内部关系，对外不能对抗债权人，因此宜认定债务承担的无因性，以维护债权人利益。当然债务承担具有无因性并不意味着对引起债务承担的原因行为不需进行必要的审查，本案中董艳主张李彬打给张双全的借条已在李彬向董艳出具借条后抽回，张双全主张经对账李彬欠其至少1100万元，李彬亦称欲向张双全筹集借款1100万元用于项目建设，且称“张双全借董艳的钱，所以等楼盘赚了钱我（李彬）直接把钱打给董艳”，这至少能够让法官产生内心确信：李彬承担张双全的债务不是没有对价的。如果要对此进行实质性审查，等于在一个案件里审理两个纠纷，会引起不必要的诉讼迟延。张双全与李彬之间是否存在真实的债权债务关系，属于张、李之间内部的法律关系，即李彬承担债务的原因关系，但李彬基于原因关系产生的抗辩不得对抗债权人，也不影响三方之间共同达成的债务承担合同的效力。债务转移系诺成合同，当事人一经签字即产生法律效力，李彬、李彩侠对借条和借款说明的真实性并无异议，只是认为未实际履行。第三种意见将债务承担的原因

① 史尚宽：《债法总论》，中国政法大学出版社2000年版，第748页。

关系与债务转移的条件混淆，借款说明所附条件只能视为李彬承担债务的原因关系，并非债务转移的条件。该原因关系系李彬、张双全之间内部的法律关系，影响到李彬承担债务后是否对张双全享有追偿权，但对外不能对抗债权人。

三、第三人承担债务后的追偿权问题

债务转移中第三人承担债务后对于原债务人有无追偿权及其救济的范围，全依第三人与原债务人间对内的法律关系定之。在债务转移是出于第三人清偿其对于债务人债务的目的场合，仅发生该债务消灭的效果，并不发生第三人的追偿权。债务转移有时被用作债务关系的简易结算办法，比如甲对乙有50万元债权，丙对乙负有50万元债务，这时丙通过承担乙对甲负担的债务，作为自己对乙负担债务的清偿。如果不是属于这种情形，第三人原则上可以向债务人追偿。本案中如张双全向李彬实际出借了1100万元，那么李彬向董艳承担债务是出于清偿自己对张双全的债务，李彬不享有追偿权，否则可向张双全追偿。

债务加入中第三人是否享有追偿权分情形而定，在债权人与第三人签订债务加入合同时，若债务人未参与或虽参与而未明示与第三人负连带责任时，其与第三人间仍应成立不真正连带债务，概因不真正连带债务为债务加入效果之一般形态。① 若债务人参与而明示与第三人负连带责任时，即成立连带债务。在第三人与债务人为连带债务关系的场合，负有连带义务的每个债务人，都负有清偿全部债务的义务，履行了义务的人，有权要求其他负有连带债务的人偿付他应当承担的份额。在第三人与债务人为不真正连带债务的场合，则基于与免责的债务承担相同的理论，亦可以肯定求偿权的存在。② 从结果意义上说，成立不真正连带债务的债务加入与债务转移可谓殊途而同归，最终的债务承担者仍是债务人，只不过对于债权人来说存在一个有权向谁主张的问题。

第三人代为清偿他人债务的，债权人对债务人享有的债权即为消灭，第三人是否享有追偿权涉及其代为清偿是否附有条件，如是条件成就下的清偿，第三人的付款具有抵销债务的性质，不享有追偿权；如是无利害关系第三人的清偿，可以根据无因管理或不当得利主张追偿权。第三人负有及时通知债务人其

---

① 孙森焱：《民法债编总论》，法律出版社2006年版，第815页，转引自施建辉：《债务加入研究》，载《南京大学学报》2010年第6期。

② 韩世远：《合同法总论》，法律出版社2004年版，第582~583页。

清偿事实的义务。债务人对于第三人代为履行提出异议的，或者债权人拒绝受领的情况下，第三人无追偿权。

（**一审法院合议庭成员** 赵　亮　沙启峰　孙玉杰
二审法院合议庭成员 王　彪　胡小恒　王惠玲
编写人 安徽省高级人民法院　王惠玲
责任编辑 杨　奕
审稿人 范明志）

郭静环诉苍南县怡阔工艺品有限公司买卖合同纠纷案

——买卖合同中双方意思表示重大误解的认定

关键词：民事　重大误解　合同撤销　意思表示　定制商品

【裁判要旨】

商品买卖合同中，卖方在订立合同前的协商阶段，对买方多次要求的商品性状，如单个商品净重量，没有给予足够关注，导致买方因重大误解订立合同的，买方享有对合同的撤销权，该被撤销的合同自始没有法律约束力。

【相关法条】

《中华人民共和国合同法》第五十四条　下列合同，当事人一方有权请求人民法院或者仲裁机构变更或者撤销：

（一）因重大误解订立的；

（二）在订立合同时显失公平的。

一方以欺诈、胁迫的手段或者乘人之危，使对方在违背真实意思的情况下订立的合同，受损害方有权请求人民法院或者仲裁机构变更或者撤销。

当事人请求变更的，人民法院或者仲裁机构不得撤销。

第五十八条　合同无效或者被撤销后，因该合同取得的财产，应当予以返还；不能返还或者没有必要返还的，应当折价补偿。有过错的一方应当赔偿对方因此所受到的损失，双方都有过错的，应当各自承担相应的责任。

【案件索引】

一审：辽宁省阜新市海州区人民法院（2018）辽0902民初1673号（2018年10月22日）

【基本案情】

原告郭静环诉称：2018年7月13日，原告通过阿里巴巴平台向被告问询购买涤纶束口背包袋事宜，双方通过询问协商，原告确定购买被告生产的涤纶束口袋。商品规格：常规尺寸30cm×40cm，袋子颜色为单色单面，加印亮绿色飞鹰图案。商品数量10000个，其中5000个黑色、5000个粉色。商品单价1.93元，同时要求商品单个净重48克。被告对原告上述要求予以确认，同时向原告说明商品采用材质为210D涤纶布。原告表示对材质型号不了解，但强调要求商品单个自重须达到48克，被告未提出异议。后被告提出先“印刷打样”，由原告确认后再“下大货”（大批量生产），原告予以认可。原告于当日即2018年7月13日支付部分货款9650元至支付宝平台（第三方账户），在7月16日前将余款9650元全部付至支付宝平台。印刷打样后被告将做好的样品粉色束口袋、黑色束口袋各一件邮寄给原告。原告经称量样品发现商品重量仅约32克，并认为商品做工粗糙，与原告的要求及被告承诺的产品性状不符，要求解除合同并退款，被被告拒绝。双方通过阿里巴巴售后平台协商未果，原告诉至海州区人民法院。

被告苍南县怡阔工艺品有限公司答辩称：被告履行买卖合同的过程中不存在任何的欺诈行为。原告于2018年7月13日在被告所开设的阿里巴巴平台上购买涤纶束口袋。在原告下单以后，被告向原告发送了购货订单进行确认，购货订单中注明“属性：定制，规格：30＊高40cm，绳子：0.4×1.6（总长），底部打孔，材质：210D涤纶布，印刷：1色单面印（丝印），数量：10000个（黑色5000个，粉色5000个），定稿日期：2018.07.13，发货日期：2018.07.28”。原告对该订单的内容予以确认，被告也是按照该订单进行的加工与生产。由于该产品属于定制产品，因此只要被告能够正常地进行加工生产并按照购货订单中明确写明的发货日期进行发货，被告并不违背“卖家承诺该产品有一定库存”的承诺。在被告向原告发送的购货订单中并没有写明袋子的自重为48克，被告也没有向原告承诺商品自重为48克，袋子的实际重量需以最终的成品为准。被告所经营的网上商店所公布的束口袋链接里面有多重款式和工艺，在原告进行采购的过程中，被告曾向其发送订单确认书和效果确认图，原告对订单确认书和效果确认图的内容予以确认并支付货款，在此过程中原告没有明确要求其他样式的产品。因此，在被告与原告进行交易的过程中，被告不存在任何的欺诈行为，原告应该对自己的行为承担责任。被告为了生产原告所购买的涤纶束口袋，已经消耗了大量的材料成本和人力成本。被告为原告生产的涤纶束口袋是完全按照原告认可的购货订单的要求进行加工生产的，加工出来的产品属于特定产品，具有唯一性，如果原告拒不接受该产品，则被告很难再将已经加工出来的涤纶束口袋另行出售，被告将遭受巨大损失。请求人民法院依法驳回原告的诉讼请求，维护被告的合法权利，本案的诉讼费用应由原告承担。

法院经审理查明：2018 年 7 月 13 日，原告通过阿里巴巴平台向被告问询购买涤纶束口背包袋事宜，双方通过询问协商，原告确定购买被告生产的涤纶束口袋。数量 10000 个，其中 5000 黑色、5000 粉色。尺寸规格为常规 30cm × 高 40cm。颜色为单色单面，袋子加印亮绿色飞鹰图案。商品单价 1.93 元。被告向原告告知商品采用材质为 210D 涤纶布，原告表示对该材质型号不了解，要求商品单个自重达到 48 克，被告未提出异议。被告提出先“印刷打样”，由原告确认后再“下大货”。原告予以认可，并于当日即 2018 年 7 月 13 日支付部分货款 9650 元至支付宝，7 月 16 日前将余款 9650 元全部付至支付宝。后被告将做好的样品粉色袋、黑色袋各一个邮寄给原告，原告经称量样品仅 32 克，并认为做工粗糙，与原告的要求及被告承诺的产品性状不符，要求解除合同，并退款，被告拒绝。双方通过阿里巴巴售后平台协商未果。

另查，经法庭对原告提供的束口袋样品进行实际称重测量，粉色样品重 33.6 克，黑色样品重 32.8 克。

【裁判结果】

辽宁省阜新市海州区人民法院于 2018 年 10 月 22 日作出辽宁省阜新市海州区人民法院（2018）辽 0902 民初 1673 号民事判决：原告郭静环与被告苍南县怡阔工艺品有限公司通过阿里巴巴平台订立的束口背包袋购买合同于本判决作出之日起予以撤销；原告有权要求阿里巴巴第三方支付平台即支付宝账户退还代收货款 19300 元。案件受理费 282 元，由被告苍南县怡阔工艺品有限公司负担。宣判后，原、被告双方均未上诉，一审判决已经发生法律效力。

【裁判理由】

法院生效判决认为：合同一方在订立合同时存在重大误解，应享有对合同的撤销权，合同被撤销的，合同自始没有法律约束力，因被撤销合同取得的财产应予以返还。本案中，原告通过网络购物平台与被告订购束口背包袋，双方协商过程中原告曾询问商品重量，被告答复约48克，原告基于此答复对被告提供的商品重量予以认可。在后续磋商中，被告向原告出具的订单未列明商品重量，仅标明商品材质为210D涤纶布，原告对此提出疑问，表示对材质不了解，并再次强调只要保证袋子单个重量为48克就可以，被告对此未作明确回答。上述订立合同过程，被告在原告提出商品材质及重量问题时，未作明确答复，致使原告存在重大误解而订立合同并向第三方支付平台支付货款。原告付款后收到样品，经测量商品净重约32克，差值16克应认定超出被告自述袋子自重48克左右的可忽略误差范畴，原告因此要求解除购买合同，本院予以支持。因被告对商品描述与实际不符，在原告提出疑问时亦未作清楚答复，致使原告产生重大误解，被告对此存在过错，应当承担合同撤销后的法律后果，原告已支付的货款应由阿里巴巴支付宝账户退回原告对应账户。

【案例注解】

一、网络购物交易中合同内容的确定和对买卖双方交易行为的约束

在网络购物过程中，合同订立的过程往往包含大量买卖双方对于商品性状、功能、使用效果、价格及优惠、售后服务等内容的协商沟通。这些协商沟通内容通常较为分散、烦琐，其中一部分内容意思表示明确，经过双方共同认可，应成为约束买卖双方行为的合同条款。本案中，“自重48克左右”这一指标是被告在经原告询问商品重量后作出的答复，应当视作被告对商品重量这一性状的承诺；原告重申这一购买条件后，被告并未表示反对。因此，原告将“商品自重”这一指标视为对买卖商品重量的衡量标准并无不妥。被告理应将己方这一承诺，即原告的这项要求视为合同一项内容，并依此进行生产销售。

商品重量这一指标未被载入被告订货单据中，并不是对被告缺乏约束力的理由。对于被告的主张，生效判决不予支持。

二、买卖双方在签订、履行合同中有明确告知对方各项信息的义务

买卖双方在签订、履行合同中，应进行充分沟通，明确合同各项条款。合同生效后，当事人就重量、价款或者报酬、履行地点等内容没有约定或者约定不明确的，可以协议补充；不能达成补充协议的，按照合同有关条款或者交易习惯确定。本案中，买方在向第三方支付宝平台支付第一笔货款后、被告投入生产前，向被告明确表示“对产品材质型号不了解，对商品单个重量要求达到48克”，重申了己方要求。被告作为商品生产者应予以关注，并及时与原告沟通。被告应对买方要求的“单件净重48克”进行测量，就此条件与买方协商。而被告只对产品材质、颜色、印刷图案予以确认，并未谈及产品单个重量，存在明显疏忽。被告隐瞒了原告强调的产品重量情况，未向买方尽到合理的告知义务，导致了原告对合同产生重大误解，原告因此有权在了解情况后请求撤销该合同。

三、对买卖合同中商品性状可接受的误差范围

买卖合同中，商品重量不符合约定的，应当按照当事人的约定承担违约责任。对违约责任没有约定或者约定不明确，受损害方根据标的物的性质以及损失的大小，可以合理选择要求对方承担修理、更换、重作、退货、减少价款或者报酬等违约责任。因标的物重量不符合重量要求，致使不能实现合同目的的，买受人可以拒绝接受标的物或者解除合同。本案中，经称量检测，样品二束口袋的重量约为33克，与双方订立合同约定的48克相差15克以上，相对误差达到30%以上，明显超出正常的生产误差范围，应当认为产品不符合约定。

合同无效或者被撤销后，因该合同取得的财产，应当予以返还；不能返还或者没有必要返还的，应当折价补偿。有过错的一方应当赔偿对方因此所受到的损失，双方都有过错的，应当各自承担相应的责任。本案中合同订立过程中，原告明确要求“产品重量”这一指标，而被告对该内容没有积极沟通解释，致使原告和被告对合同内容的理解存在较大差异，原告对产品性状这一重要要素产生重大误解，被告存在明显过失，原告因此有权依法撤销该合同。对于原告因撤销合同形成的损失，和被告为履行该合同作出前期准备导致的损失，被告应承担不利的法律后果。生效判决撤销买卖合同，支付宝平台代收货

款返还给原告，并由被告承担诉讼费。依照法律规定和双方陈述、提供的证据，维护了买卖合同中双方的合法权益。

（**一审法院独任审判员**　于新宁
编写人　辽宁省阜新市海州区人民法院　徐凌云　王启明
责任编辑　杨　奕
审稿人　范明志）

吴晨洁诉北京快手科技有限公司网络购物合同纠纷案

——未成年人通过监护人手机 App 软件购买快币、打赏主播的行为主体、交易对象及责任认定

关键词：民事　未成年人　App 软件　网络购币打赏　责任认定

【裁判要旨】

未成年人通过监护人手机 App 软件购买快币、打赏主播的行为主体的认定，应以购币频率、金额，打赏主播的时间、打赏内容，未成年人及其监护人使用手机等具体情况作为事实依据。根据 App 软件平台提供方、购币流程特别是购币资金流入账户等事实认定为未成年人作为购买快币交易对象（合同相对方）的，可依据《民法总则》第十九条的规定，认定打赏购币行为无效。同时应考察未成年人监护人过错程度，并进行价值判断，公平、合理认定 App 软件平台提供方的责任。

【相关法条】

《中华人民共和国民法总则》第十九条　八周岁以上的未成年人为限制民事行为能力人，实施民事法律行为由其法定代理人代理或者经其法定代理人同意、追认，但是可以独立实施纯获利益的民事法律行为或者与其年龄、智力相适应的民事法律行为。

《中华人民共和国合同法》第五十八条　合同无效或者被撤销后，因该合同取得的财产，应当予以返还；不能返还或者没有必要返还的，应当折价补偿。有过错的一方应当赔偿对方因此所受到的损失，双方都有过错的，应当各

自承担相应的责任。

【案件索引】

一审：江苏省常州市武进区人民法院（2018）苏0412民初2521号（2018年9月18日）

二审：江苏省常州市中级人民法院（2019）苏04民终550号（2019年3月20日）

【基本案情】

原告（被上诉人）吴晨洁诉称：吴晨洁于2008年11月26日生，吴秀军、张芹为其父、母亲，吴晨洁在2017年9月1日开学后，由于需要在手机上完成老师布置的家庭作业，故使用其母亲张芹的手机操作。2017年10月4日，吴晨洁父母发现吴晨洁通过其母亲张芹号码为133××××××××的手机购买快手公司的快币，自2017年9月23日至10月3日共完成交易147次，支付100210元。2017年10月5日，吴晨洁父亲向警方报警，后又与快手公司联系要求返还100210元，但快手公司借故拖延。因吴晨洁为限制民事行为能力的未成年人，故请求一审法院判令：（1）快手公司立即返还吴晨洁财产100210元及相当于银行贷款利率损失（从2017年10月4日起至付清时止）；（2）诉讼费由快手公司承担。

被告（上诉人）北京快手科技有限公司（以下简称快手公司）辩称：（1）吴晨洁无证据证明其操作的涉案苹果ID购买快币行为，虽然吴晨洁提供了使用手机的视频，但其无法证明吴晨洁使用手机购买快币。根据吴晨洁提供的苹果App store收据及信用卡交易明细，其中付款人即交易人均为其母亲张芹，基于手机及苹果账户均为张芹所有，则该购买快币的行为人均系吴晨洁母亲并非吴晨洁。（2）根据吴晨洁提供的证据显示，快币交易行为的完成是通过苹果App store购买的，其交易相对方是苹果公司并非被告，吴晨洁要求被告返还无法律依据。（3）假设本案吴晨洁进行了打赏行为，根据吴晨洁提供的证据是在其母亲知情并同意的情况下进行的，根据苹果App store交易习惯，通过苹果App store购买物品有前置条件，即登录苹果App store，登录时需输入ID账号、ID密码，两项均正确后才可进行交易行为，由此可知吴晨洁的行为是获得其母亲的同意，所以吴晨洁的行为其母亲是知情的。（4）假设本案是吴晨洁自己购买快币的，其购买行为也不是无效的。根据《民法总则》，限制民事行为能力人可以进行与其年龄相适应的民事法律行为，小额的消费行为与吴晨洁年龄是相适应的，该充值行为是有效的。（5）假设吴晨洁是在其家长不知情的情况下充值打赏的，作为未成年子女的监护人在将手机给孩子使用时应该严格看管，家长自身未尽到法定的监护职责是本案产生的根本原因。综上，根据吴晨洁提供的证据无法证明充值是吴晨洁的自身行为，请求法院驳回吴晨洁的诉讼请求。

法院经审理查明：吴晨洁在快手公司的直播平台快手 App 软件注册快手账号 27518××××，昵称为“蜡笔小新！1064”。2017 年 9 月 23 日至 2017 年 10 月 3 日，吴晨洁通过快手公司的快手 App 软件，为给昵称为嘉杰小可爱（笑园）、农村小二哥、可爱的小毛、拉布拉多~霸道小七、五常小波哥、爱唱歌的胖丫等主播打赏，在快手 App 软件内通过操作购买快币，共购买 143 次，充值 98122 元（其中 140 次均系每次购买 698 元，2 次均系每次购买 198 元，1 次购买 6 元）。截至庭审时，吴晨洁的快手账号 27518××××的余额为快币 34647 个（折合人民币 4949.57 元）未消费。

另查明，吴晨洁于 2017 年 9 月 23 日（周六）自 21 时 31 分 10 秒至 22 时 54 分 50 秒共购买快币 14 次（其中的 11 次每次充值均为 698 元）；2017 年 9 月 24 日（周日）自 13 时 7 分 16 秒至 19 时 47 分 29 秒共购买快币 9 次，每次充值均为 698 元；2017 年 9 月 25 日（周一）自 19 时 55 分 21 秒至 21 时 2 分 26 秒共购买 9 次，每次充值均为 698 元；2017 年 9 月 26 日（周二）19 时 22 分 34 秒充值 1 次为 698 元；2017 年 9 月 27 日（周三）19 时 24 分 56 秒充值 1 次为 698 元；2017 年 9 月 28 日（周四）18 时 52 分 59 秒充值 1 次为 698 元；2018 年 9 月 29 日 20 时 8 分 23 秒至 20 时 16 分 3 秒共充值购买快币 2 次，每次充值为 698 元；2017 年 9 月 30 日（周六）20 时 19 分 22 秒至 23 时 51 分 51 秒共充值购买快币 30 次，每次充值均为 698 元；2017 年 10 月 1 日 19 时 35 分 45 秒至 20 时 40 分 7 秒共购买快币 17 次，每次充值均为 698 元；2017 年 10 月 2 日 13 时 24 分 48 秒至 13 时 42 分 50 秒共购买快币 13 次，每次充值均为 698 元；2017 年 10 月 3 日 20 时 27 分 48 秒至 21 时 4 分 27 秒共购买快币 46 次，每次充值均为 698 元。

庭审中，快手公司当庭演示了通过苹果手机内的快手 App 软件，点开该 App 软件内的我的钱包及充值快币，并点击相应的数字购买快币。

【裁判结果】

江苏省常州市武进区人民法院于2018年9月18日作出（2018）苏0412民初2521号民事判决：一、北京快手科技有限公司于本判决生效之日起10日内返还吴晨洁购币款6万元。二、驳回吴晨洁的其他诉讼请求。

江苏省常州市中级人民法院于2019年3月20日作出（2019）苏04民终550号民事判决：驳回上诉，维持原判。

【裁判理由】

法院生效裁判认为：吴晨洁在快手公司的快手App软件专用平台内购买虚拟货币快币，吴晨洁购买快币的合同相对人是快手公司，双方形成网络购物合同。吴晨洁在不满10岁的情况下购买近10万元的快币用于打赏主播，该行为事后未能得到其法定代理人同意、追认，亦非是纯获利益的民事法律行为或者与其年龄、智力相适应的民事法律行为，该合同行为无效。但本案中，吴晨洁在晚上九点以后，甚至十一二点仍在快手App上打赏主播，其监护人未能履行监护责任，且未能妥善保管自己的手机及银行卡密码，吴晨洁的监护人应当对吴晨洁购买快币的民事行为承担相应的责任，综上，酌定由快手公司返还吴晨洁购币款6万元，尚在吴晨洁27518××××账号内的快币34647个（折合人民币4949.57元）由快币公司自行收回，如该快币已被使用，返款金额可相应折减。因案涉合同无效，且吴晨洁的监护人有一定过错，吴晨洁主张利息的诉请，不予支持。关于快手公司辩称无证据证明是吴晨洁购币打赏主播及购币款系由苹果Apple公司及主播收取，应予扣除的意见，本案中案涉快币的充值时间段与吴晨洁自身在学习、生活中可支配的时间段基本吻合，且充值频率较高，甚至一分钟内数次充值，在2017年10月3日，仅半小时左右就充值46次，金额高达32108元，且打赏的主播多为未成年人或所播内容为校园生活等，故吴晨洁的陈述真实可信，另吴晨洁购买快币系从快手公司开发并运营的快手App软件内直接购买，与快手公司形成合同关系，并非向快手主播及苹果Apple公司购买，与快手主播及苹果Apple公司之间不存在合同关系，至于快手公司与其主播及苹果Apple公司各方对购币款分配另有的约定，对吴晨洁不发生效力，故对快手公司的上述辩称意见均不予采纳。

【案例注解】

一、在 App 软件购买快币打赏的行为主体如何认定

由于技术上的限制以及现实中账号使用人、注册人分离的常见情况，未成年人完全可能在监护人未许可的情况下，使用自己的手机号码或第三人号码或第三方注册、登录，甚至直接使用父母的账号登录。而在登录后，点击就可进入充值界面，选择充值金额、生成充值订单，进入支付页面。鉴于直播平台都支持支付宝、微信等第三方支付平台，用户一旦事先选定支付方式，使用相应支付工具扫描二维码或输入支付密码（或指纹）后，即可完成支付，有的甚至可以完成无密扣款。因此，在此类案件中，购币打赏行为是不是未成年人所为是争议焦点。

如未成年人注册、登录了自己注册的账号，认定是未成年人购币打赏并不困难。但问题是很多孩子是使用家长或他人账号，而这些账号又绑定了家长或他人的微信或支付宝，这就使得充值、打赏的主体是家长、他人还是未成年人的事实认定出现困难。在审理中要对案件综合分析，考虑双方当事人的举证能力、举证具体情况，综合运用谁主张谁举证原则及优势证据规则、一方掌握关键证据而不提供的不利推定规则进行综合判断来认定操作者是否未成年人。当原告已就登录平台、购币打赏过程等进行相关陈述并提供日常消费明细、打赏时间、账户与主播聊天内容等证据时，因从平台公司掌握的用户登录到退出时间、活跃程度、行为轨迹、聊天对象和内容等后台数据可分析判断行为主体与未成年人身份是否相符，同时，平台公司可以从注册开始，对用户的爱好、消费模式、消费频率、消费的上下限等进行数据统计分析。即平台公司从后台数据中可进行主体行为轨迹分析、主体历史行为分析，并以此形成较有力的证据进行抗辩或反驳。如平台公司未提供有力证据进行反驳，可认定未成年人主张的事实成立。

对本案中在快手公司 App 软件专用平台上注册账号、购买快币、打赏的行为主体认定问题，一审中吴晨洁提交了吴晨洁通过手机购买快币截图（部分）、接处警工作登记表原件、声明书原件、邮件交涉截屏、注册资料及充值快币的明细、打赏部分主播的详细 ID 资料（提供 7 个）等证据证明系吴晨洁使用本案所涉手机进行操作。其中接处警工作登记表所附雪堰派出所工作人员对吴晨洁的询问笔录（吴晨洁监护人吴秀军同时在场）中，吴晨洁向派出所

工作人员说明了其报案原因、下载快手软件、注册账户、充值送礼物以及使用手机情况的详细情况，派出所处警认为系吴晨洁在快手平台上充值快币给主播刷礼物。在一审 2018 年 7 月 17 日庭审中，吴晨洁法定代理人吴秀军陈述："吴晨洁在开学后每天都要用手机做作业，我老婆（张芹）有两个手机，给了吴晨洁一个不怎么用的手机，电话接打也都是吴晨洁接打的。我们是开娱乐性场所的，有时要到晚上 3 点左右回家，每次我们回家后把手机拿了放在我们房间里，放学后再给吴晨洁的，周末手机就给吴晨洁了。张芹的手机绑定了苹果ID，1000 元内小额无密码付款。……张芹是不玩快手的，另外的手机她也不玩快手，从来没有注册过。'蜡笔小新'预留的手机号是 133×××××××，号码当时就在张芹打赏的手机上。手机以前是张芹的，苹果的 ID 绑定了支付宝，支付宝绑定了银行卡，余额中有钱的时候会先从余额中扣除，可能充值的时候会有选择。张芹当时是有两个支付宝的，这个不用的手机是绑定银行卡做理财的。吴晨洁是通过信用卡透支的，金额是 50 万元，那张卡平时不用。"根据上述证据，结合吴秀军的陈述，综合吴晨洁年龄、吴晨洁父母经营娱乐性场所工作性质、快币的充值时间段与吴晨洁自身在学习、生活中可支配的时间段基本吻合，且充值频率较高，打赏的主播多为未成年人或所播内容为校园生活等事实，足以认定在快手 App 软件专用平台上注册账号、购买快币、打赏的行为主体为吴晨洁。快手公司认为行为主体非吴晨洁，但快手公司没有提交相关证据，快手公司该抗辩主张不能成立。

二、购买快币打赏的交易对象如何认定

未成年人购币打赏的交易对象，可从未成年人购币的平台、购币流程特别是购币款项流入账户等证据来判断。

吴晨洁在快手公司的快手 App 软件专用平台注册并购买虚拟货币快币，吴晨洁购买快币系从快手公司开发并运营的快手 App 软件内直接购买，吴晨洁购买快币的合同相对人即交易对象应认定是快手公司，双方构成网络购物合同关系。吴晨洁并非向快手主播及苹果 Apple 公司购买，与快手主播及苹果 Apple 公司之间不存在合同关系。至于快手公司与其主播及苹果 Apple 公司对购币款分配如另有约定，快手公司可另行主张。

本案中快手公司提出吴晨洁购币后在平台选中礼物，并将礼物打赏给主播，吴晨洁与主播存在合同关系，主播应列为被告，关于主播是否应列为被告，要看吴晨洁把购币款项打入谁的账户。平台与主播分成是其二者间的内部关系。吴晨洁直接把购币款转账支付给了快手公司，这是吴晨洁和快手公司间

的合同关系，所以只列快手公司为被告，除非有证据证明购币款直接进入主播账户。

三、网络平台提供方应承担的责任如何认定

在未成年人在网络直播平台中巨额购币打赏行为的发生中，未成年人的监护人疏于教育管理，未采取有效措施防止未成年人接触手机网络平台、银行卡支付等类似的信息，监护人具有过错。网络平台提供方未按照国家规定采取有效技术措施识别和阻拦未成年人利用、借用、盗用、仿冒成年人的身份信息、手机、银行卡进行购币打赏行为，也存在相应过错。

如何确定网络平台提供方、监护人二者的责任，也就是确定网络平台提供方应按照什么原则或比例向家长退还购币款项。目前的法律法规对此鲜有规定，各地法院、行政监管部门的判断标准也不同。实际操作中，一般是要求网络平台提供方基于其投诉账号的消费情况进行一定比例的退还。对于未消耗部分予以返还，对于被消耗的按照一定比例进行部分返还，这种做法是公平并具有合理性的。

《未成年人保护法》第三十三条、第三十四条、第三十五条分别规定了社会中包括国家、社会组织和个人保护未成年人的义务。网络直播平台有通过相关注册门槛审核用户年龄和身份的责任，应对未成年人注册、充值、消费尽到核实身份的谨慎义务，谨慎许可未成年人任意进入网络直播平台。我国法律、法规及相关政策在防止未成年人沉迷和不理性网络消费方面，对网络游戏、直播平台提供方提出了大量的要求，比如实名认证措施、打造防沉迷系统，甚至还有部分网络服务方尝试通过人脸识别、声音识别等新技术来辨别未成年人。相关法律法规从规范层面强调了网络游戏、直播平台在未成年人保护方面的法律义务和责任，这些法定的义务和责任一定程度上可以作为未成年人网络购币退款纠纷处理中平台公司的责任边界。同时，也应当考虑到当前相关法律法规在守法、执法中还存在不到位，直播平台行业乱象丛生的实际现状，确定网络平台提供方应承担的责任即确定平台公司按多大比例返还购币款时，应从未成年人保护的首要价值出发，适当加重经营谋利者即网络平台提供方应承担的责任。

本案吴晨洁在不满10岁的情况下购买人民币近10万元的快币用于打赏主播，该行为事后未能得到其法定代理人同意、追认，亦非是纯获利益的民事法律行为或者与其年龄、智力相适应的民事法律行为，该合同行为无效。本案中，吴晨洁在晚上九点以后，甚至十一二点仍在快手App上打赏主播，其监

护人未能履行监护责任，且未能妥善保管自己的手机、支付宝及银行卡密码，吴晨洁的监护人应当对吴晨洁购买快币的民事行为承担相应的责任，一审法院在综合考虑吴晨洁监护人对孩子使用其手机是否用来学习监督不力，未能完全履行监护责任，且未能妥善保管自己的手机、支付宝及银行卡密码等事实后，认定吴晨洁的监护人存在过错，酌定快手公司承担60%左右的责任并无不当，即快手公司应返还吴晨洁购币款6万元。

四、本案判决的参考意义

近年，未成年人在网络直播平台中巨额购币打赏类型案件频发，社会各界对此亦广泛关注。如本案限制民事行为能力未成年人通过监护人手机App软件购买快币打赏平台主播并由此引起的纠纷屡有发生。在本案的事实认定及判决中坚持分清价值位阶，首先，从未成年人健康成长角度出发，根据购币频率、金额，打赏主播的时间、打赏内容，限制民事行为能力未成年人及其监护人的具体情况等事实，认定在App软件购买快币打赏主播的行为主体为限制民事行为能力未成年人。根据App软件平台提供方、购币流程特别是购币资金流入账户等事实认定限制民事行为能力未成年人为打赏而购币的交易对象（合同相对方）。在此基础上，依据《民法总则》第十九条的规定，认定打赏购币行为无效。其次，同时考察网络平台提供方、监护人过错程度，并进行价值判断，公平、合理认定App软件平台提供方的责任。二审判决后，双方当事人均息诉服判。通过本案判决可向社会公众尤其是与未成年人保护密切相关的网络平台提供方、监护人进行法制教育和正面引导。一方面，促使网络直播平台提供方加强自律，自觉履行社会义务，加强管理并加大技术投入力度，充分利用技术手段保护未成年人，防止诱导未成年人高额购币打赏行为。另一方面，促使家长作为监护人要树立榜样，不要沉迷网络，要加强对子女的观察和注意，保管好自己的手机、账号和密码等，做到及时发现、及时沟通教育，对子女尽到全方位监护义务，共同促进未成年人健康成长。

（**一审法院独任审判员** 张 静
二审法院合议庭成员 刘敬兵 杨 迪 吴立春
编写人 江苏省常州市中级人民法院 刘敬兵
责任编辑 杨 奕
审稿人 范明志）

房玉芹诉赵金辉、赵金伟民间借贷纠纷案

——民间借贷纠纷中法院主动审查保证期间的适用

关键词：民事　民间借贷　保证期间　保证责任　主动审查

【裁判要旨】

当事人在借款担保合同中未约定保证期间，依据《担保法》第二十六条的规定，连带责任保证的保证人与债权人未约定保证期间的，债权人有权自主债务履行期届满之日起六个月内要求连带责任保证人承担保证责任。六个月的保证期间属于除斥期间，诉讼过程中，即使保证人未以保证期间届满抗辩，人民法院也应主动审查保证人的保证期间是否已过六个月的除斥期间，债权人未在保证期间内向保证人主张权利的，保证人保证责任免除。

【相关法条】

《中华人民共和国合同法》第二百零五条　借款人应当按照约定的期限支付利息。对支付利息的期限没有约定或者约定不明确，依照本法第六十一条的规定仍不能确定，借款期间不满一年的，应当在返还借款时一并支付；借款期间一年以上的，应当在每届满一年时支付，剩余期间不满一年的，应当在返还借款时一并支付。

第二百零六条　借款人应当按照约定的期限返还借款。对借款期限没有约定或者约定不明确，依照本法第六十一条的规定仍不能确定的，借款人可以随时返还；贷款人可以催告借款人在合理期限内返还。

《中华人民共和国担保法》第十九条　当事人对保证方式没有约定或者约定不明确的，按照连带责任保证承担保证责任。

第二十六条　连带责任保证的保证人与债权人未约定保证期间的，债权人

有权自主债务履行期届满之日起六个月内要求保证人承担保证责任。在合同约定的保证期间和前款规定的保证期间，债权人未要求保证人承担保证责任的，保证人免除保证责任。

第三十一条 保证人承担保证责任后，有权向债务人追偿。

《最高人民法院关于审理民间借贷案件适用法律若干问题的规定》第二十六条 借贷双方约定的利率未超过年利率24%，出借人请求借款人按照约定的利率支付利息的，人民法院应予支持。

借贷双方约定的利率超过年利率36%，超过部分的利息约定无效。借款人请求出借人返还已支付的超过年利率36%部分的利息的，人民法院应予支持。

第二十九条 借贷双方对逾期利率有约定的，从其约定，但以不超过年利率24%为限。

未约定逾期利率或者约定不明的，人民法院可以区分不同情况处理：

（一）既未约定借期内的利率，也未约定逾期利率，出借人主张借款人自逾期还款之日起按照年利率6%支付资金占用期间利息的，人民法院应予支持；

（二）约定了借期内的利率但未约定逾期利率，出借人主张借款人自逾期还款之日起按照借期内的利率支付资金占用期间利息的，人民法院应予支持。

【案件索引】

一审：山东省莱阳市人民法院（2018）鲁0682民初5688号（2018年12月25日）

二审：山东省烟台市中级人民法院（2019）鲁06民终1353号（2019年5月27日）

【基本案情】

原告（被上诉人）房玉芹诉称：被告赵金辉欠原告房玉芹款9万元。2015年5月20日，赵金辉又向原告借款40万元，并签订借款合同，约定借款时间为一年，由被告赵金伟担保，约定年利率为30%。借款到期后，原告向被告索要，被告一直未付。故请求原审法院判令：（1）判令被告立即付清借原告本金及利息共计85万元（本金40万元，利息45万元，自2014年9月30日起至2015年5月20日止，按月利率2.5%计算9个月，计息9万元；自2015年5月21日起至2018年5月20日，按月利率2.5%计算36个月，计息36万元）；(2)判令被告支付自起诉之日起至款项付清之日止，按月利率2%计算的利息；(3)诉讼费用由被告承担。

被告赵金辉辩称：对借款合同的真实性没有异议，但2015年5月20日被告与原告签订借款合同后，原告并没有依约发放借款。

被告（上诉人）赵金伟辩称：保证人签名属实，但原告未发放借款给赵金辉，主债务未成立，保证人不应当承担保证责任。

法院经审理查明：2012年4月8日，被告赵金辉因经营取暖工程需要资金，向原告房玉芹借款50万元，双方约定按月利率2.5%计算利息，借款期限为一年，同日原告丈夫姜开成通过银行转账方式向被告赵金辉支付借款50万元；2013年5月20日，被告赵金辉付清约定利息及10万元本金后，双方重新签订借款合同一份，双方约定：借款本金为40万元，按月利率2.5%计算利息；2014年5月20日，被告赵金辉依约付清借款利息后，双方依据先前条款又重新签订借款合同一份，当年5月至8月的利息赵金辉已付清，自2014年9月起，赵金辉再未支付利息。2015年5月20日，原告房玉芹作为甲方（出借人）、被告赵金辉作为乙方（借款人）、赵金伟作为乙方保证人，签订借款合同一份，三方约定："乙方向甲方借款肆拾万元，甲方于2015年5月20号将款项交付乙方。借款时间为一年，从2015年5月20日起至2016年5月20日止，年利率30%，乙方每月向甲方支付利息10000元。"赵金辉在借款合同中的第三条"借款利息"条款的空白处，填写"2014年9月利息未付，到2015年5月20日共欠玖万元正"的内容，房玉芹、赵金辉、赵金伟在借款合同的甲方、乙方、乙方保证人处分别签名并捺印。

【裁判结果】

山东省莱阳市人民法院于2018年12月25日作出（2018）鲁0682民初5688号民事判决：一、被告赵金辉应偿还原告房玉芹借款40万元、利息348756.16元，合计748756.16元，于本判决生效之日起10日内付清；并承担自2018年8月27日起至借款实际付清之日止，以本金40万元为基数，按照年利率24%计算的逾期利息；二、被告赵金伟对上述债务承担连带保证责任；三、被告赵金伟承担保证责任后，有权向债务人赵金辉追偿。

宣判后，赵金伟不服原审判决，提起上诉。山东省烟台市中级人民法院于2019年5月27日作出（2019）鲁06民终1353号民事判决：一、维持山东省莱阳市人民法院（2018）鲁0682民初5688号民事判决第一项；二、撤销山东省莱阳市人民法院（2018）鲁0682民初5688号民事判决第二项、第三项；三、驳回被上诉人房玉芹对上诉人赵金伟的诉讼请求。

【裁判理由】

法院生效裁判认为：本案争议的焦点问题是，本案借款是否已超过保证期间。关于保证期间问题，根据《担保法》第二十六条之规定，连带责任保证的保证人与债权人未约定保证期间的，债权人有权自主债务履行期届满之日起六个月内要求保证人承担保证责任。在合同约定的保证期间和上述规定的保证期间，债权人未要求保证人承担保证责任的，保证人免除保证责任。本案中，上诉人、被上诉人以及原审被告于2015年5月20日签订的借款合同约定借款期限为一年，该借款合同于2016年5月20日履行期届满后，被上诉人于2018年5月17日向一审法院起诉，已超过六个月的法定除斥期间。故上诉人主张由于被上诉人未在法定期限内要求上诉人承担保证责任，其保证责任依法应当免除的上诉意见，于法有据，本院予以支持。一审对此判决错误，应予撤销。

【案例注解】

一、法定保证期间的含义及性质

所谓保证期间，是指依合同约定或法律规定，保证人承担保证责任的期限。如果超过了这个期限，保证人就不再承担保证责任。根据《担保法》的规定，保证期间分为约定保证期间与法定保证期间。前者由债权人与保证人在保证合同中约定，后者是在当事人没有约定的情况下由法律直接规定，本案中涉及的是法定保证期间。我国法定保证期间是主债务履行届满之日起六个月。《担保法》第二十六条规定："连带责任保证的保证人与债权人未约定保证期间的，债权人有权自主债务履行期届满之日起六个月内要求保证人承担保证责任。在合同约定的保证期间和前款规定的保证期间，债权人未要求保证人承担保证责任的，保证人免除保证责任。"

保证期间并非诉讼时效期间，属于除斥期间，理由如下：其一，保证期间是保证合同的效力存续期间，保证期间届满即发生权利消灭的法律后果。《担保法》第二十五条和第二十六条规定，债权人未在保证期间内主张权利，保证人不再承担保证责任或者免责。由此可见，保证期间是法律规定债权人行使请求权的效力存续期间。其二，根据除斥期间的性质，保证期间不适用有关诉讼时效方面的中止、中断或延长规定，否则就失去了规定的意义。《担保法》第二十五条规定，在该期间内主张权利，保证期间适用诉讼时效的规定。反过来说，在此之前不适用有关诉讼时效的规定，也就没有所谓中止、中断及延长等。其三，《担保法》规定的保证期间，是从债权人的权利在客观上发生时起算。保证期间的起算点是主债务履行期届满之日，此时正是债权人客观上开始有权要求债务人履行债务的时间，其根据是债权人的权利在客观上发生。而诉讼时效则不同，诉讼时效期间从知道或者应当知道权利被侵害时起算。可见其根据侧重于债权人的主观状态。因此，《担保法》规定的保证期间，其性质属于除斥期间，即债权人要求保证人承担保证责任的权利存续期间。

二、法定保证期间的功能和意义

《担保法》上的法定保证期间，指保证人和债权人未约定保证期间的，自主债务履行期届满之日起六个月内，（在连带责任保证中）债权人直接要求保证人承担保证责任或者（在一般保证中）债权人对主债务人起诉或申请仲裁的期间（《担保法》第二十五条和第二十六条）。由此可见，法定保证期间兼有促使债权人及时行使权利、保护保证人的双重作用。

详细来说，设定保证期间的意义在于：首先，保证期间的实质是一项保证人利益的制度，这是立法上平衡保证人与债权人利益的结果，是由保证合同的性质所决定的。保证合同的履行，是发挥保证制度社会功能的中心环节。立法者在作出权利分配时，必须依照正义的价值进行判定和取舍，以寻求保证制度中保证人、债权人、主债务人三方之间的权利衡平机制。债权人的合法权利应予保护外，在公平的理念上，保证人的合法权益也应予保护。众所周知，保证合同是单务、无偿合同，在保证关系中，只存在保证人承担保证债务、债权人并不负对待给付义务，即保证人对债权人承担保证债务，债权人并不对此提供相应对价。“有偿的约定承受保证契约之订立者，非保证契约。”若不对债权人的权利行使加以适当限制，则保证人在保证关系中的地位则极其不利，而债权人似乎可以肆无忌惮地行使权利。而债权人及时行使权利对于保证人的利益是至关重要的，因为债务人的财产状况随时可能发生变化而把债务转嫁给保证人。因此，立法中才设定保证期间制度，以求对保证债务的诉讼时效作进一步限缩。

其次，敦促权利人积极行使权利。债务及时顺利地得到履行是合同当事人和立法者的共同愿望，同时也可稳定经济秩序和促使社会经济的发展。保证具有单务无偿性，而且由于保证合同为从合同，根据主从债务的特点，保证债务的诉讼时效的中断往往随着主债务诉讼时效而中断，如果仍只适用对债权人的债权行使进行限制的诉讼时效制度，则显然对于保证人过于严苛。总之，保证期间将保证人的责任承担作出限缩，一旦保证期间届满保证人将免除责任，以免债权人怠于行使权利而增大保证人的风险，从而敦促债权人及时行使权利。

最后，保证期间是保证合同中当事人意思自治原则和保证制度的信用基础的必然要求。当事人在保证合同中约定保证期间是当事人“意思自治”的集中体现。另外，保证人之所以同意或愿意提供单务、无偿的保证，是基于相信主债务人有良好的信用和足够的清偿能力，即信任关系。这种信任关系是基于保证合同订立前的事实判断，因而这种信任不应是永久的、无限期的，而应有时间限制，法律允许并鼓励保证人约定容许债权人不行使权利而仍将承担保证责任的期间。

三、人民法院应主动审查债权人的起诉是否超过保证期间

保证期间属于案件基本事实范畴，是债权人请求保证人承担责任的基础，是否已过保证期间关系到案件事实认定问题，关系到债权人请求权存在与否，为确保法院裁判的正确性，诉讼过程中，审判人员应主动审查保证期间的起止时间，以确定债权人行使请求权的期限，而不能简单地以保证人未提出抗辩而免于审查。司法实践中，时常遇到部分保证人因法律知识欠缺、法律意识不强等原因，对已过保证期间法律后果不了解，把精力花费在借款事实是否发生上，而忽视对保证期间的抗辩。在这种情况下，人民法院应主动向保证人释明保证期间的意义，征求其是否提出保证期间的抗辩。只要保证人未明确表示放弃保证期间的抗辩，法院就应主动审查保证期间，做到既要保护债权人的利益，也要保护保证人的保证期间利益，综合平衡保证人与债权人利益，对债权人行使权利作出一定的限制，防止出现债权人因怠于行使权利而将债务人的风险转嫁给保证人的不公平现象。因此，在诉讼过程中，对于有保证人参与的民间借贷案件，无论保证人是否提出保证期间的抗辩，人民法院都应主动审查债

权人在保证期间内是否向保证人主张过权利，如果债权人未在法定或者约定的保证期间内向保证人主张权利，一旦保证期间届满，保证人的保证责任将免除。

（**一审法院独任审判员** 初胡珍
二审法院合议庭成员 栾建伟 张燕华 于 青
编写人 山东省莱阳市人民法院 初胡珍 张慧慧
责任编辑 杨 奕
审稿人 范明志）

商　事

中国东方资产管理股份有限公司诉云南龙润茶业集团有限公司、云南盘龙云海药业有限公司等金融借款合同纠纷案

——公司法定代表人对外签订担保合同法律责任的认定

关键词：商事　法定代表人　对外担保　合同效力　民刑交叉

【裁判要旨】

担保权人主张公司法定代表人代表公司与其签订担保合同有效，应当同时符合《民法总则》第六十一条和《公司法》第十六条的规定，在签订担保合同时应当履行《公司法》第十六条规定的适当合理审查义务。担保权人已经履行适当合理的形式审查义务的，可认定其为善意相对人，公司在此情形下以其法定代表人涉嫌刑事犯罪进行抗辩的，并不影响公司承担担保合同约定的担保责任。

【相关法条】

《中华人民共和国民法总则》第六十一条　依照法律或者法人章程的规定，代表法人从事民事活动的负责人，为法人的法定代表人。

法定代表人以法人名义从事的民事活动，其法律后果由法人承受。

法人章程或者法人权力机构对法定代表人代表权的限制，不得对抗善意相对人。

第一百八十七条 民事主体因同一行为应当承担民事责任、行政责任和刑事责任的，承担行政责任或者刑事责任不影响承担民事责任；民事主体的财产不足以支付的，优先用于承担民事责任。

《中华人民共和国公司法》第十六条 公司向其他企业投资或者为他人提供担保，依照公司章程的规定，由董事会或者股东会、股东大会决议；公司章程对投资或者担保的总额及单项投资或者担保的数额有限额规定的，不得超过规定的限额。

公司为公司股东或者实际控制人提供担保的，必须经股东会或者股东大会决议。

前款规定的股东或者受前款规定的实际控制人支配的股东，不得参加前款规定事项的表决。该项表决由出席会议的其他股东所持表决权的过半数通过。

【案件索引】

一审：云南省昆明市中级人民法院（2018）云01民初929号（2018年12月4日）

二审：云南省高级人民法院（2019）云民终243号（2019年6月27日）

【基本案情】

原告（被上诉人）富滇银行营业部诉称：富滇银行营业部与龙润茶业集团公司于2016年3月7日签订《人民币资金借款合同》，约定龙润茶业集团公司向富滇银行营业部借款8000万元短期流动资金贷款，借款用途为向上游企业采购茶叶，贷款期限一年，从2016年3月10日至2017年3月9日止，合同还对借款的发放、借款利息的计算方法和结息时间、逾期利息、复利的计算方法、违约责任等进行了约定。2016年3月7日，龙润集团公司、盘龙药业公司分别与富滇银行营业部签订《担保保证合同》，焦家良和郭金秀、焦少良和高云霞分别与富滇银行营业部签订《个人担保合同》，分别为龙润茶业集团公司《人民币资金借款合同》的全部债务提供连带责任保证担保。2016年3月7日龙润茶业集团公司与富滇银行营业部签订《担保抵押合同》，用其“云房权证爱华字第20150181号”等36套房产及“云国用（2007）第0429号”国有土地使用权为签订的《人民币资金借款合同》的全部债务提供抵押担保，8000万元人民币借款已经如约实际发放。后因借款方不能按期偿还借款本息，富滇银行营业部与龙润茶业集团公司、龙润集团公司和盘龙药业公司于2017年3月8日签订《借款展期协议》，对到期未还本金8000万元展期12个月，并由龙润茶业集团公司"云房权证爱华字第20150181号"等36套房产及"国用（2007）第0429号"国有土地使用权提供抵押担保，并再次办理了抵押登记手续，展期后借款到期日为2018年3月8日。昌宁龙润茶业公司作为担保人，用其名下的土地及房产为龙润茶业集团公司借款履行提供担保，于2017年3月8日在《借款展期协议》上作为新的担保人盖章，并与富滇银行营业部签订了《担保抵押合同》，用位于昌宁县田园镇达丙打油寨56号房屋产权证号分别为昌宁县房权证2006字第488、02号房屋为债务进行抵押担保，并办理了云（2017）昌宁县不动产证明第0000107号抵押登记。2017年3月8日，富滇银行营业部与龙润集团公司、盘龙药业公司分别签订《担保保证合同》，与焦家良和郭金秀、焦少良和高云霞、李永能分别签订《个人担保合同》。分别约定由龙润集团公司、盘龙药业公司、焦家良和郭金秀、焦少良和高云霞、李永能为前述展期借款8000万元的全部债务承担连带责任保证。现因借款到期，龙润茶业集团公司未按约定偿还借款本息，为了维护自身合法权益，富滇银行营业部特向人民法院起诉，请求：（1）判决由龙润茶业集团公司立即偿还借款本息合计82035920.91元（利息暂算至2018年5月2日）及从2018年5月3日起至还清借款时止的利息、逾期利息、复利；（2）判决由盘龙药业公司、龙润集团公司、焦家良、郭金秀、焦少良、高云霞、李永能承担连带还款的保证责任；（3）判决富滇银行营业部对云房权证爱华字第20150181号等36套房产及云国用（2007）第0429号国有土地使用权变卖、拍卖、折价款有优先受偿权；（4）判决富滇银行营业部对昌宁县房权证2006字第488、02号房屋及土地使用权的变卖、拍卖、折价款有优先受偿权；（5）判决由全部被告承担本案的律师费、诉讼费、保全费。

被告龙润茶业集团公司辩称：在富滇银行营业部起诉后，其公司于2018年6月4日已经偿还了220万元的本金应当减除，对其他主张的借款本息予以认可，其公司正积极筹集资金偿还贷款，希望调解处理本案纠纷。

被告龙润集团公司、昌宁龙润茶业公司辩称：龙润茶业集团公司以36套房屋及国有土地使用权为自己的借款进行了抵押担保，作为保证人龙润集团只对该抵押物价值不能偿还的部分承担保证责任。

被告（上诉人）盘龙药业公司辩称：（1）本案由其签章的《担保保证合同》及《借款展期协议》不是公司的真实意思表示，应认定为无效合同；（2）因本案涉嫌经济犯罪嫌疑，盘龙药业公司在本案中不存在过错行为，依法不应承担民事责任；（3）富滇银行营业部起诉状的第3、4项诉讼请求，是要求实现其对云南龙润茶业集团的土地和房屋抵押权。表明其已放弃了要求借款人和担保人同一顺序履行债务的请求，本案中既有物权担保也有保证人担保，应当先就土地和房屋的抵押权实现债权。

被告李永能辩称：龙润茶业集团公司以36套房屋及国有土地使用权为自己的借款进行了抵押担保，保证人只对该抵押物价值不能偿还的部分承担保证责任。另，所有借款都是公司使用的，责任应该是公司承担，李永能仅是公司员工，没有担保的能力，不应当承担担保责任。

被告焦家良、郭金秀、焦少良、高云霞辩称：依据《担保法》第二十八条的规定，龙润茶业集团公司以36套房屋及国有土地使用权为自己的借款进行了抵押担保，保证人只对该抵押物价值不能偿还的部分承担保证责任。

法院经审理查明：富滇银行营业部与龙润茶业集团公司于2016年3月7日签订《人民币资金借款合同》，约定龙润茶业集团公司向富滇银行营业部借款8000万元短期流动资金贷款，借款用途为向上游企业采购茶叶，贷款期限一年，从2016年3月10日至2017年3月9日止，利息合同期内执行利率（月息）4.75‰，逾期年利率按8.55%执行，复息按逾期利率计，合同还对借款的发放、还款、违约责任等进行了约定。2016年3月7日，龙润集团公司、盘龙药业公司分别与富滇银行营业部签订《担保保证合同》，焦家良和郭金秀、焦少良和高云霞分别与富滇银行营业部签订《个人担保合同》，分别为龙润茶业集团公司《人民币资金借款合同》的全部债务提供连带责任保证担保。2016年3月7日，龙润茶业集团公司与富滇银行营业部签订《担保抵押合同》，用其名下证号为“云房权证爱华字第20150181—20150216号”共36套房产及“云国用（2007）第0429号”国有土地使用权为签订的《人民币资金借款合同》的全部债务提供抵押担保；8000万元人民币借款已经如约实际发放。后因龙润茶业集团公司不能按期偿还借款本息，富滇银行营业部与龙润茶业集团公司、龙润集团公司和盘龙药业公司于2017年3月8日签订《借款展期协议》，对到期未还本金8000万元展期12个月，其中约定利息的计算方式及结息方式与原合同保持一致，贷款利息按新的期限档次利率计收。并另行约定由龙润茶业集团公司名下“云房权证爱华字第20150181号”等36套房产及“国用（2007）第0429号”国有土地使用权提供抵押担保，并再次办理了抵押登记手续，展期后借款到期日为2018年3月8日。昌宁龙润茶业公司作为担保人用其名下的土地及房产为龙润茶业集团公司借款履行提供担保，于2017年3月8日在《借款展期协议》上作为新的担保人盖章，并与富滇银行营业部签订了《担保抵押合同》，用位于昌宁县田园镇达丙打油寨56号房屋产权证号分别为昌宁县房权证2006字第488号房产，昌国用（2006）第2号土地使用权为债务进行抵押担保，并办理了抵押登记。2017年3月8日，富滇银行营业部与龙润集团公司、盘龙药业公司分别签订《担保保证合同》，与焦家良和郭金秀、焦少良和高云霞、李永能分别签订《个人担保合同》。分别约定由龙润集团公司、盘龙药业公司、焦家良和郭金秀、焦少良和高云霞、李永能为前述展期借款8000万元的全部债务承担连带责任保证。借款到期，截止到2018年5月2日，龙润茶业集团公司仅归还了220万元，尚欠本息79835920.91元未按约定偿还。富滇银行营业部为此起诉支出律师费75000元。

二审中，因富滇银行营业部将本案债权转让给东方资产公司，并分别申请变更本案当事人，二审法院依法裁定东方资产公司替代富滇银行营业部作为本案被上诉人参加诉讼，富滇银行营业部退出诉讼。

【裁判结果】

云南省昆明市中级人民法院于2018年12月4日作出（2018）云01民初929号民事判决：一、由龙润茶业集团公司于判决生效后10日内偿还富滇银行营业部借款本息合计79835920.91元（利息暂算至2018年5月2日）及从2018年5月3日起至还清借款时止的逾期利息、复息（逾期利率按年利率8.55%执行，复息利率按逾期利率计）；二、由龙润茶业集团公司于判决生效后10日内支付富滇银行营业部律师费75000元；三、龙润茶业集团公司不履行上述债务，富滇银行营业部有权对龙润茶业集团公司用于抵押担保的证号为云房权证爱华字第20150181—20150216号共36套房产（他项权证为：云房他证爱华字第0160267号）及云国用（2007）第0429号国有土地使用权和昌宁县龙润茶业有限公司名下用于抵押担保的证号为昌宁县房权证2006字第488号、昌国用（2006）第02号证书所载土地及房产申请人民法院强制拍卖或变卖并就价款享有优先受偿权；四、龙润集团公司、盘龙药业公司、焦家良、郭金秀、焦少良、高云霞、李永能对富滇银行营业部实现抵押权后仍不能清偿的本案债务承担连带清偿的保证责任；盘龙药业公司、龙润集团公司、焦家良、郭金秀、焦少良、高云霞、李永能承担保证责任后有权向龙润茶业集团公司追偿。

宣判后，盘龙药业公司不服一审判决，提起上诉。云南省高级人民法院于2019年6月27日作出（2019）云民终243号民事判决：驳回上诉，维持原判。

【裁判理由】

法院生效裁判认为：本案盘龙药业公司是否需要承担连带保证责任的核心问题在于其与富滇银行营业部签订的《担保保证合同》是否合法有效。《民法总则》第六十一条规定："依照法律或者法人章程的规定，代表法人从事民事活动的负责人，为法人的法定代表人。法定代表人以法人名义从事的民事活动，其法律后果由法人承受。法人章程或者法人权力机构对法定代表人代表权的限制，不得对抗善意相对人。"本案中，首先，时任盘龙药业公司的法定代表人代表公司与富滇银行营业部签订了《担保保证合同》，同意为龙润茶业集团公司本案债权提供连带保证担保，公司法定代表人代表公司签订合同的法律后果当然及于盘龙药业公司，法定代表人的意思表示可以推定为法人的意思表示。其次，在签订《担保保证合同》的同时，盘龙药业公司的法定代表人提交了《股东会决议》，表明盘龙药业公司的担保行为并不违反《公司法》第十六条的规定，符合公司对内、对外担保的形式要件，富滇银行营业部尽到了合理的审查义务，不存在过错。最后，盘龙药业公司不能举证证实其法定代表人与富滇银行营业部之间存在恶意串通，损害其合法利益。故此，盘龙药业公司与富滇银行营业部签订《担保保证合同》可以认定为双方当事人的真实意思表示，且内容不违反法律、行政法规的强制性规定，应当认定合法有效。盘龙药业公司应当根据合同约定承担连带保证责任。

此外，根据《民法总则》第一百八十七条规定："民事主体因同一行为应当承担民事责任、行政责任和刑事责任的，承担行政责任或者刑事责任不影响承担民事责任；民事主体的财产不足以支付的，优先用于承担民事责任。"即使盘龙药业公司的法定代表人存在私刻或伪造公章的行为，构成犯罪，亦不影响其行为产生的民事责任承担。因本案合同加盖公章的真实性，并不影响《担保保证合同》的成立和生效，一审不予进行司法鉴定并无不当。对于盘龙药业公司二审再次请求鉴定的申请，二审亦不予准许。

【案例注解】

一、关于公司法定代表人以公司名义对外进行担保行为的效力认定问题

《民法总则》第六十一条规定："依照法律或者法人章程的规定，代表法人从事民事活动的负责人，为法人的法定代表人。法定代表人以法人名义从事的民事活动，其法律后果由法人承受。法人章程或者法人权力机构对法定代表人代表权的限制，不得对抗善意相对人。”该条规定，从立法立场明确了法定代表人以公司名义对外从事民事活动的法律后果应当归属公司的这一原则性认定。同时也规定，当公司章程或者有权机构对法定代表人的代表权进行过限制时，除非相对人对此限制已知或应知的情况下，仍然与公司进行相关民事活动，否则，上述限制不能约束相对人。故此，一般情况下，相对人应当被推定为善意，除非公司能举证证明相对人存在非善意。

《公司法》第十六条规定：“公司向其他企业投资或者为他人提供担保，依照公司章程的规定，由董事会或者股东会、股东大会决议；公司章程对投资或者担保的总额及单项投资或者担保的数额有限额规定的，不得超过规定的限额。公司为公司股东或者实际控制人提供担保的，必须经股东会或者股东大会决议。前款规定的股东或者受前款规定的实际控制人支配的股东，不得参加前款规定事项的表决。该项表决由出席会议的其他股东所持表决权的过半数通过。”该条规定是法律对公司对外担保的强制性规定，目的在于对涉及担保之类的公司重要事项，必须经公司有权机关进行决议，以防止公司意志被少数高管或者法定代表人代替，造成对公司及中小股东的损害。

《民法总则》与《公司法》的关系，是一般法与民商事特别法的关系，当《民法总则》与《公司法》的规定有不一致时，应当优先适用《公司法》的规定。当然，在《公司法》已有规定，《民法总则》又进行新的规定时，应当适用《民法总则》的最新规定。本案法律适用中，不存在《民法总则》对《公司法》进行重新规定的问题。故此，在考虑《民法总则》对法定代表人从事民事行为的一般性认定时，同时要考虑法定代表人的行为是否符合《公司法》的规定。

本案中，公司法定代表人在以公司名义对外进行担保时，同时提供了相应的股东会决议，在形式上同时符合《民法总则》和《公司法》的规定，相对人在接受担保时已经尽到了合理适当的审查义务，虽然公司诉讼中抗辩认为所盖公章及股东会决议均为伪造，但不能以此否认相对人的善意，故此应当根据《民法总则》的规定认定相应法律后果应当由公司承担。

二、关于民刑交叉案件的处理问题

本案担保人公司的法定代表人可能存在刑事犯罪的问题，但关于本案应当按民事案件处理还是直接移送作为刑事案件处理是值得研究和思考的问题。

《民法总则》第一百八十七条规定："民事主体因同一行为应当承担民事责任、行政责任和刑事责任的，承担行政责任或者刑事责任不影响承担民事责任；民事主体的财产不足以支付的，优先用于承担民事责任。"根据公司的答辩意见，本案担保公司法定代表人加盖公章和出具股东会决议的行为可能是伪造，即可能涉及刑事犯罪。但该行为根据民事法律规定，同时产生担保的法律效果。根据前述《民法总则》规定，刑事责任追究和民事责任承担可以并行。公司认为其法定代表人的行为构成刑事犯罪的，并不影响该行为造成的民事责任承担。故此，公司以此抗辩不承担担保责任未被人民法院支持。

三、关于鉴定必要性的判断问题

提出鉴定申请是当事人在民事诉讼活动中的法定权利，但是否准许属于人民法院的职权决定范围。人民法院在考虑是否进行鉴定时，应当以鉴定意见是否对案件裁判结果产生实质影响作为判断标准。案件审理中，只要系法定代表人本人实施的行为，不论其所加盖公章和出具的股东会议决议是否为伪造，即不论公章和股东会决议是否真实，均不影响公司担保责任的承担，并无鉴定必要。故此，一、二审法院均未同意担保公司对公章和股东会决议真实性的鉴定申请。对法定代表人是否构成犯罪，及进行刑事责任追究的问题，公司可以另行解决。

（**一审法院合议庭成员**　陆有林　褚玉春　陈绛绯
二审法院合议庭成员　尹　波　孙少波　郭婷婷
编写人　云南省高级人民法院　尹　波　张　伟
责任编辑　杨　奕
审稿人　曹士兵）

张家港保税区展大国际贸易有限公司诉中国平安财产保险股份有限公司江阴中心支公司财产损失保险合同纠纷案

——保险合同争议条款的解释与认定

关键词：商事　格式条款　合同解释　通常解释　不利解释

【裁判要旨】

自注册登记时起未满6年的被保险车辆，逾期未领取机动车检验合格标志的，并不当然属于"未经检验"或"检验不合格"的情形。非营运小型客车等机动车6年内免检，按照合同目的解释规则，格式条款中"检验"的真实意思应当为实质的安全技术检验。在保险人未能提供证据证明注册登记未满6年的机动车存在不符合实质性安全质量标准的情形下，保险人仅因车辆未领取合格标志，主张免于承担赔付责任的，不予支持。

【相关法条】

《中华人民共和国合同法》第四十一条　对格式条款的理解发生争议的，应当按通常理解予以解释。对格式条款有两种以上解释的，应当作出不利于提供格式条款一方的解释。格式条款和非格式条款不一致的，应当采用非格式条款。

第一百二十五条第一款　当事人对合同条款的理解有争议的，应当按照合同所使用的词句、合同的有关条款、合同目的、交易习惯以及诚实信用原则，确定该条款的真实意思。

《中华人民共和国保险法》第三十条　采用保险人提供的格式条款订立的

保险合同，保险人与投保人、被保险人或者受益人对合同条款有争议的，应当按照通常理解予以解释。对合同条款有两种以上解释的，人民法院或者仲裁机构应当作出有利于被保险人和受益人的解释。

【案件索引】

一审：江苏省江阴市人民法院（2017）苏0281民初10556号（2018年2月9日）

二审：江苏省无锡市中级人民法院（2018）苏02民终1391号（2018年4月16日）

再审：江苏省高级人民法院（2019）苏民再61号（2019年7月22日）

【基本案情】

原告（被上诉人、再审申请人）张家港保税区展大国际贸易有限公司（下称展大公司）诉称：2017年2月17日，江华持逾期未审验机动车驾驶证驾驶逾期未检验的小型普通客车，行驶至江阴市银桂路岔口地段时，撞到章传明驾驶的重型半挂车尾部，致江华受伤及车辆损坏。经交警部门认定，江华负此次事故的全部责任，章传明不负事故责任。展大公司于2016年10月12日在中国平安财产保险股份有限公司江阴中心支公司（下称平保公司）处购买了机动车损失险、不计免赔等险种，保险期间至2017年10月11日止。因平保公司迟迟不肯定损，也未予理赔，故请求一审法院判令：（1）对苏E8××××车辆损失进行鉴定。（2）本案诉讼费、鉴定费由平保公司承担。一审诉讼过程中，展大公司明确其诉请为：（1）平保公司赔偿因交通事故产生的损失共计333000元。（2）鉴定费用15000元由平保公司承担。（3）本案诉讼费用由平保公司承担。

平保公司（上诉人、被申请人）辩称：（1）对于事故发生的责任认定没有异议，对投保的事实也无异议，但是江华持逾期未审验的机动车驾驶证驾驶逾期未检验的车辆发生事故，平保公司有权依据车辆损失险保险条款第8条第3项第一款“下列情况下，不论任何原因造成被保险机动车的任何损失和费用，保险人均不负责赔偿。……三、发生保险事故时，被保险机动车未按规定检验或检验不合格”的约定拒绝赔偿。（2）诉讼费、鉴定费平保公司不承担。综上，请求驳回原告的诉请。

一审法院经审理查明：2016 年 10 月 10 日，展大公司为其所有的苏 E8 ××××车辆在平保公司投保了交强险、保险金额为 388762 元的机动车损失险等保险，保险期间均为自 2016 年 10 月 12 日至 2017 年 10 月 11 日止。2017 年 2 月 17 日 23 时许，江华持逾期未审验的机动车驾驶证驾驶逾期未检验（检验有效期至 2016 年 10 月 31 日）的车牌号为苏 E8××××的小型普通客车，沿江阴市芙蓉大道由西向东行驶至银桂路岔口地段时，撞到同向前方行驶的章传明驾驶的车牌号为皖 R4××××的重型半挂车尾部，致江华受伤及车辆损坏。2017 年 2 月 21 日，江阴市公安局交通警察大队作出道路交通事故认定书，认定江华负事故的全部责任，章传明不负事故的责任。因平保公司以存在免赔事由为由未作出定损评估，展大公司提起诉讼并申请对苏 E8××××车辆损失进行鉴定。后一审法院委托无锡国信德资产价格评估有限公司进行评估，评估报告认为“该评估标的车辆在 4S 店的修复价格已超过评估标的车辆现值价格，故以评估基准日未发生事故时的当地二手车市场公开交易平均价格确定损失价格为 333000 元”，双方当事人对该评估报告均无异议。展大公司为本次评估支付评估费 15000 元。

另查明，双方签订的保险合同第 8 条约定：“下列情况下，不论任何原因造成被保险机动车的任何损失和费用，保险人均不负责赔偿：……（三）被保险机动车有下列情形之一者：1. 发生保险事故时被保险机动车行驶证、号牌被注销的，或未按规定检验或检验不合格……”前述条款内容均进行了加黑加粗。

再查明，苏 E8××××车辆注册日期为 2014 年 10 月 16 日，涉案事故发生后展大公司领取了机动车检验合格标志，载明“检验有效期至 2018 年 10 月（免于安全技术检验）”。

【裁判结果】

江苏省江阴市人民法院于 2018 年 2 月 9 日作出（2017）苏 0281 民初 10556 号民事判决：一、平保公司于判决发生法律效力之日起 10 日内给付展大公司保险理赔款 333000 元；二、平安公司于判决发生法律效力之日起 10 日内给付展大公司评估费 15000 元。

平保公司不服一审判决，提起上诉。江苏省无锡市中级人民法院于 2018 年 4 月 16 日作出（2018）苏 02 民终 1391 号民事判决：一、撤销江苏省江阴市人民法院（2017）苏 0281 民初 10556 号民事判决；二、驳回展大公司的诉讼请求。

展大公司不服二审判决，申请再审。江苏省高级人民法院于2019年7月22日作出（2019）苏民再61号民事判决：一、撤销江苏省无锡市中级人民法院（2018）苏02民终1391号民事判决；二、维持江苏省江阴市人民法院（2017）苏0281民初10556号民事判决。

【裁判理由】

法院生效裁判认为：展大公司与平保公司签订的保险合同系双方当事人真实意思表示，合法有效。保险合同第8条约定：发生保险事故时被保险机动车未按规定检验或检验不合格的，保险人不负责赔偿。对于条款中的“检验”，合同未明确其含义。平保公司主张应理解为，按照行政部门的要求办理相关车辆年检审核事宜；展大公司则主张应为实质性的安全技术检验。生效判决认为，根据《合同法》第一百二十五条、《保险法》第三十条的规定，当事人约定“被保险机动车需经检验”的真实意思应为机动车经过实质性安全技术检验。

公安部、国家质检总局联合发布的《关于加强和改进机动车检验工作的意见》第11条规定：“试行非营运轿车等车辆6年内免检。自2014年9月1日起，试行6年以内的非营运轿车和其他小型、微型载客汽车（面包车、7座及7座以上车辆除外）免检制度……每2年需要定期检验时，机动车所有人提供交通事故强制责任保险凭证……证明后，可以直接向公安机关交通管理部门申请领取检验标志，无需到检验机构进行安全技术检验……”据此，自注册登记时起6年以内的轿车及小型客车无需进行安全技术检验，行政管理部门推定车辆符合技术安全。本案中，发生交通事故的苏E8××××小型客车在2017年2月17日交通事故发生时，仍处于6年以内免于安全技术检验的期间。故不能仅以逾期未领取检验标志认定案涉车辆属于保险合同约定的“未按规定检验或检验不合格”的免责情形。且即使案涉机动车未取得检验标志，也不会当然增加机动车发生保险事故的概率，是否经形式上的检验审核与机动车交通事故的发生没有直接的因果关系，并不构成保险上的近因，故对“检验”进行解释时，并不能等同于“形式检验”，亦不能仅因未能进行形式检验即认定保险人免负赔付之责。在平保公司未能进一步举证证明案涉车辆存在不符合质量安全的情形下，对于其主张的案涉车辆符合合同约定的免责情形，不予采信。平保公司应当按照合同约定承担赔付以及鉴定费支付的责任。

【案例注解】

合同的表达以语言为工具。然而“语言是一种不断变化着的、具有适应能力的、常常充满着歧义的表达工具。某个表达方式的意义，可能随着它所处的不同的上下文、它所指的不同情况以及说话者所属的阶层所独有的表达特点，而具有不同的意义。”① 因此，法律在规定依照合同约定确定当事人权利义务的同时，也明确了合同解释的相关规则。② 而保险合同格式条款因系由保险人预先拟定，且在订立合同时并未与被保险人协商，故在对其解释时，存在更多的分歧。如何根据合同文义、目的以及诚信原则探究条款的真实意思表示，是否投保人对保险条款提出不同看法，就可根据不利解释规则作出不利于保险人的解释，亟待在审判实践中予以区分和明确。

一、关于保险格式条款“车辆未按规定检验或检验不合格”理解的分歧

中国保险行业协会《机动车综合商业保险条款》③ 第八条第三项规定：被保险机动车发生保险事故时被保险机动车行驶证、号牌被注销的，或未按规定检验或检验不合格的，不论任何原因造成被保险机动车的任何损失和费用，保险人均不负责赔偿。如何理解该条款中所规定的检验，是否被保险车辆逾期未领取车辆检验标志，即当然属于保险合同约定的“未按规定检验或检验不合格”免责情形，审理中存在不同观点。

第一种观点认为，条款中的“检验”应理解为，按照行政管理部门的要求办理相关车辆年检审核事宜，即“向交通管理部门提交机动车检验标志申请表、机动车行驶证、机动车交通事故责任保险凭证、车船税或者免税证明，

---

① ［德］卡尔·拉伦茨：《德国民法论》（下册），王晓晔等译，法律出版社2003年版，第456页。

② 《合同法》第一百二十五条第一款规定：当事人对合同条款的理解有争议的，应当按照合同所使用的词句、合同的有关条款、合同的目的、交易习惯以及诚实信用原则，确定该条款的真实意思。

③ 本案纠纷发生于2017年，保险人平保公司与投保人展大公司签订的保险合同将保险行业协会公布的《机动车综合商业保险条款（2014版）》作为合同内容之一。2019年，保险行业协会对《机动车综合商业保险条款》进行了修订，所公布的2019年《机动车综合商业保险条款》范本仍于第八条第三项规定：“在上述保险责任范围内，下列情况下，不论任何原因造成被保险机动车的任何损失和费用，保险人均不负责赔偿：……（三）被保险机动车有下列情形之一者：1. 发生保险事故时被保险机动车行驶证、号牌被注销的，或未按规定检验或检验不合格……”换言之，对于“未按规定检验或检验不合格”保险人免责的约定，予以再次确认。

核查交通安全违法行为和交通事故处理情况，取得检验标志，在行驶证副页上签注等”。因此，未领取检验标志，即属于未经检验，保险公司免责。

第二种观点认为，存在安全性能隐患的车辆上路行驶，将会增加保险事故发生的概率，亦将额外增加保险公司赔付的风险，故从合同双方订立合同目的角度分析，条款中“检验”的真实意思是经过实质性的安全技术检验合格。

第三种观点认为，因合同双方对于“检验”究竟是形式检验抑或实质检验存在不同的理解，应适用不利解释规则，作出有利于被保险人和受益人的解释。故格式条款中的“检验”应理解为实质性的安全技术检验。

第一、第二种观点系从合同解释角度，探究确定合同条款的真实意思。第三种观点则因合同双方对条款存在不同理解，而直接适用不利解释规则。上述观点的分歧也代表着不同法院对于保险合同争议条款的不同适用方法和裁判思路。

二、“车辆未按规定检验或检验不合格”条款的通常解释

根据《合同法》《保险法》的规定，在对保险合同条款理解有争议时，应按照通常理解予以解释。此即合同的解释，是指运用各种解释规则和方法，确定合同条款的真意，以探究当事人的效果意思，消除纷争的作业。[①] 合同解释的目的，在于探求当事人的真意，这是历来不争的定论。但是究竟什么是当事人的真意？换言之，应依什么标准辨明当事人的争议，却是审判实践中的难点。《合同法》第一百二十五条规定，应依合同所使用的词句、合同的有关条款、合同的目的、交易习惯以及诚实信用原则，确定条款的真实意思。据此，合同的解释包含文义解释、整体解释、目的解释、习惯解释以及诚信解释等方法。

具体到本案中，《关于加强和改进机动车检验工作的意见》已明确，自注册登记时起6年以内的轿车及小型客车无需进行实质性的安全技术检验，可直接申请领取检验标志。而发生交通事故的苏E8××××车辆于2014年10月16日注册登记，2017年2月17日交通事故发生时，该车辆的机动车行驶证虽逾期未检验，但并未超过6年。事故发生后，展大公司向公安部门申请领取检验标志，其后仍然领取到了机动车检验合格标志，该标志载明“检验有效期至2018年10月（免于安全技术检验）”。由此，也印证6年内的安全技术检验仅为形式检验，在此期间内，行政管理部门推定车辆符合技术安全。因此，

---

① 韩世远：《合同法总论》，法律出版社2019年版，第867页。

如将合同条款所约定的“检验”理解为“按照行政管理部门的要求，办理形式上的车辆年检审核事宜”，将不可能发生保险条款所约定的“检验不合格”的情形，换言之，该条款的约定将不会对当事人产生任何实质约束力，此条款的存在亦将毫无意义。上述法律结果显然与当事人希望通过合同确定双方权利义务的合同目的相悖。

此外，保险条款对于投保车辆安全技术检验予以特别约定的目的，在于避免由于存在安全隐患的车辆上路行驶，不当增大保险事故发生的概率，从而将额外增加保险赔付的风险。但是，即使没有“向交通管理部门提交机动车检验标志申请表、机动车行驶证、机动车交通事故责任保险凭证、车船税或者免税证明，核查交通安全违法行为和交通事故处理情况，取得检验标志，在行驶证副页上签注等”等事务性的工作，也不会当然增加机动车发生保险事故的概率，是否经形式上的检验审核对交通事故的发生没有直接的因果关系，并不构成保险上的近因，故对“检验”进行解释时，并不能等同于“形式检验”，亦不能仅因未能进行形式检验即认定保险人免负赔付之责。因此，案涉被保险车辆虽逾期未领取机动车检验合格标志，但该车辆自注册登记时起未满6年，故不能仅以逾期未领取检验标志认定案涉车辆属于保险合同约定的“未按规定检验或检验不合格”的免责情形。在平保公司未能进一步举证证明案涉车辆存在不符合质量安全的情形下，对于其主张的案涉车辆符合合同约定的免责情形，法院不予采信。平保公司应当按照合同约定承担赔付责任。

三、不利解释规则仅适用于“通常解释”无法解决对格式条款理解争议的情形

不利解释规则，又称疑义利益解释、逆利益解释规则，是指在当事人对格式条款发生争议时，应作出不利于提供格式条款一方的解释。[①] 有观点认为，如果根据《合同法》第一百二十五条进行解释，则不可能存在两种以上的解释，亦不存在不利解释规则的适用空间。有的法院只要投保人对保险合同提出不同看法，就根据不利解释规则作出不利于保险人的解释。[②] 针对审判实践中出现的不利解释规则扩大适用的倾向，《保险法司法解释（二）征求意见稿》对不利解释规则适用的条件进行了规定，当事人对保险合同中保险人提供的格

---

① 最高人民法院民事审判第二庭编著：《最高人民法院关于保险法司法解释（二）理解与适用》，人民法院出版社2013年版，第381页。

② 最高人民法院民事审判第二庭编著：《保险案件审判指导》，法律出版社2015年版，第152页。

式条款有争议的，应当按照保险合同所使用的语句、合同有关的条款、交易习惯等对格式条款予以通常解释，仍有两种以上解释的，才适用不利解释。①虽然上述意见并未最终规定于保险法司法解释的条文中，但其后诸多高级人民法院在规范性文件中均作出了“不利解释规则仅适用于通常解释无法解决对格式条款理解争议情形”的规定，该观点被普遍接受并采纳。因此，虽然前文提及的不同观点中第二种与第三种结论相同，但仍有就不利解释规则适用的顺位予以明确的必要。

中国保险行业协会公布的《机动车综合商业保险条款》为行业示范条款，无论是2014年还是2019年修订的条款，均约定“被保险机动车未按规定检验或检验不合格的，保险人不予赔偿”，但示范条款对于“检验”的意思未予明确。从司法实践看，不同法院、不同当事人对于该条款中的“检验”存在着不同的理解，亦导致不同判决的出现，确有统一规范的必要。而在行政管理部门出台《关于加强和改进机动车检验工作的意见》后，管理部门对于机动车检验的要求产生了变化，非营运轿车和小型客车在注册登记之日起6年内，无需实质性检验即可领取检验合格标志，推定为合格。因此，按照《合同法》《保险法》的规定，将“检验”解释为实质性的安全检验，符合合同目的，亦实现了合同各方利益的衡平。本案的裁判结果对于推动保险示范条款的准确化、规范化，统一司法裁判尺度，具有积极意义。

（**一审法院独任审判员** 王杰兵
二审法院合议庭成员 牛兆祥 富建文 华敏洁
再审法院合议庭成员 顾 韬 马 燕 许俊梅
编写人 江苏省高级人民法院 马 燕
责任编辑 李 明
审稿人 曹士兵）

---

① 宫邦友、林海权：《〈保险法司法解释（二）〉论证会综述》，转引自最高人民法院民事审判第二庭编著：《保险案件审判指导》，法律出版社2015年版，第153页。

中国光大银行股份有限公司哈尔滨道里支行诉中外运空运发展股份有限公司、中外运空运发展股份有限公司黑龙江分公司等合同纠纷案

——动产质押监管合同纠纷的法律适用

关键词：商事　动产质押　合同性质　归责原则　责任承担方式
监管期间

【裁判要旨】

在监管期间，当监管物出现减损或者灭失时，动产质押权人作为委托方，如未能积极采取有效措施及时督促出质人补货亦未能采取其他有效的维权方式追加质物，即其对损失的发生亦存在过错，则不能要求监管人承担全部监管责任。在监管人未按动产质押监管合同的约定履行监管职责致使监管物减损或者灭失时，监管人因其存在过错而承担相应的违约赔偿责任。

【相关法条】

《中华人民共和国合同法》第一百零七条　当事人一方不履行合同义务或者履行合同义务不符合约定的，应当承担继续履行、采取补救措施或者赔偿损失等违约责任。

第一百二十四条　本法分则或者其他法律没有明文规定的合同，适用本法总则的规定，并可以参照本法分则或者其他法律最相类似的规定。

第四百零六条　有偿的委托合同，因受托人的过错给委托人造成损失的，

委托人可以要求赔偿损失。无偿的委托合同，因受托人的故意或者重大过失给委托人造成损失的，委托人可以要求赔偿损失。

受托人超越权限给委托人造成损失的，应当赔偿损失。

【案件索引】

一审：黑龙江省哈尔滨市中级人民法院（2016）黑01民初677号（2018年11月27日）

二审：黑龙江省高级人民法院（2019）黑民终409号（2019年7月30日）

【基本案情】

原告（上诉人）中国光大银行股份有限公司哈尔滨道里支行诉称：2013年3月，中国光大银行股份有限公司哈尔滨道里支行（以下简称光大银行道里支行）与哈尔滨菊花生物科技有限公司（以下简称菊花生物公司）、中外运空运发展股份有限公司黑龙江分公司（以下简称外运黑龙江分公司）签订《动产质押监管协议》（以下简称《监管协议》），将质物交由外运黑龙江分公司监管，并约定监管期间质物对应货物的最低价值和外运黑龙江分公司承担实际损失赔偿责任的条件。翌日，菊花生物公司与光大银行道里支行签订《综合授信协议》。之后发生两笔共计1800万元的流动资金贷款业务，并各签订两份《流动资金贷款合同》《质押合同》，菊花生物公司以其所有或有处分权的质物作为质押担保。2014年6月，外运黑龙江分公司告知光大银行道里支行质物短缺。后光大银行道里支行将菊花生物公司诉至法院，最终执行款项与货物最低监管值差额1206.1522万元。外运黑龙江分公司由于监管不力导致质物灭失，且其系中外运空运发展股份有限公司（以下简称外运公司）分支机构，故两公司应在1206.1522万元范围内共同承担赔偿责任。综上，请求原审法院判令：（1）外运公司、外运黑龙江分公司赔偿光大银行道里支行损失1206.1522万元；（2）本案的诉讼费、保全费由外运公司、外运黑龙江分公司承担。

被告（上诉人）外运公司辩称：（1）根据《监管协议》约定，在保证人唐书华财产并未执行完毕，光大银行道里支行实际损失尚未确定时，不能向我公司主张权利。（2）光大银行道里支行与菊花生物公司签订共计价值1800万元资金贷款合同，故光大银行道里支行最高损失应为1800万元。（3）外运黑龙江分公司已履行监管义务。（4）光大银行道里支行申请法院查封质物数量与强制执行质物数量的差额损失不应由外运公司承担。

法院经审理查明：2013 年 3 月 19 日，光大银行道里支行与外运黑龙江分公司、菊花生物公司签订《监管协议》，约定菊花生物公司将其享有所有权的质物质押给光大银行道里支行，并由外运黑龙江分公司监管。翌日，光大银行道里支行与菊花生物公司签订《综合授信协议》，约定光大银行道里支行向菊花生物公司提供一般贷款。之后，菊花生物公司共向光大银行道里支行借款 1800 万元，并签订两份《质押合同》，均约定菊花生物公司将其所有或有权处分的质物出质。光大银行道里支行与菊花生物公司均向外运黑龙江分公司确认监管期间质物最低价值/最低数量。2014 年 6 月 3 日，外运黑龙江分公司通知光大银行道里支行质物金额高于监管底线。翌日，外运黑龙江分公司通知光大银行道里支行质物金额大幅度低于监管底线。当日，外运黑龙江分公司告知菊花生物公司未经同意提货违法，要求其制止事件发展。2014 年 6 月 5 日，外运黑龙江分公司告知光大银行道里支行质物库存货值已不满足监管下限要求。同日，光大银行道里支行要求外运黑龙江分公司敦促菊花生物公司补足差额货物。2014 年 6 月 7 日至 10 日，外运黑龙江分公司通知光大银行道里支行质物合计金额为 2082.658 万元。菊花生物公司亦自认强行将质物投入生产。随后，光大银行道里支行将菊花生物公司诉至法院，法院要求外运黑龙江分公司在查封期间负责监管质押物。2014 年 10 月，法院判令菊花生物公司给付光大银行道里支行借款本金 1800 万元及利息，如菊花生物公司不能偿还，则以折价或变卖、拍卖质押物的价款清偿。对质物进行拍卖抵偿部分欠款后，菊花生物公司仍欠光大银行道里支行借款本息 1663.4120 万元。

【裁判结果】

黑龙江省哈尔滨市中级人民法院于 2018 年 11 月 27 日作出（2016）黑 01 民初 677 号民事判决：一、外运黑龙江分公司在判决生效后 10 日内给付光大银行道里支行质物损失赔偿金 210.794 万元；二、外运公司对外运黑龙江分公司上述给付义务不能清偿部分承担给付责任；三、驳回光大银行道里支行其他诉讼请求。

宣判后，光大银行道里支行、外运公司分别提出上诉。黑龙江省高级人民法院于 2019 年 7 月 30 日作出（2019）黑民终 409 号民事判决：一、撤销哈尔滨市中级人民法院（2016）黑 01 民初 677 号民事判决主文第一、二、三项；二、如果光大银行道里支行依据哈尔滨市中级人民法院（2014）哈民四商初字第40号民事判决书强制执行后仍不能得到清偿，外运黑龙江分公司对不能清偿的债权在210.794万元范围内承担补充赔偿责任；三、外运公司对外运黑龙江分公司上述给付义务不能清偿部分承担给付责任；四、驳回光大银行道里支行的其他诉讼请求。

【裁判理由】

法院生效裁判认为：按照《监管协议》约定，监管期间为外运黑龙江分公司根据《监管协议》代理光大银行道里支行控制质物并对其承担质物监管责任的时间区段，系外运黑龙江分公司按照约定履行监管义务期间。而自哈尔滨市中级人民法院以民事裁定查封质物，并以协助执行通知书通知外运黑龙江分公司负责监管查封期间质物之日起，其对查封质物的监管责任已由协议约定转化为法院指定的监管责任，至此《监管协议》约定的监管期间已结束。

关于外运黑龙江分公司对监管期间质物的损失应否承担责任及其承担责任的性质、范围和方式。质押监管合同兼具保管合同和委托合同性质，具体如何认定还应结合合同具体内容进行分析。《监管协议》中不仅约定了监管人的保管义务，还约定了监管人的监督管理义务，所以认定本案《监管协议》为委托合同，更符合该协议的内容及性质特征，亦更符合当事人签订协议的目的。按照《合同法》第四百零六条规定，本案应以过错责任原则确定监管人外运黑龙江分公司是否承担责任，即只有当监管人未按《监管协议》约定履行监管义务，因其过错给委托人造成损失时，其才应承担损失赔偿责任，该责任性质为违约赔偿责任。外运黑龙江分公司在协议履行前期，基本能够按约定履行监管义务，但从质物库存量在一天内大量减损的不良变动情况看，其在客观上存在未及时发现报告菊花生物公司违约提货及未采取适当应急措施的行为，对此其应承担相应违约赔偿责任。

关于外运黑龙江分公司承担责任的范围。《监管协议》约定，在监管期间，对因各种原因质物发生短少、损毁、变质、灭失等可能影响光大银行道里支行权益的情形，外运黑龙江分公司应当在24小时内通知光大银行道里支行和菊花生物公司，并采取适当应急措施。虽然外运黑龙江分公司在2014年6月4日之前存在未及时发现报告菊花生物公司违约提货的过错行为，但在2014年6月4日其发现菊花生物公司违约提货后，即要求菊花生物公司停止违约提货及采取有效措施制止事件发展并向光大银行道里支行传真质物短缺清单报告，还于次日再次告知光大银行道里支行质物短缺情况，并敦促菊花生物公司补足质物差额，亦曾报警制止菊花生物公司强行出货，以上事实能够认定外运黑龙江分公司履行了绝大部分监管职责，发生监管损失主要系菊花生物公司违约提货所致。光大银行道里支行作为贷款人和质权人，其虽然将质物委托外运黑龙江分公司监管，但其法定义务并未免除，其在知悉质物发生不良变动后，未能积极采取有效措施及时督促出质人补货亦未能采取其他有效的维权方式追加质物，对损失的发生亦存在过错。

关于外运黑龙江分公司承担责任的方式。《监管协议》约定，外运黑龙江分公司未及时通知光大银行道里支行给其造成损失的，应承担实际损失的赔偿责任。该赔偿责任相对于本案动产质押所担保的主债务而言，无论从制度功能、行使顺序及责任范围上都具有补充性，是一种补充赔偿责任，即只有在主债务经法院强制执行后仍不能清偿时，外运黑龙江分公司才对不能清偿部分承担赔偿责任。

【案例注解】

案涉纠纷的争议焦点在于动产质押监管合同的监管人责任承担问题，由此牵涉动产质押监管合同的法律适用问题。

一、动产质押监管合同综述

（一）动产质押监管合同概念

动产质押监管合同是金融创新与物流创新的产物，即银行等出借主体作为质权人通过动产质押监管协议而将占有、保管、核定、监督质物等责任委托给借款合同之外的监管人。

在动产质押监管合同中，又可分为动产静态质押监管合同和动产动态质押监管合同。对于动态质押，一般是指借款企业（存货动态出质人）以其所有的、数量或价值控制在一定合理区间内的、在动态质押权实现前可在正常经营过程中处分的库存货物作为动产质押物，向银行等金融机构（动态质押权人）申请贷款的一种融资担保形式。[①] 就本案而言，菊花生物公司作为出质人按照与质权人光大银行道里支行的约定，在质押监管期间经监管人外运黑龙江分公司允许后，可以对质物提取、补新出旧，即质物处于非封存、可流动的状态，但是质物的最低数量和最低价值不能少于出质人与质权人约定的最低值，即在

① 黄荣霞、王同顺：《动态质押的法律困境与出路》，载《北京政法职业学院学报》2016 年第 11 期。

监管期间监管人既要保证质押物处于流动状态，又要保证质押物的数量和价值不低于最低值，此种类型的动产质押监管合同即为动产动态质押监管合同。

（二）动产动态质押监管合同的优越性

一是标的物的动态性。动产动态质押与动产质押相比，突显在“动态”二字，即动产动态质押的标的物是流动的，在一定条件下可以自由出入库，质物的品种、数量、类型、规格、价值等均可处于动态的变化中。这亦不违反担保物权要求的标的物特定的一般特性，其在任一时间节点，质物数量和价值明确特定。就本案而言，《监管协议》约定，在监管期间，无论出质人菊花生物公司提货或换货，库存质物都应符合质权人光大银行道里支行与其签订的《质物种类、价格、最低要求通知书（代出质通知书）》列明的要求，即质物虽然可处于动态变化中，但要符合底线价值要求，兼顾“质物动态”与“质物价值底线”双重标准。简言之，质押物动态的优越性体现在，出质人可以在合同约定的范围内进一步发挥质物的价值，使得出质人通过质物的流动获得更多的盈利，变相保障质权人债权的实现。

二是第三方监管质物。区别抵押与质押的一个主要标准为担保物权人是否占有标的物，对标的物的占有是质权的显著标志。与动产抵押相比，在动产动态质押中，银行等质权人通过动产质押监管协议由第三方在出质人的仓库或者其他场地对质押财产履行占有、控制等监管职责。就本案而言，监管人外运黑龙江分公司监管的质物虽然存放在出质人菊花生物公司的院内，但是却由监管人外运黑龙江分公司控制质物，菊花生物公司无权擅自处置质物。简言之，第三方监管质物的优越性体现在，质权人不用花费更多的时间和精力在质物监管上，将专业的事情交由专业的监管人予以完成，有效管控担保财产，弥补其在资产管理专业性方面的不足，降低放贷风险。

（三）动产质押监管合同的法律性质

在中国裁判文书网民事案件类型中全文检索“动产质押监管”字样，搜索结果显示有1464件案件。在案件数量上，该类型案件基本处于逐年递增态势，即纠纷发生的频次愈发增多。

笔者在查阅这些裁判文书时发现，我国法律对于动产质押监管合同的法律性质尚未予以明文规定，即在《合同法》分则中没有明文规定的合同，属于《合同法》规定的无名合同。正因如此，对于质押监管合同的性质在司法实践中存在较大争议。司法实践中通常将动产质押监管合同归为三类，即质押合同、保管合同、委托合同。

第一种观点认为，动产质押监管合同本质是质押合同。质押合同是质权人与出质人签订的担保合同，监管人是为了保证出质人将质物交由质权人或者质权人指定的一方管理，以达到质权设立目的。

第二种观点认为，动产质押监管合同本质是保管合同。该观点认为，动产质押监管合同具有保管合同特征，即监管人承担保管质押物，监管期限终止时返还质押物的义务，享有收取保管费的权利。但是就本案而言可以看出，保管合同与案涉动产质押监管协议有所区别。《合同法》第三百七十六条规定，寄存人可以随时领取保管物，但是动产质押监管协议约定由监管人保管的物品，虽然所有权仍归寄存人，但是寄存人不能随时领取保管物，其要受到监管人的监督和限制。[①] 同时，监管人还负有对质物的监督、管理等监管义务。此种监管义务涉及质物权属问题，根据动产质押监管协议的目的，可以认定监管义务中包括了对质物的权属状况进行审核的内容，而履行保管义务的保管人只对物的品质、数量等进行检验，并不包括对物的权属进行检验。[②]

第三种观点认为，动产质押监管合同本质是概括性委托合同，而非单纯以质物保管为内容的仓储保管合同。[③]《合同法》第三百九十七条规定，委托人可以特别委托受托人处理一项或者数项事务，也可以概括委托受托人处理一切事务。具体到动产质押监管合同，也就是监管人作为受托人，处理作为委托人的质权人与本质押有关的一切事务。但是该“一切事务”外延明显大于“监管”一词，因为与质押有关的事务并不仅仅是对质物的监管，故在动产质押监管合同尚属无名合同时，加之在判定监管人是否履行了此项义务及其法律后果时，《合同法》仓储、保管合同的相关规定亦有适用的余地。[④]

笔者通过进一步查阅上述裁判文书裁判理由部分发现，上述案件在具体判定动产质押监管合同性质时均结合了具体合同约定的内容进行了分析，即并非单纯根据监管协议的名称来简单认定。就本案而言，《监管协议》中不仅约定了监管人的保管义务，还约定了监管人负有对动态监管中的质物价值和数量变动情况进行监督报告，对监管期间因各种原因致质物短少、损毁、变质、灭失等情形在24小时内及时通知的监督管理义务，故认定本案《监管协议》为委托合同，更符合该协议的内容及性质特征，亦更符合当事人签订协议的目的，进而本案依照委托合同的性质进行法律适用。

---

① 苏斐、段合林：《质押监管协议的性质及质物范围》，载《人民司法》2017年第35期。

②③④ 王富博：《质押监管协议的性质认定及责任裁量》，载《人民法院报》2012年4月11日第7版。

二、明晰——动产质押监管合同中监管人的义务

（一）保管质物的义务

一是根据监管场地的权属确定。如果质物存放在监管人场地，那么监管人责无旁贷地要承担较高的保管义务；如果质物存放在出质人或者第三人场地，且监管人象征性地签订场地租赁协议，那么保管质物的责任主要由出质人或者第三人承担，监管人仅承担与其权利相对应的有限度的保管义务。

二是根据动产质押监管协议约定确定。监管人需要对质权人承担保管义务，三方的特别约定是其义务来源，这是一种独立的义务类型，不同于质权人的法定保管义务。[①] 根据动产质押监管合同的具体约定来确定监管人的保管义务更符合合同目的和当事人的意思表示。就本案而言，《监管协议》约定在监管期间，除不可抗力事件外，由于监管人外运黑龙江分公司未尽到监管责任导致质物变质、短少、受污染的，监管人外运黑龙江分公司承担质权人实际损失的赔偿责任，即本案监管人的保管义务来源是双方约定。

（二）监管义务的履行

在（2016）最高法民申第978号案件中，对于判断监管人是否尽到合理的监管义务具有指导意义。即在出质人强制出货之前监管人已向质权人发出风险警示函，提示监管风险加大，建议将质物移库、增加锁具，其后亦依约多次提示风险并采取应急措施向110报案，足以表明监管人在代质权人履行监管质物过程中尽到了通知和阻止义务，故再审法院对二审法院认定监管人不存在过错予以支持。就本案而言，监管人外运黑龙江分公司在《监管协议》履行前期，基本能够按约定履行监管义务，但从质物库存量在一天内大量减损的不良变动情况看，其又在客观上存在未及时报告质权人光大银行道里支行出质人菊花生物公司违约提货和未采取适当应急措施的行为，故在此种情况下，监管人才要承担相应违约赔偿责任。

（三）监管期间的确定

通过梳理中国裁判文书网关于动产质押监管合同监管期间的约定，可以发现监管期间的终止表述主要包括：监管期间为监管人根据本协议代理质权人控制质物并对质权人承担质物监管责任的时间区段；释放全部质物时监管期间终止；质物被全部提取后监管期间终止；监管协议履行完毕或者解除时监管期间终止。就本案而言，监管期间为监管人外运黑龙江分公司根据《监管协议》

---

① 孙超、景光强：《动产质押中监管人的义务与责任》，载《人民司法》2014年第10期。

代理质权人光大银行道里支行控制质物并对其承担质物监管责任的时间区段。而本案出现了一个特殊情况，即在监管期间尚未终止时，法院查封了质物并以协助执行通知书通知监管人外运黑龙江分公司负责监管查封期间质物，即从该日起监管人外运黑龙江分公司对查封质物的监管责任已由协议约定的监管责任转化为法院指定的监管责任，至此《监管协议》约定的监管期间结束。而监管结束期间的认定，对于监管责任的承担范围亦产生影响。

三、探析——监管人承担责任的归责原则

归责原则，是指基于一定的归责事由而确定责任成立的法律原则，或者说是基于一定的归责事由而确定行为人是否承担责任的法律原则。[①] 在合同法层面，归责原则就是基于一定的归责事由而确定违约责任等能否成立的原则。一是决定着违约责任的构成要件。归责原则不同，则违约责任的构成要件不同。在严格责任原则下，过错不存在于构成要件中；在过错责任原则下，过错是责任构成的核心要件。二是决定着举证证明责任的内容。归责原则不同，则分配给受害人和违约方的举证证明责任不同。在严格责任原则下，只要证明一方当事人未履行合同义务或者履行合同义务不符合约定即可；在过错责任原则下，如果主张违约方承担违约损害赔偿责任，必须证明违约方违约并致自己受损。违约方如果主张其无需承担违约责任，则举证证明自己无过错即可。

（一）一般归责原则之争

我国理论界对于合同法遵循的一般归责原则是严格责任原则还是过错责任原则一直存有争议。有的学者认为，大陆法系关于违约责任一般采取过错责任原则，而且严格责任原则对于当事人是否具有过错不加区分，不利于惩罚有过错行为的当事人，有时难以实现合同正义。有的学者则认为，在《合同法》总则违约责任一章中，第一百零七条规定了违约的基本形态和承担违约责任的种类，即只要当事人违反合同义务，无论是否存在过错，都要承担违约责任。因此，《合同法》明确将严格责任原则作为一般的归责原则予以了规定，违反合同约定时应优先适用严格责任原则。司法实践中，严格责任原则对于合同的履行提供了充分保障，违约责任与违约行为紧密、直接相关，有利于敦促当事人积极履行合同义务，维护合同权威，保护信赖利益，而且一旦发生纠纷，因减轻了守约方的举证责任，故有利于纠纷的快速解决。

笔者亦赞同严格责任原则是合同法的一般归责原则，在发生违约后，原则

---

① 崔建远：《合同责任研究》，吉林大学出版社1992年版，第50页。

上应当先适用严格责任原则，如果法律规定适用过错责任原则，则应适用过错责任原则，且《合同法》分则根据不同的合同类型，对归责原则进行了进一步细化。那么，就动产质押监管合同中监管人的责任而言，首先涉及的是承担责任的性质问题，即监管人是承担严格责任还是过错责任，进而需要判定承担责任的范围是连带责任还是补充赔偿责任。

（二）承担严格责任抑或过错责任

在违反合同约定时，首先要确定法律针对该类合同适用的归责原则是否予以特殊规定。虽然《合同法》分则中关于有名合同的规定是有限的，但就本案而言，如前文所述，已经将案涉《监管协议》的性质认定为委托合同，则按照《合同法》分则委托合同一章中，第四百零六条关于受托人的损害赔偿责任，即“有偿的委托合同，因受托人的过错给委托人造成损失的，委托人可以要求赔偿损失”的规定，本案应以过错责任原则确定监管人是否承担责任，即只有当监管人未按《监管协议》约定履行监管义务，因其过错给委托人造成损失时，其才对相应损失承担赔偿责任。

同时，因涉及根据过错大小确定具体责任分配比例问题，故对于质权人和监管人之间的过错责任还需要进一步加以区分，综合判断监管人的过错程度，结合具体案情综合考量合理确定其最终承担责任的比例。就本案而言，发生监管损失主要系菊花生物公司违约提货所致。光大银行道里支行作为贷款人和质权人，其虽然将质物委托外运黑龙江分公司监管，但其法定义务并未免除，其在知悉质物发生不良变动之后，既未能积极采取有效措施及时督促出质人补货，又未能采取其他有效的维权方式追加质物，对损失的发生亦存在过错，故判令监管人外运黑龙江分公司在质权人损失金额的20%范围内赔偿损失。

（三）承担连带责任抑或补充赔偿责任

司法实践中存在让监管人与出质人承担连带责任的案例，但是大部分案件支持由监管人承担补充赔偿责任的观点，主要争议焦点在于是否可以同时向贷款人、担保人、监管人主张债权，即涉及借款合同、担保合同和动产质押监管合同纠纷能否合并或者分别审理的问题。就本案而言，在本案诉讼之前，质权人（出借人）已经向出质人（借款人）、担保人（第三人）提起了诉讼，但未执行完毕，仅为终结本次执行。此种情况下，质权人又向监管人提起本案的诉讼，故此类案件可以分别审理。

关于监管人承担补充赔偿责任问题，（2018）最高法民再158号案件中有所涉及。该案认为，在质押物监管期间出现短缺，监管人依据《动产质押监管合作协议》的约定承担违约责任，该赔偿责任应当为补充责任而非连带责任。质押监管合同兼具保管合同和委托合同的性质，对于质权人而言，监管人作为其受托人监管质物，仅是帮助质权人实现质权的辅助人，而非质权实现的直接义务人。故在质物短缺、灭失的情况下，应该先由主债务人偿还债务，不足部分由监管人承担补充赔偿责任。就本案而言，监管人外运黑龙江分公司未及时通知光大银行道里支行给其造成损失，应承担实际损失的赔偿责任。但是该赔偿责任相对于本案动产质押所担保的主债务而言，无论从制度功能、行使顺序及责任范围上都具有补充性，是一种补充赔偿责任，即只有在主债务经法院强制执行后仍不能清偿时，监管人外运黑龙江分公司才对不能清偿部分承担赔偿责任。

（**一审法院合议庭成员** 李 娜 张 岩 王丽华
二审法院合议庭成员 才桂平 黄世斌 马 莎
编写人 黑龙江省高级人民法院 周纹婷
责任编辑 李 明
审稿人 曹士兵）

知识产权

江苏现代快报传媒有限公司、江苏现代快报传媒有限公司无锡分公司诉北京字节跳动科技有限公司等侵害信息网络传播权纠纷案

——互联网平台适用“避风港”规则免责的条件

关键词：知识产权　信息网络传播权　互联网平台　“避风港”规则　设链行为

【裁判要旨】

未经权利人许可而将其作品上传至互联网，上传者的行为构成对权利人信息网络传播权的直接侵权，而对被上传作品设链或保持链接的行为，为这种未经许可的传播提供了便利。如果设链者对此明知或应知，其设链行为属于间接侵权。

互联网平台以“避风港”规则主张不承担赔偿责任，需满足以下条件：一是有充分证据证明其仅进行设链行为；二是对链接对象尽到了必要的审查义务，主观上不存在对被控侵权作品的“明知或应知”。互联网平台仅要求合作方提供知识产权权利瑕疵担保不能认定为尽到了必要审查义务。

【相关法条】

《中华人民共和国著作权法》第二条第一款　中国公民、法人或者其他组织的作品，不论是否发表，依照本法享有著作权。

第九条 著作权人包括：

（一）作者；

（二）其他依照本法享有著作权的公民、法人或者其他组织。

第十条第十二项 著作权包括下列人身权和财产权：

（十二）信息网络传播权，即以有线或者无线方式向公众提供作品，使公众可以在其个人选定的时间和地点获得作品的权利；

第四十八条第三项 有下列侵权行为的，应当根据情况，承担停止侵害、消除影响、赔礼道歉、赔偿损失等民事责任；同时损害公共利益的，可以由著作权行政管理部门责令停止侵权行为，没收违法所得，没收、销毁侵权复制品，并可处以罚款；情节严重的，著作权行政管理部门还可以没收主要用于制作侵权复制品的材料、工具、设备等；构成犯罪的，依法追究刑事责任：

（三）未经表演者许可，复制、发行录有其表演的录音录像制品，或者通过信息网络向公众传播其表演的，本法另有规定的除外；

第四十九条 侵犯著作权或者与著作权有关的权利的，侵权人应当按照权利人的实际损失给予赔偿；实际损失难以计算的，可以按照侵权人的违法所得给予赔偿。赔偿数额还应当包括权利人为制止侵权行为所支付的合理开支。

权利人的实际损失或者侵权人的违法所得不能确定的，由人民法院根据侵权行为的情节，判决给予五十万元以下的赔偿。

《最高人民法院关于审理侵害信息网络传播权民事纠纷案件适用法律若干问题的规定》第三条 网络用户、网络服务提供者未经许可，通过信息网络提供权利人享有信息网络传播权的作品、表演、录音录像制品，除法律、行政法规另有规定外，人民法院应当认定其构成侵害信息网络传播权行为。

通过上传到网络服务器、设置共享文件或者利用文件分享软件等方式，将作品、表演、录音录像制品置于信息网络中，使公众能够在个人选定的时间和地点以下载、浏览或者其他方式获得的，人民法院应当认定其实施了前款规定的提供行为。

第六条 原告有初步证据证明网络服务提供者提供了相关作品、表演、录音录像制品，但网络服务提供者能够证明其仅提供网络服务，且无过错的，人民法院不应认定为构成侵权。

【案件索引】

一审：江苏省无锡市中级人民法院（2015）锡知民初字第00219号（2017年7月28日）

二审：江苏省高级人民法院（2018）苏民终588号（2018年10月8日）

【基本案情】

原告现代快报公司、现代快报无锡分公司诉称：原告依法享有《现代快报》无锡地区新闻的著作权。字节跳动科技公司、字节跳动网络公司未经许可，擅自在“今日头条”手机新闻客户端中大量使用两原告享有著作权的6篇新闻作品，超出了著作权合理使用的范围，侵害了两原告的著作权，要求两被告停止侵权、赔礼道歉、赔偿经济损失10万元及合理费用。

被告字节跳动科技公司辩称：（1）涉案文章非著作权法意义上的作品，不受保护；（2）涉案6篇被控侵权作品中，2篇是用户上传，其余4篇系字节跳动科技公司从其他合作方获得授权而链接，依据“避风港”规则，其行为不构成侵权；（3）两原告请求赔偿数额没有依据。请求法院驳回两原告的诉讼请求。

被告字节跳动网络公司辩称：字节跳动网络公司不是本案适格被告，请求法院驳回两原告的诉讼请求。

法院经审理查明：涉案6篇文章均有署名“现代快报记者××”的字样，两原告与涉案记者签订《职务作品创作合同》，确认著作权归属两原告。公证保全内容显示，“今日头条”手机客户端有涉案6篇文章，且内容均一致。字节跳动科技公司提供公证书显示2篇文章由用户上传的后台信息，同时提供其与新浪公司、东方网公司等签订的合同。现代快报无锡分公司为本案支付公证费1000元、律师费9100元。

【裁判结果】

江苏省无锡市中级人民法院于2017年7月28日作出（2015）锡知民初字第00219号民事判决：一、北京字节跳动科技有限公司于本判决生效之日起10日内赔偿江苏现代快报传媒有限公司、江苏现代快报传媒有限公司无锡分公司经济损失10万元；二、北京字节跳动科技有限公司于本判决生效之日起10日内赔偿江苏现代快报传媒有限公司、江苏现代快报传媒有限公司无锡分公司合理费用10100元；三、驳回江苏现代快报传媒有限公司、江苏现代快报传媒有限公司无锡分公司的其他诉讼请求。

宣判后，字节跳动科技公司提起上诉。江苏省高级人民法院于2018年10月8日作出（2018）苏民终588号民事判决：驳回上诉，维持原判。

【裁判理由】

法院生效裁判认为：

1. 涉案6篇文章属于著作权法意义上的作品。涉案的6篇文章文字表达中不仅包含单纯事实情况，还含有以文艺创作手法创作的新闻评论，该表达属于作者的独创性智力劳动，故并非时事新闻。

2. 对于被控侵权作品而言，网络服务提供者能够证明其仅提供网络服务且无过错的，不认定为侵权；在接到权利人通知后及时删除侵权作品，不承担赔偿责任。本案证据可以证明涉案2篇作品系第三方头条号上传，字节跳动科技公司仅提供信息存储空间服务；也没有证据证明字节跳动科技公司明知或应知涉案作品侵权，故在字节跳动科技公司及时删除涉案作品的情况下，其不构成侵权也无需承担赔偿责任。

对于其余4篇文章，字节跳动科技公司现有举证只能证明其与第三方网站存在以链接方式进行作品传播的协议，不能证明其确实仅提供链接服务，也无证据证明用户阅读今日头条客户端中的涉案作品时存在跳转或链接到第三方网站的情形，故不能认定其仅提供链接服务，因此其侵害了该4篇文章的信息网络传播权。

退一步说，即使字节跳动科技公司确实仅提供链接服务，其也不能完全免责。字节跳动科技公司与第三方网站签订的设链协议中要求第三方网站对可设链的内容拥有合法的信息网络传播权，但并未要求网站提供此类合法信息网络传播权所涉权利人的清单列表，而仅在合同中要求网站承担知识产权权利瑕疵担保责任，应认定字节跳动科技公司未尽到相应审查义务。涉案文章在首部标明的作者单位与第三方网站不一致，基于今日头条的信息管理能力，这种明显差异应引起其注意从而通过诸如设置关键词等方式将此类作品进行筛选甄别，现字节跳动科技公司并无证据证明其进行相应操作，故其主观上存在过错，构成应知。另外，字节跳动科技公司还主张这4篇中的2篇系通过新浪网合法授权而链接。但因其提供的授权协议已过期，故不予采纳。

关于赔偿金额，两原告主张法定赔偿，综合考虑今日头条的影响力、传播范围及其主观过错等因素，支持赔偿金额10万元。相应律师费和公证费系为制止侵权所支出的合理费用，予以支持。

【案例注解】

本案涉及新闻评论的作品性质认定、著作权权属判断、“避风港”规则的适用条件、侵害信息网络传播权案件赔偿金额的裁量等多个争议焦点。其中，“避风港”规则是当前互联网络服务提供商最普遍使用的免责抗辩方式，也是本案争议的核心问题。适用“避风港”规则的前提是准确认定被控侵权行为的性质，只有当网络服务提供者存在主观上无过错时，其才可因“避风港”规则而免于赔偿责任。

一、信息网络传播权侵权行为的判断标准

（一）作品提供行为

我国《著作权法》和行政法规对于信息网络传播权的侵权行为的界定逻辑为：先明确权利，再规定侵权行为类型，两者结合确定侵权行为的判断依据。《著作权法》第四十八条第三项、《信息网络传播权保护条例》第十八条第一项均规定未经著作权人许可，通过信息网络向公众传播或提供其作品，构成侵害信息网络传播权的行为。《最高人民法院关于审理侵害信息网络传播权民事纠纷案件适用法律若干问题的规定》（以下简称《信息网络传播司法解释》）第三条第一款进一步重申这一直接侵权行为的构成要件，并在该条第二款对“提供”行为进行细化，列举“通过上传到网络服务器、设置共享文件或者利用文件分享软件”等行为方式，强调互联网技术条件下传播方式具有“交互性”——接受信息一方具有内容、时间、地点的自主选择权，及传播对象具有“特定性”——接受信息的一方是特定的个人的双重特征。

对于提供作品行为，即直接侵权行为的解释和认定，目前司法界和学术界主要有三种标准：服务器标准、用户感知标准和实质呈现标准。

服务器标准是将置于服务器作为构成提供行为的唯一标准，只有当作品以上传或分享等方式置于服务器，才是提供行为。关于“服务器”的认定，有

观点认为应做宽泛理解，指“具有网络传输功能的计算机硬件与软件的结合体”[①]。用户感知标准则认为，服务器是一种技术，而技术本身是中立的，具有不可归责性，判断行为的法律性质不应该单纯以技术为标准。用户感知标准强调在用户使用网站服务的过程中，是否能判断出其浏览的作品为该网站所提供。只要用户认为作品是该网站提供，则不论作品是否在该服务器上，皆应被认定为提供作品的行为。实质呈现标准则是指网络服务商未经许可通过加框链接在自己的网页或客户端软件界面上向公众实质呈现他人的版权作品，属于直接利用他人作品的行为，构成直接侵权。[②]

（二）“避风港”规则

目前，网络服务商即大型互联网平台功能定位主要分为两种，即内容提供商及服务提供者。前者如新浪、搜狐等，本身有各类时事新闻、娱乐内容等的采编权，其自身生产内容并放在网络空间供人浏览；后者如百度网盘，其仅作为大型服务器的所有者，向网络用户提供存储空间等服务，具体的内容实际上是由用户自行上传。网络服务商因其在互联网系统中所处的节点地位、发挥的联通功能，成为信息网络传播重要的相关方，如何界定其侵权责任成为网络著作权保护的核心问题。为平衡著作权人和网络服务提供者的利益，《信息网络传播权保护条例》第二十条至第二十三条规定了网络服务提供者的赔偿责任免除条件，即“避风港”规则。该条例的四个条文均采用了“不承担赔偿责任”的表述，故可以看出，“避风港”规则是一种责任限制，即依法律一般规定，网络服务提供者本应承担民事责任，基于法律特别规定而免除之。适用“避风港”规则的前提条件是网络服务提供者之外的第三人实施了直接侵权行为，实质条件则是网络服务提供者在主观上无过错。

二、“今日头条”设链行为是否构成侵权

（一）深度链接行为是否构成直接侵权

互联网在技术和商业模式方面的发展给著作权法带来了持续的挑战，其中讨论时间最长、争议最大、形式不断翻新的问题就是对提供链接行为的法律定性。[③] 随着互联网技术发展，侵害信息网络传播权的表现形式也随着技术不断发生变化，从最初的直接将作品上传至服务器的1.0模式，发展至其后的深度

① 冯刚：《涉及深度链接的侵害信息网络传播权纠纷问题研究》，载《知识产权》2016年第8期。

② 参见崔国斌：《得意忘形的服务器标准》，载《知识产权》2016年第8期。

③ 冯刚：《涉及深度链接的侵害信息网络传播权纠纷问题研究》，载《知识产权》2016年第8期。

链接的2.0模式，及当下广受讨论的聚合链接的3.0模式。本案中，被告字节跳动科技公司主张“今日头条”仅根据用户提供的关键词对向其开放端口的其他网站内容进行搜索，然后直接跳转至该第三方网站的相关内容页面，其仅提供搜索服务，属于网络服务提供者。

根据字节跳动科技公司的抗辩内容，其行为属于2.0模式的深度链接行为，即从设链网站页面绕过被链网站主页（home page），直接链接到目标网页的链接方式。根据服务器标准，深度链接并不使作品处于网络传播状态，仅使已处于网络传播状态的作品进一步扩大其传播范围，在此情况下，只要深度链接不对所链接的信息和权利人设定的用户获取信息途径或方式做任何更改，则该链接行为仅为用户找到资源提供了方式和渠道，本质上是增加了用户获取权利人享有信息网络传播权的作品的途径，其链接行为不属于作品提供行为，而是网络服务提供行为，故不构成对信息网络传播权的直接侵权。但是，是否属于真实的设链行为，是需要网络服务提供者进行证明的事实。

本案中，字节跳动科技公司所提供的证据不足以证明其仅提供链接服务。首先，字节跳动科技公司提交的公证书中虽然有该4篇文章的后台信息，但是该后台信息显示的URL地址并无与之对应的今日头条客户端页面显示信息予以佐证，也即公证书中涉案4篇文章的后台信息仅为字节跳动科技公司的单方陈述内容，无相应证据予以证明；其次，字节跳动科技公司现有举证只能证明其与第三方网站存在以链接方式进行作品传播的协议，并不能进一步证明其对涉案4篇文章确实仅提供链接服务，而未将涉案文章复制至其服务器中；再次，本案缺乏证据证明用户阅读今日头条客户端中的涉案作品时存在跳转或链接到第三方网站的情形；最后，两原告否认就涉案作品授权与字节跳动科技公司签订协议的第三方网站使用，在此情况下，不能认定“今日头条”仅对涉案文章进行了设链行为。

此外，根据本案的举证情况，笔者向网络服务提供者作出一个提示，在接到权利人的通知后，固然应根据法律规定及时采取删除、屏蔽、断开链接等必要措施，但出于固定证据的目的，应在采取删除措施前先对网页后台及前台的相关情况进行公证，以防止后续诉讼中因无法提供有效证据而导致无法证明设链行为的后果。

（二）网络服务提供者主观状态判断

因为设链行为客观上帮助了作品在信息网络的传播，故对网络服务提供者存在构成间接侵权的可能性,[①] 对其应进行主观状态上“明知或应知”的审查，即只有在网络服务提供者不存在过错的情况下，才可主张免责。《信息网络传播司法解释》第八条第二款规定网络服务提供者无主动审查义务，第三款规定只要网络服务提供者能证明其已采取合理、有效的技术措施仍不能发现侵权行为的，应当认定其不具有过错。第九条则规定了网络服务提供者可能构成主观上的“应知”的七种情形。

主观认知状态的判断不是空中楼阁般的孤立考察，而必须也必然是与行为人的客观能力相结合、相适应的一种法律认定。《信息网络传播司法解释》第九条第一项明确了判断“应知”时要结合网络服务提供者应当具备的管理信息能力。

本案中，字节跳动科技公司提供的江苏网及东方网两家网站的授权许可协议中，均明确可设链转载的内容为两网站“自有版权”的内容。字节跳动科技公司确认“自有版权”为“合法拥有”之意，也即字节跳动科技公司在签订协议时即认为中国江苏网及东方网应对可设链的内容拥有合法的信息网络传播权。作为无内容采编、生产许可的“今日头条”平台，其与该两家网站建立设链许可协议的目的即获取相关的作品内容，在此目的下，字节跳动科技公司应起码要求协议对方提供其拥有合法的信息网络传播权所涉权利人的清单列表，而不能仅在合同中要求协议对方网站承担概括性的知识产权权利瑕疵担保责任。同时，基于字节跳动科技公司的管理信息的能力，其完全有能力也应该在设链行为之初进行相关测试筛选，对于作品来源与作者身份存在明显差异的情况进行核查。

本案中，要求网络平台对于其所提供的内容有符合其信息提供目的、信息管理能力的最基础的预防侵权措施，本身未违反《信息网络传播司法解释》第八条第二款的规定，也有效平衡了著作权人与网络服务提供者之间的义务对等性。

三、网络服务提供者侵权赔偿数额考量因素

关于赔偿数额的确定一直是知识产权案件中的难点，如何把握侵权与赔偿之间的合理尺度，既使权利人的合法利益得到充分、有效保护，杜绝“赢了

---

① 对此，也有文章认为，在存在内容合作关系的情况下，设链方与被链方构成直接的共同侵权，否定设链方可适用“避风港”规则。参见何琼、吕璐：《聚合性平台深层链接侵权问题研究——以设链方与被链方的关系为进路》，载《电子知识产权》2015 年第 10 期。

官司输了钱”的倒挂现象；又尊重互联网环境下网络服务提供者所处的信息网络传播的中枢地位，使其充分发挥为大量分散用户的网络传播行为提供便利条件这一基本功能，避免阻碍技术的发展，是在审理侵害信息网络传播权案件中的考量重点和平衡难点。此种考量的前提依然是充分尊重著作权人的合法权益，以促进创新、促进知识生产为核心。

对传统纸质媒体作品不加区分地随意使用，不但会造成对内容生产者创新积极性的打击，也会导致新型网络平台应对分散、单独的小权利主体的侵权诉讼的风险和成本的增加，从长远看并不利于整个互联网内容变现模式的发展，更不利于对互联网平台“走出去”全球化目标的实现。同时，对于互联网平台而言，获取内容的有效授权并非不可能完成的任务。

本案中，原告未提供其因字节跳动科技公司侵权所受损失及字节跳动科技公司因侵权获利数额，主张法定赔偿。法院综合考虑今日头条作为新闻集合式浏览媒体这一网络平台的特殊性，其受众更多，影响范围更广，涉案文章通过其平台进行网络传播，在传播速度、传播广度上都远大于其他网络渠道，且其个性化推荐的方式对新闻阅读受众产生的影响也相对更大，字节跳动科技公司对此主观上具有一定的过错等因素，支持本案赔偿金额 10 万元。两原告为本案支出律师费和公证费，系为制止侵权所支出的合理费用，也予以支持。

（**一审法院合议庭成员** 李 骏 苏 强 单甜甜
二审法院合议庭成员 魏 明 宋 峰 史 蕾
编写人 江苏省无锡市中级人民法院 单甜甜
责任编辑 宋建宝
审稿人 林广海）

王春兰诉商标评审委员会、第三人童钢商标无效宣告行政纠纷案

——家族非物质文化遗产传承及相应的商业标识保护

关键词：知识产权　老字号　家族非物质文化遗产传承　在先权利

【裁判要旨】

处理家族非物质文化遗产传承及相应的商业标识保护时，应当综合考虑当事人家族技艺的历史传承脉络、民间传统、当地相关政府部门等对有关问题的认定及双方当事人的实际使用情况。与老字号相同或近似的文字被他人注册为商标后，其传承人仍有权正当使用。举重以明轻，与老字号相同或近似的文字被家族内部非物质文化遗产传承人之一注册为商标后，其他传承人仍然有权对该老字号进行正当使用。

【相关法条】

《中华人民共和国商标法》（2001 年修正）第三十一条　申请商标注册不得损害他人现有的在先权利，也不得以不正当手段抢先注册他人已经使用并有一定影响的商标。

《中华人民共和国行政诉讼法》第六十九条　行政行为证据确凿，适用法律、法规正确，符合法定程序的，或者原告申请被告履行法定职责或者给付义务理由不成立的，人民法院判决驳回原告的诉讼请求。

【案件索引】

一审：北京知识产权法院（2015）京知行初字第 6344 号（2016 年 10

月28日）

二审：北京市高级人民法院（2017）京行终1397号（2017年5月24日）

【基本案情】

原告（上诉人）王春兰诉称：（1）王春兰系"童德大"老字号醉蟹制作工艺的代表性传承人，"童德大"是王春兰在先使用并具有一定影响的商标，诉争商标的注册损害了王春兰现有的在先权利，系童钢以不正当手段抢先注册取得，违反了2001年《商标法》第三十一条的规定，应当予以无效宣告。（2）童钢系王春兰的亲属，其理应知晓王春兰自20世纪80年代即经营"童德大"醉蟹的事实，故诉争商标的注册违反了2013年修正的《商标法》第十五条第二款的规定，应当予以无效宣告。（3）诉争商标的注册违反了2001年《商标法》第十条第一款第八项的规定，应当予以无效宣告。（4）王春兰于2012年7月27日申请注册了引证商标，指定使用在第29类"醉蟹（非活）"等商品上，该商标已经商标局初步审定并予以公告。被诉裁定维持诉争商标的注册与引证商标经初步审定并公告的结果，使相同或近似商标在同一种或类似商品上共存，违反了2001年《商标法》的规定，故诉争商标应当予以无效宣告。综上，被诉裁定认定事实不清、适用法律错误，故请求法院依法撤销被诉裁定，责令被告重新作出裁定。

被告（被上诉人）商标评审委员会书面答辩称：被诉裁定认定事实清楚，适用法律正确，审理程序合法，故请求法院判决驳回原告王春兰的诉讼请求。

原审第三人童钢陈述称：（1）"童德大"字号系童氏先祖创建的醉蟹品牌字号，已在童氏家族内部传承600余年，江苏省泰州市、兴化市两级政府的官方资料中均有对"童德大"相关历史的记载。（2）各级地方政府及相关人士出具的证明能够证明童钢系兴化市中堡镇童氏家族"童德大"字号及醉蟹制作工艺第十九代传承人及"童德大"醉蟹作坊继承人的事实。（3）童钢及童氏家族已经对诉争商标进行了在先的广泛使用和宣传，王春兰申请注册"童德大"商标属于以不正当手段抢先注册他人已经使用并有一定影响商标的行为，违反了《商标法》相关规定。被诉裁定认定事实清楚，适用法律正确，审理程序合法，对诉争商标予以维持并无不当，故请求法院判决驳回原告王春兰的诉讼请求。

法院经审理查明：江苏省泰州市兴化市中堡镇，古称中堡庄，又称中庄，中堡镇范围内制作的醉蟹在当地被称为"中庄醉蟹"。2007年5月，江苏省泰州市人民政府、泰州市文化局认定"中庄醉蟹制作技艺"为"泰州市非物质文化遗产”。2010年1月，江苏省泰州市兴化市人民政府、兴化市文化局就“中堡庄童记醉蟹制作工艺”颁发“兴化市非物质文化遗产”证书。2013年1月，兴化市文化广电新闻出版局就“中庄醉蟹制作技艺”向兴化市中堡醉制品厂颁发“兴化市非物质文化遗产生产性保护基地”证书。

诉争商标“童德大”由童钢于2011年8月31日申请注册，于2014年3月14日获准注册，专用权期限至2024年3月13日，核定使用在国际分类第29类的醉蟹（非活）、甲壳动物（非活）、水产罐头、虾酱、鱼翅、虾（非活）、贝壳类动物（非活）、咸蛋、灌装水果、奶茶（以奶为主）商品上。

第536086号“童德大”商标于1989年12月9日申请注册，于1990年12月10日获准注册，专用权期限至2000年12月9日，核定使用在国际分类第29类的醉蟹商品上，权利人为兴化冷冻厂，因到期未续展，该商标已被注销。

引证商标“童德大”由王春兰于2012年7月27日申请注册，于2015年4月7日获准注册，专用权期限至2025年4月6日，核定使用在国际分类第29类的醉蟹（非活）、甲壳动物（非活）、水产罐头、以果蔬为主的零食小吃、腌制蔬菜、咸蛋、干食用菌、精制坚果仁商品上。引证商标的申请日及注册日均晚于诉争商标的申请日。

2014年6月6日，王春兰针对诉争商标向商标评审委员会提出无效宣告请求，其主要理由为：（1）“童德大”牌中庄醉蟹是兴化市特色食品，该产品历史悠久且驰名于国内市场。（2）王春兰系“童德大”醉蟹制作工艺传人，并在先使用“童德大”商标。（3）童钢与王春兰处于同一地区和同一行业，且两人系亲属关系，童钢以不正当手段抢先注册诉争商标具有主观恶意，易造成不良影响。（4）王春兰针对其他与诉争商标类似的商标所提出的异议申请均已获得商标局支持。（5）王春兰申请的引证商标已经获准注册。综上，王春兰请求依据2001年《商标法》第三十一条等规定，对诉争商标予以无效宣告。

王春兰在商标评审阶段提交了如下证据材料：（1）相关媒体对“童德大”醉蟹及王春兰的报道；（2）“童德大”醉蟹产品印模及产品标签图片；（3）相关人员、企业及政府部门出具的证明材料和视频材料；（4）相关商标注册资料；（5）王春兰所获荣誉材料；（6）“童德大”醉蟹的相关宣传图片等材料；（7）在先案件的裁定；（8）其他证据材料。

童钢在商标评审阶段的主要答辩理由为：（1）“童德大”字号系童氏先祖创建的醉蟹品牌字号，已在童氏家族内部传承600余年，童钢系兴化市中堡镇童氏家族“童德大”醉蟹制作工艺第十九代传承人及“童德大”醉蟹作坊继承人。

（2）王春兰非童氏家族直系亲属，其并没有继承“童德大”醉蟹制作工艺，其所提交的证据均缺乏真实性，不能实现其证明目的。（3）童钢在先注册、使用的诉争商标早于王春兰申请注册的引证商标，诉争商标应当予以核准注册。

童钢在商标评审阶段提交了如下主要证据材料：（1）相关媒体报道资料；（2）“童德大”醉蟹产品印模图片；（3）相关人员及政府部门出具的证明材料；（4）相关商标注册资料；（5）所获荣誉材料；（6）王春兰经营企业及其家族成员企业主体资格证据材料；（7）广告合同及宣传图片；（8）销售证据及产品图片资料；（9）相关民事诉讼的资料；（10）其他相关证据材料。

2015 年 10 月 26 日，商标评审委员会作出被诉裁定，原告王春兰不服，于法定期限内向本院提起行政诉讼。

本案诉讼中，原告王春兰补充提交了如下证据材料：（1）显示为兴化市中堡镇人民政府出具的《关于更正我镇出具〈证明〉的说明》；（2）《关于童氏家族经营醉蟹的历史情况的说明》；（3）《证明书》；（4）《兴化非遗》；王春兰欲以此证明其系“童德大”醉蟹制作工艺的传承人，系“童德大”醉蟹的实际经营者。童刚对兴化市中堡镇人民政府出具的《关于更正我镇出具〈证明〉的说明》的真实性不予认可。

本案诉讼中，童刚补充提交了如下证据材料：（1）兴化市、泰州市政府对“童德大”的介绍及书籍《兴化史话》；（2）兴化市公安局中堡镇派出所等政府部门出具的证明文件；（3）相关媒体的报道；（4）相关人员出具的证明；（5）相关荣誉证书；（6）诉争商标的宣传、使用情况的证明材料；（7）相关证人证言及照片等；（8）相关企业的信息查询情况等；（9）其他证据材料。

【裁判结果】

北京知识产权法院于 2016 年 10 月 28 日作出（2015）京知行初字第 6344 号行政判决：驳回原告王春兰的诉讼请求。

王春兰不服原审判决，提起上诉。北京市高级人民法院于 2017 年 5 月 24 日作出（2017）京行终 1397 号行政判决：驳回上诉，维持原判。

【裁判理由】

法院生效裁判认为：根据本案查明的事实，其一，根据王春兰与童钢提交的在案证据显示，王春兰的外曾祖父与童钢的曾祖父系亲生兄弟，“童德大”系王春兰及童钢共同的先辈始创并使用在醉蟹商品上的商标标识，经过童氏家族的历史传承及长期使用，在醉蟹商品上已具有一定影响力。其二，关于王春兰是否系“童德大”醉蟹制作工艺的唯一传承人及该标识的所有人问题。根据王春兰提交的“兴化市非物质文化遗产项目中庄醉蟹制作技艺代表性传承人”相关证据材料、《人民日报》和《新华日报》的相关采访报道、王春兰的工作经历及江苏省粮油食品进出口（集团）公司兴华冷冻厂第536086号商标（已因未续展失效）的注册资料等证据材料，能够证明王春兰系童氏家族成员，传承了童氏家族的醉蟹制作工艺，且曾以其醉蟹制作技艺加入当地公有制企业担任技术指导等职务。但王春兰提交的采访报道及证人证言中提到的其家族醉蟹制作工艺“传女不传男”，缺乏历史传承脉络佐证，且无法合理解释王春兰的外曾祖父与童钢的曾祖父兄弟两人获得技艺传承的来源，在并无其他证据证明王春兰外曾祖父系“童德大”醉蟹制作工艺创始人或者合理解释其在所谓“传女不传男”规则下如何获得技艺传承的情况下，同时考虑到家族传承一般传给同姓子孙的中国民间传统，本案中，虽然王春兰的证据能够证明其传承了家族技艺，但无法认定其系“童德大”醉蟹制作工艺的唯一传承人及该标识的所有人。其三，根据童钢提交的亲属关系证据、兴化市政府门户网站对“童德大”中庄醉蟹的介绍资料、童氏家族所在地居委会及镇人民政府出具的证明材料、童钢生产经营证据等材料能够证明，童钢亦为童氏家族子孙，其夫妻为童氏祖宅作坊的现持有人，童钢正从事着传统工艺醉蟹产品的生产经营。依照前文分析的2001年《商标法》第三十一条规定的“以不正当手段抢先注册他人已经使用并有一定影响的商标”的构成要件，结合本案的事实情况，法院认为，一方面，鉴于商标注册以申请在先为基本原则，童钢在醉蟹等商品上申请注册诉争商标在先，该注册行为符合法律规定。王春兰提交的证据材料不足以证明诉争商标系童钢恶意抢注。另一方面，在处理家族非物质文化遗产传承及相应的商业标识保护问题时，应当综合考虑当事人家族技艺的历史传承脉络、中国民间传统、当地相关政府部门等对有关问题的认定及双方当事人的实际使用情况。本案中，王春兰与童钢均为童氏后人，均具备“童德大”醉蟹制作工艺，在情理上双方当事人在其醉蟹商品上使用“童德大”商标均具有正当性，且不应排除对方的正当使用。同时，其他案外人恶意抢注“童德大”商标等事实亦说明该商标确有注册保护的实际需要。综上，诉争商标的注册并不属于2001年《商标法》第三十一条“以不正当手段抢先注册他人已经使用并有一定影响的商标”所指情形。商标评审委员会的相关认定符合法律规定，本院予以确认。

至于本案审理中折射出的家族非物质文化遗产传承中如何处理注册商标专用权与商标合理使用的冲突问题，虽不属于本案审理范围，但法院认为仍有进一步论述的必要。根据最高人民法院于2016年5月发布的第12批指导性案例58号成都同德福合川桃片有限公司诉重庆市合川区同德福桃片有限公司、余晓华侵害商标权及不正当竞争纠纷案中确立的如下规则：与老字号相同或近似的文字被他人注册为商标后，其传承人仍有权正当使用。举重以明轻，本案中王春兰与童钢均为童氏后人，均具备“童德大”醉蟹制作工艺，当童钢在醉蟹等商品上获准注册诉争商标的情况下，王春兰作为“童德大”醉蟹制作工艺的传承人之一，自然有权对其进行正当使用。

【案例注解】

一、老字号法律地位及其与注册商标相冲突的情形

老字号并非我国知识产权法中的规范法律术语，我国目前亦没有保护老字号的专门法律，对老字号是以企业名称或字号的形式予以保护。根据我国《企业名称登记管理规定》第七条的规定，企业名称应当由以下部分依次组成：字号（亦称商号）、行业或者经营特点、组织形式。企业名称应当冠以企业所在地省（包括自治区、直辖市）或者市（包括州）或者县（包括市辖区）行政区域名称。其中，字号是企业名称的核心部分，系区分不同市场主体的标志。老字号一般是指历史悠久，拥有世代传承的产品、独特的技艺或服务，特殊的经营模式和理念，优质的配套服务、良好的品牌信誉，蕴含了深厚的文化底蕴和民族特色烙印，取得社会广泛认同，具有极高信誉的品牌。[①] 由于老字号的历史积淀，往往意味着蕴涵了更高的商誉和更大的经济利益，代表着更多的竞争优势，往往成为相关利益主体争夺的目标。

商标的基本功能在于标示商品或服务的来源。商标权，通常指商标持有人对已注册商标享有的专有权。我国商标的注册机关是国家商标局，由其统一注册，统一在全国范围内检索，其效力范围及于全国。当前，由于我国现行企业名称登记实行的是“同行业、分级登记”管理制度，即经登记的企业字号在登记地同行业可以排他独占作用，但不能排除同行业不同地域或同地域不同行

① 参见商务部《“中华老字号”认定规范（试行））》第二条。

业的其他企业对该字号的使用。同时，《企业名称登记管理规定》第九条仅明确企业名称不得含有可能对公众造成欺骗或误解的内容和文字，并没有规定与注册商标相同或近似的文字不得登记为字号。因此，在没有恶意的前提下，将他人的注册商标作为企业名称的字号登记使用并不一定违法。① 由于市场主体均为特定商品或服务的提供者，而商标权和企业名称权均属可识别的标识性权利，其在发挥识别商品或服务来源及市场主体来源时发挥的作用是相互辐射、相互渗透的。可以说，商标权和企业名称权在不同程度上均承载着商品销售或服务推销的广告宣传功能，承载着特定市场主体的一定信誉，在不同程度上发挥着商品或者服务质量的保证和监督作用，致使相关消费者将商品或服务的质量与该商品或服务所使用的商标或其生产者的企业名称相联系。因此，不同的市场主体所分别使用的字号与商标文字相同或近似时，便极易导致企业名称权和商标权的冲突问题。实践中，此类案件中的焦点问题通常为在先权利是商标权抑或企业名称权、在后权利的获取及使用是否违反诚实信用原则及是否具有正当性等问题。而在涉及老字号的案件中，由于老字号作为或曾经作为字号的使用时间通常在先，商标经商标局获准注册的时间通常在后，且该获准注册的商标申请注册时是否属于善意以及是否具有正当理由在不同案件中的情形各不相同，故在不同案件中如何根据诚实信用原则妥善处理老字号与商标权的权利冲突、平衡保护各方的合法利益便成为审理涉老字号案件的重点。

通常而言，老字号和商标权的冲突问题主要包括两种情形：其一，基于老字号曾经享有的知名度，其后来被老字号传承人之外的他人注册为商标使用。由于老字号承袭和继承了中华民族优秀的文化传统，其相关品牌、技艺往往是代代相传的，老字号的传承人无论是基于自身经济利益诉求还是基于发扬光大家族传承的品牌和技艺，均具有很大动力去使用老字号开展经营活动，进而与他人的注册商标发生权利冲突。② 其二，基于老字号持续享有的知名度和世代传承的特征，其后来被老字号传承人之一申请注册为商标使用，而其他老字号传承人或声称的传承人亦需要使用老字号继续经营，进而与该传承人持有的注册商标产生权利冲突。上述两种权利冲突情形在侵害商标权民事纠纷及商标行政授权确权行政纠纷中均不罕见。笔者将在下文中结合相关案例对这两种情形展开分析。

---

① 肖艳、游中川：《老字号被他人注册为商标后其传承人仍可正当使用》，载《人民司法・案例》2015 年第 16 期。

② 例如，重庆市高级人民法院（2013）渝高法民终字 292 号民事判决书。

二、商标的注册和使用不得侵害他人的老字号商号权

根据《商标法》第七条规定，申请注册和使用商标，应当遵循诚实信用原则。第九条规定，申请注册的商标，不得与他人在先取得的合法权利相冲突。《最高人民法院关于当前经济形势下知识产权审判服务大局若干问题的意见》（法发〔2009〕23号）第10条规定，审理注册商标与企业名称的权利冲突案件应当遵守诚实信用、维护公平竞争和保护在先权利等原则。因此，保护在先权利原则是处理注册商标与企业名称权利冲突时应当首先考虑的问题。根据国家工商行政管理总局发布的《商标审理标准》第二条“损害他人在先权利审理标准”第（1）项中的规定，本条规定的在先权利是指在诉争商标申请注册日之前已经取得的，除商标权以外的其他权利，包括商号权、著作权、外观设计专利权、姓名权、肖像权等。同时，该条第（2）项对商号权作了界定，将与他人在先登记、使用并具有一定知名度的商号相同或者基本相同的文字申请注册为商标，容易导致相关公众混淆，致使在先商号权人的利益可能受到损害的，应当认定为对他人在先商号权的侵犯，诉争商标应当不予核准注册或者予以撤销。上述《商标审理标准》中的商号即为字号。因此，具有一定知名度的字号包括老字号属于他人在先取得的权利，他人申请注册商标不得与其相冲突。一旦产生冲突，则优先保护在先登记或使用的字号。即当老字号的权利人或利害关系人对诉争商标的注册申请提出异议或无效宣告的情况下，对其不予核准注册或宣告无效。例如，在“宝庆尚品”商标行政争议案件中，[①]宝庆公司系引证商标“寶慶”商标的权利人，该商标曾连续18年被评定为“江苏省著名商标”，且系中华老字号，具有广泛的知名度及持续受保护的记录。宝庆尚品公司从他人处受让取得诉争商标“宝庆尚品”，宝庆公司以诉争商标的注册违反了修改前《商标法》第二十八条的规定为由对其提起撤销请求，该案历经一审、二审和再审程序。最高人民法院在再审裁定中认为，诉争商标“宝庆尚品”完整包含了引证商标“寶慶”二字，虽然引证商标系中文繁体字，但在中文语境下，简体、繁体的“宝庆”仍应视为相同。引证商标系具有一定知名度和影响力的老字号商标，诉争商标“宝庆尚品”一词可视为对引证商标“寶慶”的进一步修饰或细分限定，诉争商标与引证商标仍具有基本相同的含义和指向。两者使用在相同或类似商品上容易使相关公众认为属于系列商标，进而在购买、识别商品时对商品来源产生混淆、误认，并据此

---

① 参见最高人民法院（2016）最高法行申2910号行政裁定书。

对诉争商标予以无效宣告。

如权利人的在先商号包括老字号被他人注册为商标的情况下，权利人可以以侵害企业名称权或商号权为由请求禁止在后注册商标的使用。根据《最高人民法院关于审理注册商标、企业名称与在先权利冲突的民事纠纷案件若干问题的规定》第一条的规定，原告以他人注册商标使用的文字、图形等侵犯其著作权、外观设计专利权、企业名称权等在先权利为由提起诉讼，符合《民事诉讼法》相关规定的，法院应当受理。这意味着，如果他人的注册商标侵害了权利人的在先商号权包括老字号权利，在先商号权人包括老字号权利人并非必须通过行政授权确权程序请求宣告该商标无效，而可以直接提起民事诉讼，法院亦有权在该民事诉讼中直接判决禁止侵权人对其注册商标的使用。例如，在最高人民法院提审的“正野”一案中①认为，经商业使用，高明市正野电器实业有限公司及其前身的“正野”字号及相关产品，已有一定的市场知名度，为相关公众所知悉。被告顺德市光大企业集团有限公司将其“正野ZHENG YE”注册商标许可被告顺德正野电器有限公司使用，生产经营家用电风扇、插头插座等；被告顺德正野电器有限公司在其生产的开关插座的宣传资料、经销场所、价目表、包装盒等的显著位置上使用“正野 ZHENG YE”字样。两被告使用“正野 ZHENG YE”商标的行为，足以使相关公众对商品的来源产生误认，侵犯高明市正野电器实业有限公司在先的“正野”字号权益，构成不正当竞争，并据此判决顺德市光大企业集团有限公司、顺德正野电器有限公司停止使用已在第9类“插座”等商品上注册的“正野 ZHENGYE”商标。

三、符合法定保护要件的老字号可以作为“他人已经使用并有一定影响”的未注册商标获得保护

《商标法》第三十二条后半段规定，申请商标注册不得以不正当手段抢先注册他人已经使用并有一定影响的商标。通常认为，该条规定的“以不正当手段抢先注册他人已经使用并有一定影响的商标”的构成要件包括：（1）在先商标已经使用并有一定影响。“已经使用”是对未注册商标提供法律保护的最基本前提；“有一定影响”是指该未注册商标在一定地域范围内为一定范围内的相关消费者所知晓。“已经使用”“一定影响”等事实的判断应当结合案情，并根据该商标使用的持续时间和地理范围及广告宣传的时间、方式、程度、地理范围等因素予以综合考虑。（2）诉争商标与在先商标相同或近似。（3）诉

① 参见最高人民法院（2008）民提字第36号民事判决书。

争商标核定使用的商品与在先商标指定使用的商品相同或类似，诉争商标的注册可能造成相关消费者的混淆或误认。混淆或误认可能性的判定应综合考虑在先商标的知名度、诉争商标核定使用商品与无效宣告请求人所属行业或者经营范围的关联程度等因素。（4）诉争商标申请人具有以不正当手段抢先注册在先使用人商标的意图。《商标法》第三十二条规定的“不正当手段”即恶意，存在于当事人的内心中，除非当事人明确承认，一般是不为外界所知的。但恶意的目的又是通过具体的、外在的行为和事实表现出来的，而行为和事实是一种客观存在，是可以感知的。由于客观的行为和事实推断主观的目的，符合一般的认知规律。因此，一般情况下，通过诉争商标申请人的客观行为是可以判断其是否具有主观恶意的。[①] 另外，如果在先商标具有一定的影响力，诉争商标申请人知道也可以推定为不正当竞争手段。

因此，老字号除了可以作为企业名称权或商号权获得在先权利保护之外，其如果在诉争商标申请日之前经过长期、持续使用已经具有一定知名度，则在诉争商标与该老字号标识相同或近似的情形下，在诉争商标核定使用的商品与该老字号经营的商品相同或类似的范围内，老字号的权利人或利害关系人针对他人为攀附其老字号商誉而申请注册诉争商标、意图造成相关消费者混淆或误认之行为，有权依据《商标法》第三十二条后半段对该诉争商标的申请注册提出异议或对其予以无效宣告。

事实上，老字号无论是作为在先商号权获得保护，还是作为“已经使用并有一定影响的商标”的未注册商标获得保护，均需具备一个共同的前提条件，即该老字号应当在先已具有一定知名度，他人此后将与其相同或近似的标识作为商标进行注册或使用易引起相关消费者的混淆或误认。因此，老字号如果在历史上曾经具有一定知名度，但后来由于各种原因曾中断使用较长时间致使其知名度已经不能延续至今的，则由于该在先权利现已不复存在，他人此后将其申请注册为商标并进行使用，不会造成相关公众的混淆或误认，则并不违反《商标法》第三十二条后半段的规定。例如，在“同德福”商标争议行政纠纷案件中，[②] 成都同德福公司申请注册了“同德福 TONGDEFU 及图”商标（诉争商标），核定使用在糕点、桃片（糕点）等商品上。余晓华主张“同德福”是其先辈创立并经长期使用具有较高知名度的老字号，在桃片商品上具有

---

① 徐晓建：《〈商标法〉对“在先商号权”与“在先使用并具有一定影响商标”的保护——第3839502号“耀华商厦”商标异议复审案评析》，载《中华商标》2015年第1期。

② 参见最高人民法院（2013）知行字第80号行政裁定书。

较高知名度，“同德福 TONGDEFU 及图”商标的注册构成修改前《商标法》第三十一条后半段规定的“以不正当手段抢先注册他人已经使用并有一定影响的商标”之情形，应当予以撤销。该案历经一审、二审及再审程序。最高人民法院在再审裁定中认为，“同德福”商号确曾在余晓华先辈的经营下获得了较好的发展，于20世纪20年代至50年代期间，在四川地区于桃片商品上积累了一定的商誉，形成了较高的知名度。但自1956年起至争议商标的申请日，作为一个商业标识的“同德福”停止使用近半个世纪的时间。在这种情况下，即使余氏家族曾经在先将“同德福”作为商业标识使用，但至诉争商标的申请日，在没有相反证据的情况下，因长期停止使用，“同德福”已经不具备《商标法》第三十一条所规定的未注册商标的知名度和影响力，不构成“在先使用并有一定影响的商标”。虽然余晓华自2002年又开始使用“同德福”作为字号，成立了同德福桃片厂，但该行为的发生已经晚于诉争商标的申请日。在成都同德福公司已经在先注册并实际使用诉争商标，余晓华对此又不享有任何在先权益的情况下，不能以其在后的使用行为对抗第三人已经合法形成的注册商标专用权。成都同德福公司注册争议商标的行为，不构成抢注他人在先使用并有一定影响的商标，亦未违反诚实信用原则，据此对诉争商标予以维持注册。

四、老字号被某一传承人注册为商标不影响其他传承人的正当使用

如前文所述，即使老字号曾经具有一定知名度，但后来因故中断使用较长时间的，因已不存在现有的在先权利，则可能导致该老字号被他人注册为商标。此种情况下，由于老字号注册商标权人对该商标享有专用权，老字号的后辈传承人是否有权继续使用该“老字号”对其家族历史上使用的品牌、技艺进行传承曾存在争议。根据《商标法》第五十八条规定，将他人注册商标、未注册的驰名商标作为企业名称中的字号使用，误导公众，构成不正当竞争行为的，依照反不正当竞争法处理。《最高人民法院关于审理商标民事纠纷案件适用法律若干问题的解释》第一条第一项规定，将与他人注册商标相同或者相近似的文字作为企业的字号在相同或类似商品上突出使用，容易使相关公众产生误认的，属于《商标法》第五十二条第五项（修改前《商标法》第五十二条第五项对应现行《商标法》第五十七条第七项）规定的给他人的注册商标专用权造成其他损害的行为。因此，将他人注册商标作为企业字号登记使用时，企业字号能否继续使用，关键在于其是否构成不正当竞争及是否侵犯他人商标专用权。即重点要审查企业登记与他人注册商标相同或相似的字号时，是

否违背公平竞争和诚实信用的基本原则，是否有攀附他人注册商标的故意，是否使他人对市场主体及其商品或服务来源混淆以及其是否在相同或类似商品上对商标文字进行突出使用。① 在最高人民法院于2016年5月发布的第12批指导性案例58号成都同德福合川桃片有限公司诉重庆市合川区同德福桃片有限公司、余晓华侵害商标权及不正当竞争纠纷案②中确立了如下规则：在老字号中断经营期间，与该老字号相同或近似的文字被他人注册为商标，老字号传承人将老字号作为企业名称或字号经营使用，只要不违反诚实信用原则、未引人误认且未突出使用该字号的，不构成侵犯注册商标专用权或不正当竞争。但与老字号无历史渊源的商标注册人，以老字号的历史进行宣传的，构成不正当竞争。因该案属于最高人民法院公布的指导性案例，其确定的相应规则对此后同类案件的审理具有重要的指导作用。根据该案确立的上述规则，与老字号相同或近似的文字被他人注册为商标后，其传承人仍有权正当使用。举重以明轻，在处理家族内部非物质文化遗产传承人之间因老字号商标的注册和使用问题产生的争议时，考虑到当事人家族技艺及老字号的历史传承往往经历数代乃至十余代，传承人往往人数较多，且可能分布在不同的地理区域，该老字号通常不应当被某一传承人所垄断宣传和使用，这不仅不符合公平原则，也不利于我国非物质文化遗产的保护和传承。因此，在此类案件的审理中，法院应当充分考量家族内部不同传承人对老字号标识的实际使用情况，原则上即使某一传承人已将该老字号注册为商标，其他传承人在不违反诚实信用原则的前提下，亦有权正当使用该老字号。在笔者承办的“童德大”商标无效宣告行政纠纷案中即采取了该观点。该案件中，由于王春兰与童钢均为童氏后人，均具备“童德大”醉蟹制作工艺，在情理上双方当事人在其醉蟹商品上使用“童德大”商标均具有正当性。因此，当童钢在醉蟹等商品上获准注册诉争商标的情况下，王春兰作为“童德大”醉蟹制作工艺的传承人之一，自然有权对其进行正当使用。

（**一审法院合议庭成员** 刘义军 蒋莉莉 李红冰
二审法院合议庭成员 周 波 俞惠斌 苏志甫
编写人 北京知识产权法院 刘义军
责任编辑 宋建宝
审稿人 林广海）

① 肖艳、游中川：《老字号被他人注册为商标后其传承人仍可正当使用》，载《人民司法·案例》2015年第16期。

② 重庆市高级人民法院（2013）渝高法民终字292号民事判决书。

浙江领尚美居家居有限公司诉上海市宝山区美裕丰家具经营部、广东臻品荟家居有限公司侵害外观设计专利权纠纷案

——创新贡献程度对外观设计专利侵权认定的影响

关键词：知识产权　外观设计专利　整体视觉效果　创新贡献程度

【裁判要旨】

1. 外观设计专利权的保护范围和强度应当与该专利的创新贡献程度相协调。创新程度高的外观设计专利，保护范围较大，保护强度较高；反之，则较低。在侵权认定中，判断授权外观设计与被诉侵权设计的区别设计特征对整体视觉效果的影响是否达到实质性差异的程度时，应根据授权外观设计的创新程度，考虑授权外观设计区别于现有设计的设计特征及其对整体视觉效果的影响进行认定。

2. 对于与现有设计有显著差异、创新程度较高的授权外观设计，即使被诉侵权设计与授权外观设计在某些方面有较为明显的区别，但如果被诉侵权设计与授权外观设计区别于现有设计的设计特征基本相同，且该区别设计特征对整体视觉效果更具显著影响，即被诉侵权设计具备了授权外观设计独特的设计风格及主要的设计特征，则应当认定被诉侵权设计与授权外观设计构成近似。

【相关法条】

《最高人民法院关于审理侵犯专利权纠纷案件应用法律若干问题的解释》

第十条　人民法院应当以外观设计专利产品的一般消费者的知识水平和认知能力，判断外观设计是否相同或者近似。

第十一条 人民法院认定外观设计是否相同或者近似时，应当根据授权外观设计、被诉侵权设计的设计特征，以外观设计的整体视觉效果进行综合判断；对于主要由技术功能决定的设计特征以及对整体视觉效果不产生影响的产品的材料、内部结构等特征，应当不予考虑。

下列情形，通常对外观设计的整体视觉效果更具有影响：

（一）产品正常使用时容易被直接观察到的部位相对于其他部位；

（二）授权外观设计区别于现有设计的设计特征相对于授权外观设计的其他设计特征。

被诉侵权设计与授权外观设计在整体视觉效果上无差异的，人民法院应当认定两者相同；在整体视觉效果上无实质性差异的，应当认定两者近似。

【案件索引】

一审：上海知识产权法院（2017）沪73民初257号（2018年4月12日）

二审：上海市高级人民法院（2018）沪民终310号（2018年9月3日）

【基本案情】

原告领尚美居公司诉称：原告于2015年9月2日向国家知识产权局申请了名称为“单椅（花好月圆）”的外观设计专利，并于2015年12月23日获得授权，专利号为ZL201530337368.2。2017年1月，原告发现被告美裕丰家具经营部销售的由被告臻品荟公司生产的“江南别院”牌椅子与其外观设计专利极为相似，认为两被告为生产经营目的制造、销售的行为属于专利侵权行为。请求法院：（1）判令被告美裕丰家具经营部停止销售，被告臻品荟公司停止制造、销售侵犯其名称为“单椅（花好月圆）”的外观设计专利权产品的行为；（2）判令两被告赔偿原告经济损失100万元；（3）判令两被告支付原告家具购买费12000元；（4）判令两被告支付原告公证费8000元；（5）判令两被告支付原告为诉讼支出的律师费20万元。审理中，原告明确被告美裕丰家具经营部就其销售行为承担赔偿责任，被告臻品荟公司仅就被告美裕丰家具经营部销售的产品承担制造、销售的赔偿责任。

被告美裕丰家具经营部辩称：（1）其与被告臻品荟公司确实存在业务往来，但被诉侵权产品并非从臻品荟公司处购买，而是向其他厂家采购；（2）美裕丰家具经营部不知道被诉侵权产品申请了专利，主观上没有恶意；（3）被诉侵权产品与涉案专利不相同也不近似，不构成侵权；（4）美裕丰家具经营部是一个个体工商户，注册资本少，经营时间也不长，被诉侵权产品只售出了一个，原告主张的经济损失100万元过高，其主张的20万元律师费亦过高，不属于合理支出，12000元家具购买费与8000元公证费应由原告自行承担。

被告臻品荟公司辩称：被诉侵权产品并非其出售给被告美裕丰家具经营部的，其他意见同美裕丰家具经营部的意见。

法院经审理查明：原告是名称为“单椅（花好月圆）”的外观设计专利的专利权人，专利号为ZL201530337368.2，申请日为2015年9月2日，授权公告日为2015年12月23日，目前处于有效状态。该授权外观设计（参见附图）主要由椅背、椅座、扶手、椅垫、椅腿、支撑筋组成。椅背整体呈月亮门状；正中间有一垂直且上下等宽的实心结构，该实心结构下方位置略向前突出，且靠近椅座近三分之一处有一镂空近似如意的图案；椅背除边缘及实心结构外的其他部分呈镂空状。扶手与椅背近二分之一圆处相接，椅座与椅背近四分之一圆处相接。椅座前后呈下凹弧状，左右呈水平状；椅座后部椅背外侧有内凹设计；椅座上有大红色椅垫，椅垫被均匀分割成5个矩形。椅座两侧有扶手，扶手前宽后窄，与地面平行；扶手支撑筋与四条椅腿呈直线状，且同角度略向外倾斜。椅座下方近三分之一处共有四条支撑筋，前后两条分别与椅腿相接，呈下凹弧形；左右两条分别与前后的支撑筋相接，呈水平状。授权外观设计除椅垫外其余部分均呈深黑色。专利简要说明记载，设计要点在于形状；立体图1是最能表明设计要点的图片；请求保护的外观设计包含色彩。

2017年5月22日，国家知识产权局依原告请求就涉案专利出具了评价报告，检索到现有设计10篇，作出“全部外观设计未发现存在不符合授予专利权条件的缺陷”的初步结论。经比对，检索到的10个现有设计与授权外观设计在整体风格、椅背、椅座、扶手以及支撑筋的形状、大小及比例关系等方面均有显著差异。评价报告认为，涉案专利与现有设计无论在整体形状还是具体部位的设计均存在很大差别，如椅背、椅座、扶手以及支撑筋的形状等，其设计多样、风格迥异，上述区别点对外观设计的整体视觉效果具有显著影响，因此，涉案专利与现有设计之间具有显著差异。

2017年1月24日，原告的委托代理人在上海市嘉松中路5369号上海吉盛伟邦家具村新中式馆·红木馆内一家字号为“江南别院”的店铺内购买了椅子一张，即被诉侵权产品，该产品上标有“江南别院”的商标。收款凭证记载被诉侵权产品的单价为12880元，产品宣传册标有“广东臻品荟家居有限公司荣誉出品”的字样，并印有被诉侵权产品图片。浙江省杭州市西湖公证处对上述过程出具了（2017）浙杭西证民字第1451号公证书。原告为本案支出了公证费8000元，家具购买费12000元。庭审中，美裕丰家具经营部确认被诉侵权产品由其销售。

被诉侵权设计（参见附图）主要由椅背、椅座、扶手、椅垫、椅腿、支撑筋组成。椅背整体呈月亮门状；正中间有一垂直且上下等宽的镂空的5条长条形结构，中间的三条呈原木色，两边的两条呈深黑色；该镂空的长条形结构下方位置略向前突出。扶手与椅背近二分之一圆处相接，椅座与椅背近四分之一圆处相接。椅座前后呈下凹弧状，左右呈水平状；椅座上有明黄色椅垫，椅垫被均匀分割成8个矩形。椅座两侧有扶手，扶手前宽后窄，与地面平行；靠近椅背处宽度迅速收缩与椅背圆形边框等宽相交；扶手支撑筋与四条椅腿呈直线状，且同角度略向外倾斜。椅座下方近三分之一处共有四条支撑筋，前后两条分别与椅腿相接，呈下凹弧形；左右两条分别与前后的支撑筋相接，呈水平状。四个椅脚下端各有金黄色包饰。除椅垫、椅背中央的三条竖直条文及椅脚下端包饰外，其余部分均为深黑色。

经比对，被诉侵权设计与授权外观设计在整体形状、椅背形状、椅座形状、扶手与椅腿的连接方式、椅腿形状、支撑筋的分布与形状、整体颜色等方面基本相同。具体体现在：（1）两者均主要由椅背、椅座、扶手、椅垫、椅腿、支撑筋组成，且各部分大小、比例关系基本相同；（2）椅背整体呈月亮门状，除中间垂直倚靠结构外，其余均呈镂空圆形；扶手与椅背近二分之一圆处相接，椅座与椅背近四分之一圆处相接；（3）椅背正中间均有一上下等宽的垂直设计，且于下方相同位置处略向前突出；（4）椅座前后均呈下凹弧状，左右呈水平状；（5）椅座上均有椅垫，椅垫均被横向均匀分割成若干矩形；（6）椅座两侧的扶手均前宽后窄，与地面平行；（7）扶手支撑筋均与四条椅腿呈直线状，且同角度略向外倾斜；（8）椅座下方近三分之一处均有四条支撑筋，前后两条分别与椅腿相接，呈下凹弧形；左右两条分别与前后的支撑筋相接，呈水平状；（9）主体结构均为深黑色。区别点主要在于：（1）授权外观设计的椅背中间为深黑色实心结构，上有一镂空的近似如意的图案；而被诉侵权设计椅背中间为5条垂直长条形结构，中间三条为原木色。（2）授权外观设计的椅背边框的圆形直接与椅座相接；而被诉侵权设计的椅背边框的圆形与椅座相接处有一长度较短的垂直设计。（3）授权外观设计椅座后部有内凹设计；而被诉侵权设计的椅座后部平直，没有内凹设计。（4）授权外观设计的椅垫为大红色，被均匀分割成5个矩形；而被诉侵权设计的椅垫为明黄色，被均匀分割成8个矩形。（5）授权外观设计椅脚下端没有包饰；而被诉侵权设计的椅脚下端有金黄色包饰。(6) 授权外观设计的扶手逐渐收缩与椅背圆形边框等宽;而被诉侵权设计的扶手靠近椅背处宽度迅速收缩与椅背圆形边框等宽相交。

另查明,臻品荟公司曾于2016年4月1日申请注册“江南别院”商标,商标状态为“申请被驳回、不予受理等,该商标已失效”。

原告提供了委托代理合同、20万元代理费发票及电子回单。

【裁判结果】

上海知识产权法院于2018年4月12日作出(2017)沪73民初257号民事判决:一、被告美裕丰家具经营部于本判决生效之日起立即停止销售侵犯原告领尚美居公司ZL201530337368.2号外观设计专利权产品的行为;二、被告广东臻品荟家居有限公司于本判决生效之日起立即停止制造、销售侵犯原告领尚美居公司ZL201530337368.2号外观设计专利权产品的行为;三、被告美裕丰家具经营部、被告广东臻品荟家居有限公司于本判决生效之日起10日内连带赔偿原告领尚美居公司经济损失20万元及制止侵权的合理费用5万元;四、驳回原告领尚美居公司的其余诉讼请求。

宣判后,广东臻品荟家居有限公司提出上诉。上海市高级人民法院于2018年9月3日作出(2018)沪民终310号民事判决:驳回上诉,维持原判。

【裁判理由】

法院生效裁判认为:授权外观设计与被诉侵权设计在两边镂空中间垂直倚靠结构的圆形月亮门椅背、下凹弧形的椅座、支撑筋、椅座、扶手、椅垫、椅腿及支撑筋的基本形状、大小、比例关系、整体颜色等设计特征上基本相同,可以认定两者在整体设计风格及主要设计特征上构成近似。同时,两者在椅背结构、椅背与椅座的连接部分、椅座后部、椅垫椅背颜色、扶手、椅脚等部分,在整体视觉效果上存在一定差异,但上述差异有的位于椅子背面、有的属于细微差别、有的属于面积很小,均系一般消费者不易观察到的部位,对整体视觉效果的影响极其有限;被诉侵权设计虽然椅垫颜色以及椅背中央原木色垂直长条结构处于消费者容易观察到的部位、色彩区别明显,但涉案专利评价报告显示,授权外观设计与现有设计主要是在整体风格、椅背、椅座、扶手以及支撑筋的形状、大小及比例关系等方面存在显著差异,即上述授权外观设计与现有设计的区别设计特征相对于授权外观设计的椅垫颜色、椅背中央原木色特征在整体视觉效果上更具有影响，即椅垫色彩、椅背中央原木色彩的差异对于整体视觉效果未产生实质性影响。因此，涉案侵权设计在外观上与授权外观设计不具有实质性差异。

【案例注解】

一、外观设计专利权保护的立法宗旨及创新贡献程度对外观设计专利权保护的影响

保护和鼓励技术的创新是我国《专利法》的立法宗旨之一[①]。在我国，外观设计专利作为专利类型的一种，受《专利法》调整。就外观设计专利而言，外观设计之所以能够受到保护，是因为设计人设计的产品外观具有美感，从而给消费者带来了美的享受，通过消费者对其喜爱商品的购买，使设计者的设计创新得到了市场的回报，收回进行设计创新所进行的投入，甚至获得丰厚的利润，以激励其进行更多的创新。[②] 可见，对外观设计专利保护的立法宗旨与目的也正是在于保护和鼓励设计创新。

《专利法》的立法目的和宗旨统领着整部法律的具体适用，是法院案件裁判的价值取向和追求。基于保护与鼓励设计创新的立法宗旨与目的，授权外观设计区别于现有设计的设计特征越多，创新贡献程度则越高，应当获得更加有力的保护。相对应的，在外观设计专利侵权认定中，需要充分考虑授权外观设计的创新贡献程度高，在近似性认定时，即判断被诉侵权设计与授权外观设计是否构成实质性相似时，应当做到授权外观设计专利权的保护范围和强度应当与该外观设计的创新性贡献程度相协调。其中，创新贡献程度高的外观设计专利，保护范围较大，保护强度较高；反之，则保护较低。本案中，授权外观设计系名称为“花好月圆”的单椅，根据原告提交的外观设计专利权评价报告，授权外观设计与现有设计相比，主要是在整体风格、椅背、椅座、扶手以及支撑筋的形状、大小及比例关系等方面均存在显著差异。可见，授权外观设计的创新贡献程度较高，相对应地，法律对其保护的范围较大，保护强度较高。

---

① 《专利法》第一条规定：为了保护专利权人的合法权益，鼓励发明创造，推动发明创造的应用，提高创新能力，促进科学技术进步和经济社会发展，制定本法。

② 参见张广良：《试论外观设计专利新颖性判断》，载《人民司法·应用》2009 年第 5 期。

二、外观设计专利侵权判定的审理思路

《最高人民法院关于审理侵犯专利权纠纷案件应用法律若干问题的解释》确立“整体观察、综合判断”规则，即外观设计近似的判断应以外观设计专利产品的一般消费者的知识水平和认知能力，根据授权外观设计、被诉侵权设计的设计特征，以外观设计的整体视觉效果进行综合判断。被诉侵权设计与授权外观设计在整体视觉效果上无差异的，人民法院应当认定两者相同；在整体视觉效果上无实质性差异的，应当认定两者近似。在认定两者在整体视觉效果上是否具有实质性差异时，既要考虑两者的相同或相似之处，也要考虑两者的差异之处，权衡考虑、综合判断。① 在具体的判断中，产品正常使用时容易被直接观察到的部位相对于其他部位、授权外观设计区别于现有设计的设计特征相对于授权外观设计的其他设计特征通常对外观设计的整体视觉效果更具有影响。

本案中，经比对，授权外观设计与被诉侵权设计的相同设计特征主要体现在：两边镂空、中间垂直倚靠结构的圆形月亮门椅背、下凹弧形的椅座、支撑筋及椅背、椅座、扶手、椅垫、椅腿及支撑筋的基本形状、大小、比例关系、整体颜色等。这些相同设计特征在整体上确定了授权外观设计的独特的设计风格。就区别设计特征而言，二者的垂直连接段、座后部内凹设计、金黄色包饰、扶手宽窄的比例差异，或位于一般消费者不易观察到的部位、或属于细微局部差别、或其差异不明显。上述区别特征对于整体视觉效果影响有限，不足以影响整体视觉效果。然而，二者的椅垫和椅背中央倚靠位置，则因椅垫所占的面积较大，椅背中央倚靠位置亦处于消费者容易观察到的部位，依据上述侵权判断规则，该些设计特征对整体视觉效果亦有相当程度的影响。

结合外观设计专利保护的立法宗旨以及授权外观设计的创新贡献程度，本案中，虽然椅背中央倚靠位置的原木色垂直长条结构及椅垫色彩及矩形数量的差异对整体视觉效果有相当程度的影响，但是，在授权外观设计与现有设计相比存在显著差异，考虑到椅背整体结构及形状，椅背中间倚靠结构的位置、大小及其前突的位置、弧度，椅背与扶手、椅座的大小比例关系及连接位置等区别于现有设计的设计特征基本相同的情况，可以认定椅背中央倚靠位置的原木色垂直长条结构及椅垫色彩及矩形数量的差异对于整体视觉效果未产生实质性影响，即授权外观设计与现有设计的区别设计特征相对于授权外观设计的椅垫

① 参见尹新天主编：《中国专利法详解》，知识产权出版社2018年版，第490页。

颜色、椅背中央原木色特征在整体视觉效果上更具有影响。据此，可以认定被诉侵权设计与授权外观设计构成近似，落入授权外观设计的保护范围。

附图：

立体图1

立体图2

授权外观设计

被诉侵权设计

（**一审法院合议庭成员**　徐　飞　胡　宓　汤洪波
二审法院合议庭成员　张本勇　徐卓斌　陶　冶
编写人　上海知识产权法院　徐　飞　姜琳浩
责任编辑　宋建宝
审稿人　林广海）

北京一得阁墨业有限责任公司诉湘潭县易俗河镇自由畅想办公文具店侵害商标权纠纷案

——商标侵权系列案中重复起诉的认定

关键词：知识产权　商标侵权　重复诉讼　诉讼标的　识别

【裁判要旨】

诉请保护的商标、商品种类、被诉侵权标识均具有同一性的，可以认定为同一商标侵权诉讼标的，商品型号和商品系列不构成判断诉讼标的的要素。

原告基于同一商标权，针对同一销售者所销售的使用相同标识的同一类商品的不同商品型号或商品系列分别提起诉讼的，后诉系重复起诉。

【相关法条】

《中华人民共和国商标法》第五十七条第一项、第二项　有下列行为之一的，均属侵犯注册商标专用权：

（一）未经商标注册人的许可，在同一种商品上使用与其注册商标相同的商标的；

（二）未经商标注册人的许可，在同一种商品上使用与其注册商标近似的商标，或者在类似商品上使用与其注册商标相同或者近似的商标，容易导致混淆的；

《最高人民法院关于适用〈中华人民共和国民事诉讼法〉的解释》第二百四十七条　当事人就已经提起诉讼的事项在诉讼过程中或者裁判生效后再次起诉，同时符合下列条件的，构成重复起诉：

（一）后诉与前诉的当事人相同；

（二）后诉与前诉的诉讼标的相同；

（三）后诉与前诉的诉讼请求相同，或者后诉的诉讼请求实质上否定前诉裁判结果。

当事人重复起诉的，裁定不予受理；已经受理的，裁定驳回起诉，但法律、司法解释另有规定的除外。

【案件索引】

一审：湖南省湘潭市中级人民法院（2018）湘03民初283号（2018年10月17日）

二审：湖南省高级人民法院（2018）湘民终920号（2019年3月5日）

【基本案情】

原告一得阁公司诉称：北京一得阁始建于清朝同治四年（1865年），距今有154年历史，以墨汁闻名。一得阁公司的“”和“”商标经过长期使用和推广，获得较高知名度。被告自由畅想文具店销售假冒“一得阁”品牌的墨汁侵害了一得阁公司的商标权。请求判令被告：（1）立即停止销售侵权商品；（2）赔偿经济损失7000元及合理费用3000元。

被告自由畅想文具店辩称：（1）自由畅想文具店无主观过错。（2）原告提供的公证书属于异地公证，且在被告不知情的情况下取证，属于程序违法，不应采信，公证书不能证明购买行为。（3）侵权商品数量小、金额不大，不应赔偿。请求法院驳回原告的诉讼请求。

法院经审理查明：一得阁公司于1984年6月30日获第209837号“”文字商标核准注册，核定使用商品为第60类（现为第16类）墨块、墨汁；于2002年12月28日获第1926226号“”图形文字商标核准注册，核定使用商品为第16类，包括墨块、墨汁等，两商标均处于注册有效期内。经一得阁公司委托人朱燕敏申请，山东省枣庄市运兴公证处于2018年4月7日作出（2018）鲁枣庄运兴证民字第1170号公证书，记载了自由畅想文具店销售一得阁墨汁两瓶（100g和250g）的事实。经比对，两瓶墨汁瓶底均没有生产日期及生产批号的数字码，均系假冒一得阁公司商标的商品。一得阁公司就两个型号的商品分别提起了本案和（2018）湘03民初282号案诉讼。

【裁判结果】

湖南省湘潭市中级人民法院就该两案作出判决，分别判决自由畅想办公文具店立即停止侵权并赔偿一得阁公司各项经济损失。自由畅想文具店就两案提出上诉，湖南省高级人民法院在对另案予以维持的情况下，于2019年3月5日就本案作出（2018）湘民终920号民事裁定：撤销原判，驳回一得阁公司的起诉。

【裁判理由】

法院生效裁判认为：《最高人民法院关于适用〈中华人民共和国民事诉讼法〉的解释》第二百四十七条规定了重复起诉的识别标准和法律后果。根据该条规定，人民法院对于是否重复起诉应主动审查。本案中，一得阁公司针对同一被告就同一种商品的两种型号分别起诉，本案和另案的当事人相同，诉讼请求均为停止侵权和赔偿损失，由此，判断是否系重复起诉关键在于审查两案诉讼标的是否相同。诉讼标的是原告对被告提出的实体法上的权利主张，诉讼标的应根据不同的实体法要件进行识别。在商标侵权纠纷中，应以《商标法》第五十七条的规定作为识别诉讼标的的依据。根据《商标法》第五十七条，商品类别的比对和商标的比对是判断商标侵权的前提，同时结合侵权行为的空间性和时间性因素，商标侵权诉讼中原告提出的实体法律关系是否同一，应当从商品种类、商标标识、被诉侵权时间和被诉侵权者等要素进行判断，如果多个被诉商品上前述要素相同，那么就应当认定为同一法律关系，而商品型号和商品系列往往不构成识别法律关系进而识别诉讼标的的要素。另者，从另案的裁判结果来看，法院判令自由畅想文具店停止销售侵害"一得阁"商标的商品，该案的效力及于自由畅想文具店的侵害"一得阁"商标的销售行为，原告的诉讼请求和法院裁判结果已经涵盖本案的侵权事实；再者，从诉讼经济和保障权利人权益的角度，不同型号的侵权商品可以作为侵权情节在一个案件的赔偿数额中予以考虑，不需要提起多个诉讼，以一案起诉既可以节省当事人的诉讼成本，也可以节省司法资源。本案中，自由畅想文具店销售的是假冒"一得阁"商标的商品，原告在提起另案诉讼时，又就同一公证保全的自由畅想文具店销售同一种假冒商品不同型号提起本案诉讼，系重复起诉。最后。二审法院裁定驳回原告起诉。

【案例注解】

相较于其他的民商事案件，知识产权侵权案件中重复起诉的情形更容易出现。这主要是由知识产权的特点，以及当前商业模式发展带来知识产权市场特点决定的。但因知识产权权利种类繁多、侵权行为多元、诉讼制度交织等因素，重复起诉并不容易识别，导致一些重复起诉的案件得到实体判决，既浪费了司法资源，又给被告带来了诉累，甚至带来重复赔偿等有损公平的结果。在司法实务中，准确识别知识产权侵权案件中的重复起诉，一方面可以平衡案件当事人之间的诉讼权利，减轻当事人的诉累，实现诉讼经济，另一方面可以很好地平衡当事人之间的实体权利义务关系，既对权利人的知识产权给予充分保护，又不至于使被告承担超出侵权行为所致损害的更大责任。

一、包括商标侵权在内的知识产权侵权系列案重复起诉的识别具有紧迫性

知识产权侵权纠纷有自己的特点，导致发生重复起诉的可能性较大。

第一，从知识产权的特点上看，同一权利客体上存在多项权利，且侵害不同权利的行为可以同时存在；同一行为很可能出现侵害多项权利，多个行为很可能侵害同一项权利。比如商标侵权中，同一原告就自己的多个商标向同一被告提起一起或多起诉讼；同一原告就同一个商标起诉同一被告的多个侵权行为，包括不同种类的商品上使用了同一枚商标、同种类但不同商品名称上使用同一枚商标、同一商品不同系列或不同型号上使用同一枚商标、将同一商标同时使用在广告、门头招牌、网站上或者作为热搜词使用等等，导致重复起诉的发生率增大。又比如在专利侵权纠纷中，权利要求分别代表了不同的技术方案，而权利要求又分独立权利要求和从属权利要求，权利人以同一专利的不同权利要求提起诉讼，需要审查是否构成重复起诉。当专利权人或利害关系人以某一特定的权利要求提起诉讼、被法院生效判决认定被诉侵权的技术方案并不落入该权利要求时，如果权利人或利害关系人再以该权利要求的从属权利要求就同一技术方案向同一被告提起另一诉讼的，后诉中所主张的侵权事实很可能已被前诉的事实认定所包含，也容易发生重复起诉。

第二，从知识产权权利客体的市场发展来看，权利客体的使用方式越来越

多元化，使用方式的变化导致权利识别的困难，权利人在诉讼维权时容易形成重复起诉。比如目前，随着数字信息技术的不断向前发展，作品的使用途径或使用方式得到较大程度的拓展，作品的自媒体方式使用、基于多种形态的娱乐产业发展带来的作品集成化使用和传播，使作品的使用方式呈现多元化特点。同样，商标的使用方式也在发生变化，比如搜索引擎中关键词的使用、电子商务中店铺名称的使用，都可能涉及商标使用。对某一类商标使用行为进行诉讼之后，商标注册人或利害关系人是否还可以就被告的其他使用行为提起诉讼，也会发生重复起诉的识别问题。

第三，商品生产和销售行为的独立侵权性容易产生重复侵权。根据《商标法》第五十七条的规定，侵权商品的生产和销售行为都是独立的侵权行为，因此，司法实践中常常有权利人单纯起诉生产者或销售者的情形。在将生产者和销售者一并起诉的场合，往往是将同一生产者与不同的销售者作为共同被告分别提起诉讼。

第四，多种商品中使用同一被诉标志也容易构成重复起诉的问题。在销售者销售多种侵害权利人商标权的商品时，权利人基于同一诉请商标、同一被诉标志就多个不同的商品提起诉讼，也有可能构成重复起诉。

第五，知识产权侵权纠纷中确认不侵权之诉与侵权之诉交织也容易产生重复起诉的认定问题。确认不侵权之诉是知识产权侵权纠纷中常见的诉讼，其与侵权之诉之间如何协调，也涉及重复起诉的问题。确认不侵权之诉为消极确认之诉，如果其在侵权之诉后提起，确认不侵权之诉的诉讼请求与侵权之诉的诉讼请求相互冲突，很可能构成重复起诉。如果确认不侵权之诉在前，侵权之诉在后，同样道理，后诉也构成重复起诉。

较多的重复起诉案件混杂在系列案件中，加上被告一般是销售者，其诉讼能力较弱，一般不会提起重复起诉抗辩，法官也容易忽略这一问题，因此，知识产权侵权纠纷中重复起诉的识别具有一定的紧迫性。

二、以实体法律关系来识别商标侵权系列案中的重复起诉具有合理性

从司法实践的角度，所谓的诉讼标的就是实体法律关系，根据该基本认识，诉讼标的就是原告提出的实体法上的权利主张，其必然依实体法上的请求权予以确定，可以说，从这一角度上讲，诉讼标的与诉讼请求并无实质差异。但将诉讼标的以实体法律关系来识别，无法解决请求权竞合的问题，也将会使很多不属于重复起诉的情形被纳入重复起诉范围之内，所以，后来又发展出了诉讼法学说。该学说有两个分支，其中“二分支说”利用原告在诉讼状中提

出的诉的声明以及事实事由来构筑诉讼标的的概念。诉的声明是指当事人在诉讼中提出的，要求对方当事人作出的民事利益给付，而事实关系则是不以实体法来评价的自然生活事实，不涉及法律规范对事实所作出的法律评价。“一分支说”在诉讼标的的识别上，认为不必借助实体请求权。① 笔者认为，对于诉讼标的的识别，无论是实体法学说，还是为了解决实体法学说而创立的诉讼法学说，都不能完全解决所有重复起诉的识别问题，关键是在我国当前的诉讼法理论基础上，在现行立法背景下，选择一个更具有实践性、与我国诉讼法理论基本契合的学说指导司法实践。从操作导层面上讲，以实体法律关系来识别诉讼标的，既与最高人民法院关于民事案由的规定相契合，也有利于法官依实体法确定的事实要件来识别诉讼标的。因此，在重复起诉的识别中，一般情况下依当事人相同、实体法律关系相同即诉讼标的相同两要件即可。

由于我国法律对于诉讼标的和诉讼请求的概念并未予明确，加上理论界对诉讼标的和诉讼请求的识别也存在不同的学说，导致实践中诉讼标的的识别分歧较大。本案中，一得阁公司针对同一被告就同一种商品的两种型号分别起诉，本案和另案的当事人相同，诉讼请求均为停止侵权和赔偿损失，由此，判断是否系重复起诉关键在于审查两案诉讼标的是否相同。在司法实务中，从诉讼经济、保障当事人程序权利和防止裁判矛盾的角度出发，对于大量出现的商标侵权系列案件中诉讼标的的识别，应以实体法律关系确定的事实要件作为识别诉讼标的的标准。诉讼标的应根据不同的实体法要件，从原告提出的实体法律关系上进行识别。在商标侵权纠纷中，应以《商标法》第五十七条的规定作为确定原告提出的所争议的法律关系的依据。根据《商标法》第五十七条的规定，商品类别的比对和商标的比对是判断商标侵权的前提，同时结合侵权行为的空间性和时间性因素，商标侵权诉讼中原告提出的事实关系是否同一，应当从商品种类、商标标识、被诉侵权时间和被诉侵权者等要素进行判断，如果多个被诉商品上前述要素相同，那么就应当认定为同一事实关系，而商品型号和商品系列往往不构成识别事实关系进而识别诉讼标的的要素。另者，从另案的裁判结果来看，法院判令自由畅想文具店停止销售侵害“一得阁”商标的商品，该案的效力及于自由畅想文具店侵害“一得阁”商标的销售行为，原告的诉讼请求和法院裁判结果已经涵盖本案的侵权事实；再者，从诉讼经济和保障权利人权益的角度，不同型号的侵权商品可以作为侵权情节在一个案件

① 参见夏璇：《论民事重复起诉的识别及规制——对〈关于适用《中华人民共和国民事诉讼法》的解释〉第247条的解析》，载《法律科学（西北政法大学学报）》2016年第2期。

的赔偿数额中予以考虑，不需要提起多个诉讼，以一案起诉既可以节省当事人的诉讼成本，也可以节省司法资源。因此，原告在提起另案诉讼时，又就同一种假冒商品不同型号提起诉讼，系重复起诉。

综上，在司法实务中，诉讼标的的识别应从诉请保护的商标同一、商品种类同一、被诉侵权标识同一来确定，其中的商品种类可以参照商品和服务分类表，当三者同一时可以认定为同一诉讼标的，商品型号和商品系列不构成识别诉讼标的的要素。本案解决了商标权批量诉讼中如何识别重复起诉的问题，这对于处理知识产权集中维权、批量诉讼中此类问题具有参考意义。

（**一审法院合议庭成员** 陈立兵 戴 伟 彭 扬
二审法院合议庭成员 陈小珍 邓国红 刘雅静
编写人 湖南省高级人民法院 陈小珍
责任编辑 宋建宝
审稿人 林广海）

行政及国家赔偿

温德乙诉中国证券监督管理委员会行政处罚及行政复议案

——公司违法行为中高管①个人违法行为单一性的认定

关键词：行政　公司违法　高管责任　违法行为单一性　一事不二罚款

【裁判要旨】

1. 在单位违法案件中，对于个人责任的处断，首先应当以个人实施的单个行为作为判断基础，再进一步结合其个人行为能否为单位集合意志所涵盖，综合判断其行为的单一性。

2. 对于自然可分的行为，还需要进一步分析各个行为能否为公司集合意志所涵盖，从而纳入公司概括的单一违法行为之中予以处断，若不能为公司集合意志所涵盖，则行为人应为其数个行为分别承担责任。

【相关法条】

《中华人民共和国证券法》（2014 年修正）第一百八十九条　发行人不符合发行条件，以欺骗手段骗取发行核准，尚未发行证券的，处以三十万元以上六十万元以下的罚款；已经发行证券的，处以非法所募资金金额百分之一以上百分之五以下的罚款。对直接负责的主管人员和其他直接责任人员处以三万元

① 为行文方便，"高管"泛指因公司违法而承担相应责任的个人，包括董事、监事、高管，以及实际控制人、控股股东等，而非公司法中的"高管"之义。

以上三十万元以下的罚款。

发行人的控股股东、实际控制人指使从事前款违法行为的，依照前款的规定处罚。

第一百九十三条第一款、第三款 发行人、上市公司或者其他信息披露义务人未按照规定披露信息，或者所披露的信息有虚假记载、误导性陈述或者重大遗漏的，责令改正，给予警告，并处以三十万元以上六十万元以下的罚款。对直接负责的主管人员和其他直接责任人员给予警告，并处以三万元以上三十万元以下的罚款。

发行人、上市公司或者其他信息披露义务人的控股股东、实际控制人指使从事前两款违法行为的，依照前两款的规定处罚。

《中华人民共和国公司法》第十三条 公司法定代表人依照公司章程的规定，由董事长、执行董事或者经理担任，并依法登记。公司法定代表人变更，应当办理变更登记。

第一百零九条第二款 董事长召集和主持董事会会议，检查董事会决议的实施情况。

《中华人民共和国行政处罚法》第二十四条 对当事人的同一个违法行为，不得给予两次以上罚款的行政处罚。

【案件索引】

一审：北京市第一中级人民法院（2017）京01行初4号（2018年5月21日）

【基本案情】

原告温德乙诉称：被告不应当将原告作为实际控制人给予行政处罚。（1）被告没有区分原告作为实际控制人和董事长的不同身份，模糊了原告身份的重叠性与不可区分性。原告是基于董事长的身份实施绝大部分虚构应收账款收回行为，原告的涉案行为系上市公司内部管理行为，而非独立于上市公司的实际控制人行为。（2）即使原告构成“实际控制人指使”，被告也应当参照《证券法》第一百八十九条第一款中的自然人责任予以处罚，而不应参照发行人责任予以处罚。（3）被诉处罚决定是对原告双重身份的重复评价，将原告同一个完整违法行为拆分进行两次以上处罚，违反《行政处罚法》第二十四条规定的一事不二罚款原则。

被告中国证监会辩称：（1）原告作为对违法行为直接负责的主管人员，同时作为丹东欣泰电气股份有限公司（以下简称欣泰电气）的实际控制人，其行为已经构成《证券法》第一百八十九条第二款、第一百九十三条第三款所述的控股股东、实际控制人指使从事前款违法行为的情形。（2）原告同时存在两个不同的违法行为，应分别承担相应的责任。一是作为董事长在明知相关文件虚假的情况下签字的行为；二是其决定以外部借款等方式虚构收回应收款项，安排、筹措资金且承担相关资金成本以及从公司借款供其个人使用却未告知欣泰电气予以披露的行为。

法院经审理查明：原告温德乙系欣泰电气原董事长暨实际控制人。欣泰电气在2011年11月向被告提交首次公开发行股票并在创业板上市（IPO）申请时，相关文件中的财务数据存在虚假记载。上市发行后，欣泰电气继续通过外部借款或者伪造银行单据的方式虚构应收账款的收回，在年末、半年末等会计期末冲减应收款项，导致其披露的相关年度和半年度报告财务数据存在虚假记载。欣泰电气实际控制人温德乙以员工名义从公司借款供其个人使用，欣泰电气在《2014年年度报告》中未披露该关联交易事项，导致《2014年年度报告》存在重大遗漏。被告中国证监会认定上述违法行为分别构成《证券法》第一百八十九条所述欺诈发行和第一百九十三条所述虚假披露行为，对欣泰电气责令改正，给予警告，并处以832万元罚款；对温德乙处以892万元罚款，其中作为直接负责的主管人员处以60万元罚款，作为实际控制人处以832万元罚款。该处罚决定后经中国证监会同级复议予以维持。温德乙仍不服，提起本案诉讼。

【裁判结果】

北京市第一中级人民法院于2018年5月21日作出（2017）京01行初4号行政判决：驳回温德乙的诉讼请求。宣判后，双方当事人均未提起上诉，判决已发生法律效力。

【裁判理由】

法院生效裁判认为：

1. 根据《公司法》第十三条、第一百零九条第二款规定，在公司的内部治理结构中，董事长并不具有对公司的重大活动独立决策的职权。本案中，原告能够就虚构收回应收款项以及就相关信息披露违法行为等公司重大活动，在未经董事会讨论的情况下基于个人意志进行决策，明显超出了其作为董事长的职权范畴。至于原告安排、筹措资金且承担相关资金成本等行为，则是原告作为实际控制人决策意志的进一步体现。原告正是基于其公司实际控制人的地位，以独立于公司的意志指使公司实施了相关违法行为。

2.《证券法》第一百八十九条第二款及第一百九十三条第三款均未明确规定控股股东或者实际控制人指使的对象以及责任承担的参照对象，因此在不同的案件中应当具体分析其指使的内容及其所处的地位。由于原告指使欣泰电气实施的相关违法行为均是涉及整个公司的重大活动而非限于特定个人的职务范畴，因此在本案中应当依照《证券法》第一百八十九条第一款及第一百九十三条第一款中关于公司责任的规定追究原告作为实际控制人的指使责任。

3. 将单位违法行为概括认定为单一行为，是基于单位的集合意志在法律上对其实施的若干单个违法行为的一种处断。因此，在单位违法案件中，对于个人责任的处断，首先应当以个人实施的单个行为作为判断基础，再进一步结合其个人行为能否为单位集合意志所涵盖，综合判断其行为的单一性。本案中，原告作为实际控制人所实施的行为，已经超出了公司集合意志的范畴，其应当为其实施的数个行为分别承担相应的法律责任。

首先，原告作为实际控制人和董事长的行为自然可分，实质上是数个行为。原告对于公司欺诈发行以及违法披露信息的指使行为，明显超出了公司董事长的职权范畴，并非董事长所能实施；而原告主持董事会会议，审议相关报告并在董事会决议上签字等行为，又明显非属实际控制人所能实施的行为。这些行为实质上具有可分性，原告在实施这些行为时并不存在身份上的重合关系，因此原告作为实际控制人的指使行为和作为董事长所实施的职务行为，应为实质的数个违法行为。

其次，原告作为实际控制人的指使行为，不能为公司集合意志所涵盖。由于原告是基于个人意志指使公司实施欺诈发行以及违法披露信息的行为，其意志独立于公司集合意志，故其指使行为不能纳入公司的概括行为之中予以评价。至于原告实施指使行为时个人意志是否概括，并非对其行为单一性的法定处断依据，原告应当为公司集合意志以内的违法行为以及公司集合意志以外的个人违法行为分别承担法律责任。

综上，被诉处罚决定对原告处以直接负责的主管人员的责任和实际控制人的责任，并不违反《行政处罚法》第二十四条的规定。

【案例注解】

本案的核心问题在于公司违法行为中高管个人违法行为单一性的认定。

对于单位实施违法行为，《刑法》和《行政处罚法》均采用“双罚制”，既对单位判处罚金，又对其直接负责的主管人员和其他直接责任人员施以惩处。高管因公司的违法行为而承当相应个人责任的规定，在《证券法》中体现得较为充分，比如第一百八十九条、第一百九十三条。

由于公司只是法律上拟制的主体，实际行为均有赖于公司工作人员的实施，因此，在追究公司责任人员个人责任时，就往往存在如何判断个人违法行为的单一性问题。就本案而言，原告即主张自己的行为在客观上是单一的，在主观意志上也是单一的，因此只能作为一个违法行为给予罚款处罚。

一、判断违法行为单一性的一般标准

行政法上关于违法行为单一性的判断标准，借鉴自刑法理论。传统刑法理论中关于罪数的判断，需要区分两个层面：一是自然的一行为。即行为本身客观上是单一的，但由于同时触犯数个罪名，从而可能在法律上被评价为数罪。这种情况包括“想象竞合”或者“法规竞合”，又被称为“事实的一罪”。二是法律上的一行为。即行为客观上是自然可分的数个行为，但基于罪责刑相适应的原则，为避免过度评价，在法律上将这些行为拟制为一个行为予以处断，因此被称为“处断的一罪”。

对于法律上一行为的处断，有多种理论和学说。除了“构成要件说”“法律拟制说”“重复行为说”等外，大陆法系传统上有所谓“单一意志理论”，即行为人基于一个单一的犯罪意志而实施的行为，即使在客观上是数个行为，且每个行为也可能单独构成犯罪，原则上仍然应当作为一个单一的犯罪行为予以处断。刑法学罪数理论中的“牵连犯”“吸收犯”“连续犯”等罪数形态，均是基于这一理论而发展出来的。但这一理论近年来受到了一定程度的摒弃。而对于自然的一行为，也可以切割成数个法律上的单一行为而进行分别评价。[①] 主要的原因与考量基准即在于是否能够达成规制目的，是否符合罪责刑相适应原则。

---

① 陈清秀：《行政处罚法》，法律出版社2016年版，第212页。

德国联邦最高法院在2009年的一起药品虚假宣传案①中，即认为公司责任是一种集合责任，公司高管的个人责任只有处于公司集合意志范围之内时，才能纳入公司违法行为中一并处断，如果高管的行为超出了公司集合意志的范畴，即使从高管个人的角度犯罪意志是单一的，也要与公司集合意志之内的犯罪行为区别处理，作为数罪处断。这一标准表明，在违法行为自然可分的前提下，是否处断为单一行为，需要结合违法行为的特征以及所侵犯的法益进行具体分析。

参考上述标准，对单位犯罪实行“双罚”的情况下，单位承担的是单位意志下的行为责任；个人需承担责任，是因为个人在单位犯罪过程中发挥了其相应的职责作用，以其个人罪过促使单位实现了违法性。② 单位行为是个人行为按照一定的决策程序实施的结果。因此，在公司违法的案件中，对高管个人行为单一性的认定，需要结合公司意志行为来进行判断。

如果高管的个人行为本身是单一的，则对该高管的行为只能进行一次评价。如果高管的个人行为本身是自然可分的数行为，则需要进一步分析其各个行为是否能够为公司意志所涵盖。如果该高管的行为中有超出了公司意志的行为，则高管要分别承担责任，而不仅仅是纳入公司概括的单一违法行为中予以处断。

二、本案原告的行为在客观上是否单一

《行政处罚法》第二十四条规定：“对当事人的同一个违法行为，不得给予两次以上罚款的行政处罚。”据此，如果违法行为客观上是单一的，则不能给予两次以上的罚款。

本案原告在整个财务造假和虚假披露的过程中，同时身兼实际控制人和董事长的身份，因此原告认为本案的实质是“身份竞合”，其实施的行为同时触犯了《证券法》第一百九十三条第一款和第三款的规定，属于一行为。这一主张看似颇有道理。但如果回到《公司法》的规定上来分析，原告的主张站不住脚。

结合《公司法》有关实际控制人和董事长的定义和职责规定，就可以看出原告在实施相关违法行为时，身份并不能重合。因为，董事长并没有公司重大事项的决策权，而实际控制人并没有直接参与公司董事会的权利。在实践当

① BGH 2 StR 91/09.

② 赵星：《单位犯罪双罚制问题研究》，载《国家检察官学院学报》2008年第1期。

中，由于许多公司的董事长同时也是实际控制人，导致对于公司董事长的法定职责范围产生了误解，认为董事长就是公司的决策者。

由于原告在决策财务造假的时候，并没有通过公司董事会，因此，财务造假的行为不是原告作为董事长的行为。而参加董事会又不属于实际控制人的职权范围，因此参加董事会并在董事会决议上签字等行为，不是原告作为实际控制人的行为，而是作为董事长的行为。原告所谓其行为单一，只是恰好身份竞合的主张，也就不能成立。

三、本案原告的行为应否处断为单一行为

按照传统的单一意志理论，对于公司高管所实施的数个自然可分的违法行为，只要从其个人意志角度观察是基于单一的违法意志所实施，仍然应当作为一个违法行为予以处断。在本案中，原告作为公司的实际控制人，同时也是公司的董事长，对于公司的财务造假以及信息虚假披露行为无疑在主观意志方面是单一的。

但是，与事实的一罪不同，对于基于单一意志所实施的数个行为是否处断为一罪，更多是一种司法政策的选择。在公司高管的行为自然可分的情况下，是否适用单一意志理论来判定“一行为”，同样需要进一步分析。高管因公司违法而承担相应责任的前提是公司违法，而认定公司违法只能是公司相关行为系经公司意志决策所实施。因此，高管承担相应责任，亦应当是其个人过错属于公司意志范畴下的过错行为。如果超出了公司意志范畴，则该超出部分的个人行为，应当另行评价。

本案中，原告作为实际控制人决策财务造假的行为，是无法纳入公司集合意志之中的。公司的意志需要通过一定的内部治理行为来体现，比如董事会决定、股东会决定等，或者即使没有这样正式的决议，也应当体现为高管在职权范围内的决策行为。作为董事长，其个人不具有决定财务造假的权利。指使公司实施财务造假，这一决策行为不属于公司的集合意志，而是原告的个人意志，是作为实际控制人的行为。原告作为公司的董事长，召集董事会并在董事会决议上签字等行为，是公司行为的范畴。因此，原告作为实际控制人的行为，应当与其作为董事长的行为分别处断。

四、实际控制人责任应当参照公司责任还是高管个人责任

本案还有一个值得讨论的问题，就是《证券法》第一百八十九条第二款规定的实际控制人责任参照第一款规定处罚，但是第一款同时包含了公司责任

和高管个人责任两种责任，《证券法》并没有明确规定究竟是参照公司责任还是高管个人责任。

有一种观点认为，应当参照高管个人责任，理由在于：第一，从行为性质来看，实际控制人的决策行为在性质上更接近于公司高管所实施的职务行为。第二，从责任轻重来看，非法所募集的资金在法律上仍然归属于公司，如果对实际控制人按照非法募集资金的数额来处罚，幅度有嫌过重。第三，《刑法》第一百六十九条之一第二款，在高管侵犯上市公司利益罪中，也针对实际控制人有类似的参照处罚规定，而参照的法律责任是高管的刑事责任。

上述观点不适用于实际控制人指使公司财务造假的案件。首先，实际控制人行为的性质，究竟更接近于公司还是高管个人，取决于具体案件中实际控制人指使的行为内容。如果实际控制人指使的是高管个人，实施的是高管个人职权范围的行为，则实际控制人的指使行为应当比照高管个人的行为承担责任。但如果实际控制人指使的是整个公司，那么实际控制人就应当比照整个公司的责任来承担自己的法律责任。因此，《证券法》没有明确规定参照的对象，反而是一种更为准确的表述方式。其次，《刑法》中高管侵犯上市公司利益罪本来针对的就是高管个人责任，并不涉及上市公司的集合责任，因此该罪名中实际控制人责任的参照对象是高管个人责任，对于实际控制人指使公司违法的案件不具有参考性。最后，关于责任承担轻重的问题，需要以合比例原则论。实践中，很多上市公司往往沦为实际控制人的私有财产，对于实际控制人按照公司责任处罚是否过重，并不能一概而论。

在本案中，原告指使公司造假，这一行为不是任何一个单个的高管个人所能决策和实施，因此原告的地位是与公司平行，原告应当参照公司责任承担其相应的法律责任。

（**一审法院合议庭成员** 龙 非 魏浩锋 杨晓琼
编写人 北京市第一中级人民法院 龙 非 张婷婷
责任编辑 韩德强
审稿人 王振宇）

济南豪仕汽车销售服务有限公司诉济南市槐荫区城市管理行政执法局行政处罚案

——对不可化解的法律冲突未报请裁决即作出行政处罚属于法律适用错误

关键词：行政处罚　法律冲突　裁决　违法

【裁判要旨】

设区的市地方性法规与省政府规章之间发生的规范冲突，无法适用《立法法》规定的法律规范冲突选择规则进行化解，执法机关在作出行政处罚之前应当首先报请有权机关予以裁决，未经此裁决程序而自行选择其一作出行政处罚的，属于法律适用错误，所作出的行政处罚应予撤销。

【相关法条】

《中华人民共和国立法法》第七十二条第三款　省、自治区的人民代表大会常务委员会在对报请批准的设区的市的地方性法规进行审查时，发现其同本省、自治区的人民政府的规章相抵触的，应当作出处理决定。

《中华人民共和国行政诉讼法》第七十条　行政行为有下列情形之一的，人民法院判决撤销或者部分撤销，并可以判决被告重新作出行政行为：

（一）主要证据不足的；

（二）适用法律、法规错误的；

（三）违反法定程序的；

（四）超越职权的；

（五）滥用职权的；

（六）明显不当的。

《济南市城市绿化条例》（2012 年）第五十四条 违反本条例第三十三条规定，擅自占用城市绿地的，由城市管理行政执法部门按易地补建绿地代建费的三倍以上五倍以下处以罚款。

《山东省城市绿化管理办法》（1999 年）第三十二条 未经批准，擅自占用城市绿化用地的，由城市绿化行政主管部门责令限期退还、恢复原状，并可处 1 万元以上 10 万元以下的罚款；造成损失的，应当承担赔偿责任。

【案件索引】

一审：山东省济南市槐荫区人民法院（2018）鲁 0104 行初 52 号（2018 年 11 月 6 日）

二审：山东省济南市中级人民法院（2019）鲁 01 行终 12 号（2019 年 3 月 11 日）

【基本案情】

原告济南豪仕汽车销售服务有限公司诉称：被告作出的济槐城执处字（2016）第 03271 号《行政处罚决定书》（以下简称 03271 号行政处罚决定）认定事实不清，证据不足，适用法律不当，程序违法。具体理由如下：（1）认定事实不清。在被告立案查处之前，原告已于 2017 年 6 月 13 日将绿地恢复，占用绿地的事实并不存在。（2）适用法律不当。行政处罚只能由法律、行政法规制定，地方性法规或规章只能在法律、行政法规设定的范围内作出规定。被告认定原告擅自占用城市绿地的行为违法，实施处罚的法律依据应该是法律和行政法规，而不应该是《济南市城市绿化条例》。（3）处罚依据错误。被告以济南市城市园林绿化局自行制定的《关于易地补建绿地代建费的说明》作为行政处罚的依据，于法无据。按照《济南市城市绿化条例》规定第三十三条和第五十四条，擅自占用城市绿地的，由城市管理行政执法部门按易地补建绿地代建费的三倍以上五倍以下处以罚款。两个条款结合起来理解，应该是原告不能按照绿化主管部门指定的地点建设面积相等、类型相同的绿地的情况下，才应当缴纳易地补建绿地代建费，而非直接处以罚款。诉讼请求：撤销被告作出的 03271 号行政处罚决定。

被告济南市槐荫区城市管理行政执法局辩称：（1）被诉行政处罚决定认定事实清楚、证据充分。被告提交的调查（询问）笔录、现场勘验笔录、现场勘验照片等证据可以证实原告在其公司销售展厅北侧占用城市绿地286.9平方米，未办理相关审批手续。济南市城市园林绿化局系济南市城市绿化工作的管理部门，并非行政处罚机关，其出具《关于易地补建绿地代建费的说明》不属于自证。（2）被告依据《济南市城市绿化条例》作出行政处罚决定，适用法律正确。

法院经审理查明：2016年9月26日，济南市槐荫区城市管理行政执法局（以下简称槐荫执法局）接到济南市槐荫区园林绿化管理局毁坏绿地的移送单，于9月28日制作立案呈批表，呈批表载明：当事人在发案地点破坏占用绿地。2016年9月27日、9月29日，槐荫执法局对济南市经十西路2518号济南豪仕汽车销售服务有限公司（以下简称豪仕公司）展厅北侧进行了两次勘验，确认豪仕公司占用两块绿地，其中辅道南侧占用286.9平方米，辅道北侧占用46.5平方米。2016年9月29日，槐荫执法局向豪仕公司下达济槐城执责改字［2016］第0312064号《责令限期改正通知书》，责令豪仕公司停止违法行为并于2016年10月8日前改正。2016年11月3日，槐荫执法局再次进行现场勘验，确认辅道北侧占用的46.5平方米绿地已恢复。2016年12月1日，槐荫执法局制作案件调查终结报告，处理建议："当事人擅自占用城市绿地286.9平方米，易地补建代建费为每平方米1450元，建议按易地补建代建费三倍处以罚款，即对当事人处罚款1248015元；树木补偿费为76121.52元，建议按五倍处以罚款，即对当事人罚款380607.6元。建议合并处罚款1628622.6元。"案经听证，2017年4月21日，槐荫执法局作出济槐城执处字（2016）第03349号《行政处罚决定书》，决定对豪仕公司罚款1628622.6元。豪仕公司不服提出行政复议申请。2017年8月4日，济南市槐荫区人民政府（以下简称槐荫区政府）作出济槐政复决字［2017］95号《行政复议决定书》，以程序违法为由对上述行政处罚决定予以撤销。2017年8月24日、10月25日，槐荫执法局进行现场勘验，确认豪仕公司对占用的辅道南侧286.9平方米绿地进行了恢复，铺设了绿化草皮，种植绿化木槿20株，但未按照原有绿化层次种植白杨、金银木等绿化树木。2017年11月8日，槐荫执法局向豪仕公司下达《责令限期改正通知书》，责令豪仕公司停止违法行为，于2017年11月11日前恢复原状并接受处理。2017年12月6日，槐荫执法局作出济槐城执处字（2016）第03271号《行政处罚决定书》（以下简称03271号行政处罚决定），决定依照《济南市城市绿化条例》第五十四条规定对豪仕公司罚款

1248015元。原告豪仕公司不服提起诉讼，请求撤销03271号行政处罚决定。

另查明，2018年1月24日，《山东省城市绿化管理办法》根据山东省人民政府令第311号通过修订，其中第三十二条变更为第二十六条，内容未作修改。2018年7月27日，山东省第十三届人民代表大会常务委员会批准济南市人民代表大会常务委员会《关于修改〈济南市城市绿化条例〉等三件地方性法规的决定》，决定将《济南市城市绿化条例》第五十二条、第五十四条、第五十五条合并为第五十条，并修改为："违反本条例第三十条、第三十二条、第三十三条规定，占用城市绿地或者临时占用城市绿地超过批准期限的，由城市管理行政执法部门处以一万元以上十万元以下罚款；造成损失的，应当承担赔偿责任。"

【裁判结果】

山东省济南市槐荫区人民法院于2018年11月6日作出（2018）鲁0104行初52号行政判决：撤销被告济南市槐荫区城市管理行政执法局作出的济槐城执处字（2016）第03271号《行政处罚决定书》。宣判后，槐荫执法局提起上诉。山东省济南市中级人民法院于2019年3月11日作出（2019）鲁01行终12号行政判决：驳回上诉，维持原判。

【裁判理由】

法院生效裁判认为：人民法院审理行政案件，以法律、行政法规、地方性法规、自治条例和单行条例为依据；对于合法有效的规章，应当予以参照。2017年12月6日，上诉人作出行政处罚时，济南市人民代表大会常务委员会颁布的《济南市城市绿化条例》（2012年）与山东省人民政府颁布的《山东省城市绿化管理办法》（1999年）均有效。两法关于"擅自占用城市绿地"行为罚款的计算方式不同，导致适用不同的法律规范产生不同的法律后果，出现法律规范冲突。通常情况下，对于法律规范冲突，可以运用上位法优于下位法、后法优于前法以及特别法优于一般法等规则进行法律规范选择。《济南市城市绿化条例》为设区的市的地方性法规，《山东省城市绿化管理办法》为省政府规章，两者无法通过上述规则进行法律规范选择。《最高人民法院关于审理行政案件适用法律规范问题的座谈会纪要》第二部分第三项规定，不能确定如何适用法律规范的，应当中止行政案件的审理，逐级上报最高人民法院按照规定报请有权机关处理。从该规定可知，在无法确定相互冲突的法律规范如何选择适用时，人民法院无权自行判断并作出选择。司法机关无权处理的法律规范冲突，执法机关当然无权自行选择适用。槐荫执法局在未解决法律规范冲突的情况下，径行择其一作出行政处罚，属于法律适用错误。

【案例注解】

一、法律规范冲突的构成要件

法律规范冲突是指，针对同一案件事实，有两个法条赋予彼此相互排斥的法效果。[①] 行政法律规范冲突是指，行政诉讼中，对同一行政行为或者法律关系存在两个以上的行政法律规范，适用不同的法律规范将导致不同的裁判结果的情形。司法实践中，形成真正的法律冲突应当具备四个条件：其一，待决法律事实由不同的法律规范规定，此为形式要件；其二，不同的法律规范均现行有效，此为前提要件；其三，不同法律规范均可适用于待决事实，此为事实要件；其四，适用不同的法律规范产生不同或相互冲突的法律后果，此为实质要件。[②] 四个要件同时具备，才可以确定法律规范冲突实际存在，缺少任何一个要件，均不构成真正的法律规范冲突。本案中，发生冲突的法律规范为《济南市城市绿化条例》与《山东省城市绿化管理办法》，前法第五十四条规定："违反本条例第三十三条规定，擅自占用城市绿地的，由城市管理行政执法部门按易地补建绿地代建费的三倍以上五倍以下处以罚款。"后法第三十二条规定："未经批准，擅自占用城市绿化用地的，由城市绿化行政主管部门责令限期退还、恢复原状，并可处1万元以上10万元以下的罚款；造成损失的，应当承担赔偿责任。"两法关于"擅自占用城市绿地"行为罚款的计算方式不同，均现行有效，均可适用于本案，适用的法律效果不同且无法进行调和。因此，本案符合上述四个构成要件，形成法律规范冲突。不同的法律规范的法效果不同且彼此相互排斥，那么一般而言只有其中之一可以适用，否则就会在逻辑上产生悖论。[③] 因为，正如两个彼此矛盾的命题中只有一个是真的，另一个

---

① ［德］卡尔·拉伦茨：《法学方法论》，陈爱娥译，商务印书馆2003年版，第194页。

② 郑毅：《行政法规范冲突及其解决机制——以内部冲突为例》，载《行政论坛》2013年第3期。

③ 雷磊：《法律规范冲突的含义、类型与思考方式》，载陈金钊、谢晖主编：《法律方法》（第七卷），山东人民出版社2008年版，第251页。

必然是假的，两个彼此冲突的规范也只有一个是有效的，而另一个必然是无效的。① 因此，当确认法律规范冲突出现时，在行政机关作出行政行为或人民法院作出裁判之前，必须解决何者有效、何者无效的问题。本案中，槐荫执法局在进行行政处罚的过程中、行政相对人豪仕公司在听证及诉讼过程中，均未提及《山东省城市绿化管理办法》的适用问题，但这并不妨碍法院发现法律规范冲突问题并予以处理。因为，法院负有主动对行政处罚合法性进行审查的职责。

二、法律规范冲突的选择适用规则

法律规范冲突时，选择其一适用是解决路径，但具体如何选择却并非易事，因为我们“往往无法很清楚地确定，在两个互不兼容的法条中何者应该得到贯彻”。② 依照《立法法》规定，法律规范冲突有“上位法优于下位法”“新法优于旧法”“特别法优于一般法”三个选择适用规则。同时，《立法法》对于部分不同的立法给予了效力位阶排列，但对于部门规章与地方性法规、行政法规与自治条例、省政府规章与设区的市地方性法规等并未设定位阶排列。《立法法》第八十九条规定地方法规的效力高于本级和下级地方政府规章，但据此规定仅可得出省政府规章和设区的市地方性法规均低于省地方性法规的结论。具体而言，《济南市城市绿化条例》为设区的市地方性法规，《山东省城市绿化管理办法》为省政府规章，两法制定主体不同，前法为市人大，后法为省政府，因此，无法通过制定主体级别的高低确定两法的效力位阶。其实，从《立法法》第七十二条规定可以得知，《立法法》原本就未计划对两法的效力高低进行预先设定，而是授权由两法制定机关的共同上级机关省人大作出处理。至此，关于对《济南市城市绿化条例》和《山东省城市绿化管理办法》进行效力位序排列的努力宣告失败。这意味着，上位法优先规则无法发挥效用。而新法优先规则和特别法优先规则的适用必须以同一机关制定为前提，对于两个不同制定机关制定的规范性文件，则不能适用。③

三、法律规范冲突的报请裁决程序

涉案法律规范冲突问题已非司法权处理范围，必须报请有权机关裁决。

---

① 雷磊：《法律规范冲突的逻辑性质》，载《法律科学》2016 年第 6 期。

② ［德］英格博格·普珀：《法学思维小学堂：法律人的 6 堂思维训练课》，蔡圣伟译，北京大学出版社 2011 年版，第 64 页。

③ 参见陈运生：《法律冲突解决的方法论》，中国政法大学出版社 2017 年版，第 271 页。

《最高人民法院关于审理行政案件适用法律规范问题的座谈会纪要》第二部分第三项规定，不能确定如何适用法律规范的，应当中止行政案件的审理，逐级上报最高人民法院按照《立法法》第九十五条（修改前为第八十六条）第一款第二项的规定报请有权机关处理。依此规定，法官应当将法律规范冲突问题层报最高人民法院进行处理。在报请材料中，应当阐明冲突要点及由此产生的法律后果，并且提出倾向性的处理意见或解决建议。① 但进一步追问可以发现，《立法法》第九十五条仅规定地方性法规和部门规章冲突时由国务院提出意见，并未规定地方性法规与省政府规章发生冲突时的裁决机关。我们只能通过《立法法》第七十二条获知该种冲突情形的裁决机关为省人大常委会。就司法过程中报请裁决的程序而言，审理案件的法院应将法律规范冲突问题层报最高人民法院。至于最高人民法院究竟是依照《立法法》规定报请国务院提出意见还是将案件移交全国人大常委会后转交省人大常委会处理，是一个需要讨论的问题。

四、法律规范冲突的报请裁决主体

行政诉讼中的司法权旨在限制和规范行政权，有权对行政行为的合法性进行审查，因此，司法机关无权进行化解的法律规范冲突，执法机关当然无权自行选择其一作为执法依据，而应在报请有权机关作出处理之后，再行作出行政行为。槐荫执法局在未解决法律规范冲突问题的情况下，径行择其一作出行政处罚，违反处罚依据法定原则，属于法律适用错误。因为，在法律规范冲突未解决的情况下，相互冲突的法律规范均处于效力待定状态，而处罚法定原则要求据以作出行政处罚的法律依据必须是明确且合法有效的。《行政诉讼法》第七十条规定，行政行为适用法律错误的，人民法院判决撤销并可判决被告重新作出行政行为。在审理中发现法律规范发生冲突，法院可否径行作出撤销行政处罚并责令重新作出行政行为的判决，将法律规范冲突问题交由行政机关解决？对此问题有两种观点。支持观点认为，行政处罚属于行政执法行为，既然是执行法律，行政机关当然在执法过程中享有理解、解释法律的权力以及在法律规范冲突时报请有权机关作出裁决的责任。行政机关在作出行政处罚之前，应自行解决法律规范冲突问题。笔者持反对观点。理由为：法院对行政行为的合法性进行审查，其依据是具有法律效力的法律、法规和规章，在发生法律规

① 参见陈有西：《论行政诉讼中的法律规范冲突及其冲突规范》，载《行政法学研究》1994 年第 4 期。

范冲突时，据以确定行政行为是否合法的依据并不明确。因此，法院必须首先解决冲突问题，之后方可认定行政处罚是否合法，而不应简单以法律规范冲突未处理为由推定行政处罚适用法律错误。并且，行政行为此时已经进入司法审查程序，法院负有解决法律规范冲突并明确法律适用的责任，回避该问题属于怠于履行法定职责。况且，现行法律并未规定行政机关在遇到法律规范冲突时的报请裁决路径，由行政机关报请裁决无异于拖延或搁置问题，不利于行政纠纷的化解。“法律冲突令适法者困惑不已，不仅破坏法律的权威，影响法律的实施，而且会令法律所应发挥的社会利益调节器功能大打折扣。”[①] 积极面对、化解或从根本上消除已发现的法律规范冲突才是符合法治精神、对法律负责的做法。因此，对于法律规范冲突问题报请处理的主体应根据“谁遇到谁负责”的原则确定。即在执法期间发现，由行政机关负责，不能坐等纠纷发生后交给法院；在司法过程发现，由法院负责，不应仅撤销行政行为，将问题退回行政机关。本案情况较为特殊，法院并未层报最高人民法院，原因是两法在诉讼过程中修改一致，冲突问题不复存在。法院判决撤销行政处罚后，槐荫执法局依照任一法律规范重新作出行政处罚，均会得出同样的结论。

（**一审法院合议庭成员** 张志涛 邵淑贞 于明河
二审法院合议庭成员 张振明 张启胜 曹 磊
编写人 山东省济南市中级人民法院 曹 磊
责任编辑 韩德强
审稿人 王振宇）

① 马怀德：《我国法律冲突的类型分析——以行政法律规范为视角》，载中国社会科学网。

张永刚诉上海市公安局静安分局交通警察支队交通管理行政处罚案

——未及时吊销驾驶证影响相对人权利的司法裁判

关键词：行政　交通肇事　犯罪　吊销驾驶证　行政处罚

【裁判要旨】

交通肇事构成犯罪的，交警部门应当在人民法院判决后及时作出处罚决定。交警部门在收到刑事判决书后，未及时作出吊销机动车驾驶证行政处罚，影响被处罚人重新申办驾驶证期限计算的，人民法院应判决确认被诉行政行为违法，并判令交警部门进行补救。

【相关法条】

《中华人民共和国道路交通安全法》第一百零一条第一款　违反道路交通安全法律、法规的规定，发生重大交通事故，构成犯罪的，依法追究刑事责任，并由公安机关交通管理部门吊销机动车驾驶证。

《道路交通安全违法行为处理程序规定》第四十九条[①]　对违法行为事实清楚，需要按照一般程序处以罚款的，应当自违法行为人接受处理之时起二十四小时内作出处罚决定；处以暂扣机动车驾驶证的，应当自违法行为人接受处理之日起三日内作出处罚决定；处以吊销机动车驾驶证的，应当自违法行为人接受处理或者听证程序结束之日起七日内作出处罚决定，交通肇事构成犯罪的，应当在人民法院判决后及时作出处罚决定。

---

① 2020年5月1日起施行的修改后的本规定将本条修改为第五十一条，条文内容不变。

《中华人民共和国行政诉讼法》第七十四条第一款第一项 行政行为有下列情形之一的，人民法院判决确认违法，但不撤销行政行为：

（一）行政行为依法应当撤销，但撤销会给国家利益、社会公共利益造成重大损害的；

第七十六条 人民法院判决确认违法或者无效的，可以同时判决责令被告采取补救措施；给原告造成损失的，依法判决被告承担赔偿责任。

【案件索引】

一审：上海铁路运输法院（2017）沪7101行初836号（2018年2月12日）

【基本案情】

原告张永刚诉称：其对被告上海市公安局静安分局交通警察支队（以下简称静安交警支队）作出吊销驾驶证行政处罚决定无异议，但对被告作出处罚的流程与环节有异议，原告自2014年11月3日发生交通事故之日起至2017年8月止，被告未以任何形式告知原告要对其吊销驾驶证，由于被告的工作失误，导致被告吊销原告驾驶证的日期延迟了两年半时间。综上，请求撤销被告于2017年8月15日作出的吊销原告机动车驾驶证的行政处罚决定。

被告静安交警支队辩称：《道路交通安全违法行为处理程序规定》第四十九条规定，对构成交通肇事罪的，公安机关交通管理部门应当在人民法院判决后及时作出处罚决定，法律法规对上述条款中的“及时作出”并未规定具体的时间。另，公安机关交通管理部门作出的吊销驾驶证的决定不附年限设置，即吊销驾驶证行为一经作出即被永久吊销，故被告何时吊销驾驶证并不影响原告的权利义务。涉案处罚决定认定事实清楚，程序合法，适用法律正确，请求驳回原告诉讼请求。

法院经审理查明：2014年11月3日，被告受理原告交通事故致人死亡一案。2015年2月11日，原上海市闸北区人民法院作出刑事判决，查明2014年11月3日14时16分，原告在共和新路中兴路东北约0米发生交通事故致人死亡，经公安机关道路交通事故认定书认定，原告负道路交通事故的全部责任，遂判决原告犯交通肇事罪，判处有期徒刑一年，缓刑二年。判决后，当事人未提起上诉，原告返回其原籍接受社区矫正。2015年4月13日，被告收到前述刑事判决书。2017年8月15日，被告向原告告知了拟对其作出行政处罚决定认定的事实、理由及依据，原告未提出陈述、申辩，也未要求听证，被告作出静安公交决字［2017］第310106－2800305472号公安交通管理行政处罚决定，认定原告于2014年11月3日14时16分，在共和新路中兴路东北约0米实施违反道路交通安全法律、法规的规定，发生重大事故，构成犯罪的违法行为，根据《道路交通安全法》第一百零一条第一款的规定，决定对原告吊销机动车驾驶证。同日，被告对原告进行了送达。原告不服，提起行政诉讼，请求撤销被告所作被诉行政处罚决定。

审理中，原告陈述，2017年2月其在原籍查询驾驶证状态，公安交通管理系统反映其驾驶证处于事故未处理状态。缓刑期满后，2017年3月25日，其到被告处询问驾驶证情况，被告答复其驾驶证将被吊销，自驾驶证被吊销之日起2年内原告不得申领驾驶证。原告对被告自交涉之日起吊销其驾驶证有异议，因与被告协调未果，于2017年8月接受了处理。

被告陈述，吊销驾驶证属行政处罚，按照法律规定，被告在处罚前需履行调查及事先告知义务，原告知晓被告扣押其驾驶证，但未到被告处接受处理，故被告至2017年8月才作出处罚决定。同时，公安交通管理系统上对原告申请驾驶证设定的2年年限限制不是人为设置的，而是该系统根据输入的吊销驾驶证处罚决定时间自动生成，被告无修改该年限限制的职权。

【裁判结果】

上海铁路运输法院于2018年2月12日作出（2017）沪7101行初836号行政判决：一、确认被告上海市公安局静安分局交通警察支队于2017年8月15日对原告张永刚作出的静安公交决字［2017］第310106－2800305472号公安交通管理行政处罚决定违法；二、被告上海市公安局静安分局交通警察支队于本判决生效之日起15日内启动撤销公安交通管理系统对原告申请驾驶证的年限限制的程序。宣判后，双方当事人均未上诉，判决现已生效。

【裁判理由】

法院生效裁判认为：根据《道路交通安全法》第一百零一条第一款规定，法院判决原告犯交通肇事罪并追究其刑事责任后，原告的驾驶证即应被吊销。《道路交通安全违法行为处理程序规定》第四十九条规定，交通肇事构成犯罪的，应当在人民法院判决后及时作出处罚决定，该条并未对犯交通肇事罪的对象吊销驾驶证的处罚程序作出规定。处罚前告知、听证是法定程序要求，但在法院对当事人作出刑事判决后，刑事判决书确认的事实即可作为定案依据，且《道路交通安全法》明确规定对交通肇事构成犯罪被依法追究刑事责任后需处以吊销驾驶证的处罚，故无需在对犯交通肇事罪行政相对人作出吊销驾驶证处罚前再履行处罚前告知义务。本案被告在收到法院刑事判决书后，应及时作出吊销驾驶证的处罚决定，但其直至两年四个月后才作出被诉行政处罚决定，显未及时作出处罚决定，故被告处罚程序违法。

根据《行政诉讼法》规定，被诉行政行为违反法定程序的，人民法院可以判决撤销。本案中，若因程序违法撤销被诉行政处罚决定，则将恢复原告被吊销驾驶证的效力，由此将违反《道路交通安全法》第一百零一条第一款之规定，且在原告未参加考试的情况下直接恢复其原驾驶证效力，将给社会交通秩序带来安全隐患，损害国家法律秩序及社会公共利益，故被诉行政处罚决定不宜撤销。公安交通管理系统对原告申请驾驶证的年限限制是根据被告处罚决定自动生成，由于被告逾期作出处罚，作出时已超过法律规定的限制申请驾驶证的年限，故不应再对原告申请驾驶证设置年限限制。被告虽称其无权修改年限限制，但其有义务对逾期作出吊销行为致原告申请驾驶证年限限制延长采取补救措施，消除对原告的不利影响。

【案例注解】

本案被告在接到原告犯交通肇事罪判决后未随即启动吊销驾驶证处罚程序，两年多后原告到被告处反映，被告才作出吊销驾驶证处罚决定。而根据《机动车驾驶证申领和使用规定》第十三条的规定，吊销驾驶证后两年才可重新申办驾驶证。本案事实清楚，结合当事人的意见及审理情况，被诉行政行为如何裁处系核心争议。具体而言，可从两个方面进行判断：首先，被诉行政行为执法程序如何评价，是否需如被告辩称的应在处罚前履行事先告知义务；其次，被告于两年多后作出吊销驾驶证决定是否影响原告的权利，裁判方式如何选择。

一、事先告知不是吊销犯交通肇事罪相对人驾驶证的程序要件

根据《行政处罚法》第三十一条规定，行政处罚前告知是保护当事人合法权益的一个重要原则，行政机关经调查认为公民、法人或其他组织有违法行为，依法给予处罚前应向当事人说明违法事实、处罚理由及依据，以及当事人有何权利可保护自己免受违法处罚，具体告知的权利有陈述权和申辩权、听证

权、请求救济权等。①吊销驾驶证系行政处罚之一种，故原则上来说，吊销驾驶证前应当进行事先告知，听取当事人的意见，并根据当事人的意见、违法行为的后果决定处罚结果。

行政处罚前告知除本身所具有的程序价值和意义外，其最重要的目的是保证行政处罚实体正确。但是否所有的行政处罚都必须严格履行处罚前告知？司法裁判是纠纷的终局认定结论，根据《最高人民法院关于行政诉讼证据若干问题的规定》第七十条的规定，生效的人民法院裁判文书或者仲裁机构裁决文书确认的事实，可以作为定案依据。因此，人民法院所作生效裁判具有羁束力，其裁判结论及认定事实可直接作为相关事实根据。本案中，前期已存在刑事判决，已对原告交通肇事违法行为作出刑事处理。故在类似本案这种已存在与案件事实相关的生效裁判时，生效裁判所认定的事实已无需再由行政机关进行其他事实调查及事先告知。

同时，《道路交通安全违法行为处理程序规定》第四十九条规定："……处以吊销机动车驾驶证的，应当自违法行为人接受处理或者听证程序结束之日起七日内作出处罚决定，交通肇事构成犯罪的，应当在人民法院判决后及时作出处罚决定"，该条未规定收到刑事判决后再行调查、听证，故事先告知、听证不是吊销犯交通肇事罪相对人驾驶证的程序要件的结论也符合法律规范的规定。

二、"及时"的理解与程序合法性的判断

原告提起诉讼的一个重要理由是认为被告未及时作出吊销决定，导致后续吊销驾驶证处罚客观上延长了其重新申办驾照的期限。因此，被告作出被诉行政处罚决定是否超过法定期限是判断其程序合法性的关键。《道路交通安全违法行为处理程序规定》第四十九条仅规定收到人民法院刑事判决后要"及时"作出处罚，而查询相关道路交通法律规范，均未规定交警部门在接到人民法院交通肇事犯罪裁判文书后多长时间内作出相应吊销决定，故如何正确理解"及时"成为判断被诉行政行为程序合法性的重要指征。

"及时"是一个不确定法律概念，②而不确定法律概念的理解、解释有多

① 李国光主编：《行政处罚法及配套规定新释新解》，人民法院出版社2006年版，第302页。

② 法律概念按照确定性的程度，可以分为确定性法律概念和不确定法律概念两种。前者是指意思确定、具有一义性的法律概念，通常只有数字、时间等属于此类；而后者则是指意思不确定、具有多义性的法律概念。参见王贵松：《行政法上不确定法律概念的具体化》，载《政治与法律》2016年第1期。

种方式，既可以从立法者本意，也可以从其他部门法作体系解释。[①] 关于“及时”的意涵，根据第四十九条上下文的规定，可能的参照标准是前半部分规定中的“七日”。从认定事实的复杂程度来说，对于已构成交通肇事犯罪的，交警部门无需再如一般吊销处罚时要求违法行为人接受处理或进行听证，可在收到刑事判决后直接认定事实并作处罚，即交警部门完全可在七日内作出吊销决定。即使不考虑“七日”的时限，根据《公安机关办理行政案件程序规定》第一百四十一条的规定，公安机关办理治安案件的期限，自受理之日起不得超过30日；案情重大、复杂的，经上一级公安机关批准，可以延长30日。故即使参照前述期限，交警部门一般亦应在30日内作出处罚决定。

无论如何，本案被告在原告收到刑事判决后两年四个月才对原告作出吊销驾驶证的处罚，显然已经超过了合理办案期限，执法程序违法。

三、逾期吊销驾驶证影响相对人权利时裁判方式的选择

裁判方式的选择是本案最具价值的争点，对此主要有两种意见。第一种意见认为，被告在收到法院刑事判决后两年四个月才作出吊销驾驶证的决定，显未及时作出，程序违法。而原告在处罚决定作出后，需再等两年的时间才能重新申办驾驶证，侵犯了原告的合法权利，故应当撤销被诉行政处罚决定。第二种意见认为，被诉行政处罚决定程序违法，但判决撤销将致原告受到刑事处罚但驾驶证未被吊销，将给社会交通秩序带来安全隐患，损害国家法律秩序及社会公共利益，故不宜撤销，而应判决确认违法。对此，笔者观点如下：

首先，逾期吊销驾驶证对相对人权利是否产生影响的认定。被诉行政行为程序违法程度以及是否实际影响相对人的权利是确定行政行为程序违法的裁判方式时的考量因素。程序轻微违法，但对相对人权利不产生实际影响的，法院判决确认违法，申言之，一般情况下，行政行为程序违法或程序虽轻微违法但已影响到相对人权利的，则应判决撤销或采取其他裁判方式。本案中，被告收到法院刑事判决到作出吊销处罚，间隔了两年四个月。根据《机动车驾驶证申领和使用规定》第十三条规定，“有下列情形之一的，不得申请机动车驾驶证：……（七）因其他情形依法被吊销机动车驾驶证未满二年的……。”若被告在收到刑事判决后及时启动吊销处罚程序，原告提起诉讼时已经超过两年限制期限，其已可重新申办驾驶证。原告相当于是在四年四个月后才有资格重新

---

① 参见蔡琳：《不确定法律概念的法律解释——基于“甘露案”的分析》，载《华东政法大学学报》2014年第6期。

申请驾驶证，已远超二年的年限限制，因此，被告逾期作出吊销驾驶证的处罚实际上已经影响了原告的实体权利。

其次，具体裁判方式的选择。本案裁判方式上的争议主要在于，是适用撤销判决，还是适用确认违法判决。就二者关系而言，确认判决是人民法院经审查后认为被诉行政行为违法但不适合作出撤销判决等，转而确认被诉行政行为违法的判决形式，其是对被诉行政行为的一种否定性评价，是对撤销判决的修改和补充。[①] 综合本案情况，笔者认为，确认违法并责令补救是本案最恰当的判决方式。其一，判决撤销将损害国家法律秩序及公共利益。涉案吊销处罚决定程序违法固然可撤销，但撤销该决定将恢复原告原有驾驶证的效力，进而使《道路交通安全法》第一百零一条规定落空，事实上出现原告交通肇事违法行为只被追究了刑事责任，未被追究行政处罚责任的情形，这将破坏国家法律秩序，损害社会公共利益。显然，本案不宜判决撤销，应选择确认违法判决。其二，仅作出确认违法判决不足以解决案件纠纷。判决确认违法实际上保留了涉案行政处罚的效力，即被告逾期对原告作出的吊销决定仍存在并有效，公安交通管理网络系统显示的吊销时间仍是被告作出行政处罚时间，原告仍需再等两年才能行使重新申办机动车驾驶证的权利，其合法权益无法得到保护。因此，有必要再根据《行政诉讼法》第七十六条规定判令被告进行补救。其三，补救措施的表述需严谨。被告系基层交通管理部门，对于公安交通管理网络系统无权修改，需要进行上报处理，故不宜直接判令被告修改，应判令被告及时启动修改上报的程序。

总之，综合考虑前述因素，判决确认被诉行政处罚决定违法更为适宜，同时，为实质解决行政争议，避免程序空转，保护行政相对人合法权益，并考虑到被告无权自行解除申办驾驶证期限的限制，同时应一并判令被告一定期限内及时启动撤销公安交通管理系统对原告申请驾驶证年限限制的程序。

（**一审法院合议庭成员** 汪霄云 范丽蓉 董荣建
编写人 上海铁路运输法院 崔胜东 宋廷津
责任编辑 韩德强
审稿人 王振宇）

---

① 参见江必新、邵长茂：《新行政诉讼法修改条文理解与适用》，中国法制出版社2015年版，第275页。

乔良诉安徽省滁州市南谯区人民政府城建行政强制案

——抵付工程款的安置房被政府强制拆除，实际占有人具有原告资格

关键词：行政　行政强制　以房抵债　利害关系　原告资格

【裁判要旨】

抵付工程款的安置房虽然没有办理产权登记，但接收房屋的实际施工人对该房屋享有占有、使用、收益等权利，在房屋被强制拆除的情况下，实际占有人与被拆房屋具有利害关系，有权提起行政诉讼。

【相关法条】

《中华人民共和国物权法》第三十条　因合法建造、拆除房屋等事实行为设立或者消灭物权的，自事实行为成就时发生效力。

《中华人民共和国合同法》第二百八十六条　发包人未按照约定支付价款的，承包人可以催告发包人在合理期限内支付价款。发包人逾期不支付的，除按照建设工程的性质不宜折价、拍卖的以外，承包人可以与发包人协议将该工程折价，也可以申请人民法院将该工程依法拍卖。建设工程的价款就该工程折价或者拍卖的价款优先受偿。

《中华人民共和国行政诉讼法》第二十五条第一款　行政行为的相对人以及其他与行政行为有利害关系的公民、法人或者其他组织，有权提起诉讼。

【案件索引】

一审：安徽省滁州市中级人民法院（2018）皖11行初10号（2018年7月9日）

二审：安徽省高级人民法院（2018）皖行终988号（2018年10月22日）

【基本案情】

原告乔良诉称：2012年，滁州市南谯区政府划拨国有建设用地34.43亩，作为东陈村新农村安置房用地，该安置房建设由江西华景建设集团公司和滁州航天房地产开发公司联合中标，乔良系建设安置房实际出资人之一。2013年，安置房建成后，经腰铺镇政府及腰铺镇东陈村建房理事会研究决定，以剩余的安置房折抵工程款，乔良获得28套安置房并办理房屋交接手续。2017年4月21日，滁州市南谯区政府组织城管、派出所、乡镇政府等各部门对安置房进行统一强制拆除。乔良认为，滁州市南谯区政府实施强拆行为违法且没有对其任何补偿，严重侵害了其合法权益。依据《行政诉讼法》相关规定，提起行政诉讼，请求确认滁州市南谯区政府拆除其房屋的行为违法并予赔偿。

被告滁州市南谯区政府辩称：2012年，因安置群众需要，腰铺镇东陈村启动新农村安置房工程，通过公开招标，滁州航天房地产开发公司和江西华景建设集团公司联合中标。2013年，安置房建成后，腰铺镇、东陈村以94套房屋折抵工程款，乔良作为出资人之一分得其中28套。根据法律规定，安置房没有办理产权登记，折抵工程款应当无效。根据物权原始取得的规定，腰铺镇政府和东陈村仍是安置房所有权人，可以自行拆除自有房屋。乔良不是案涉28套安置房的产权人，不是本案适格原告，其工程款可以通过主张债权予以实现。

法院经审理查明：涉案被拆房屋系滁州市南谯区腰铺镇东陈村安置小区房屋。2012年5月，该安置房工程经公开招标由江西华景建设集团公司和滁州航天房地产开发公司联合中标。2013年6月4日，安置房建设工程结束后，经腰铺镇政府及腰铺镇东陈村建房理事会研究决定，将安置小区工程中的94套房屋作价为工程款抵付给滁州航天房地产开发公司和江西华景建设集团公司。乔良作为该工程的实际出资人，按照出资比例分得28套安置房并办理了交接手续。2017年5月1日，涉案28套房屋连同该安置小区其他安置房总计

295 套被滁州市南谯区人民政府全部拆除，拆迁补偿款存放在拆迁部门。

另查明，东陈村安置小区工程的土地性质为国有划拨，涉案房屋的占有人在被拆迁前未缴纳土地出让金，没有取得相应的房产证和土地证。

【裁判结果】

安徽省滁州市中级人民法院于 2018 年 7 月 9 日作出（2018）皖 11 行初 10 号行政裁定：驳回乔良的起诉。乔良不服，提起上诉。安徽省高级人民法院于 2018 年 10 月 22 日作出（2018）皖行终 988 号行政裁定：撤销滁州市中级人民法院（2018）皖 11 行初 10 号行政裁定；指令滁州市中级人民法院继续审理。该裁判已生效。

【裁判理由】

一审裁判认为：根据《行政诉讼法》第二条规定，公民、法人或者其他组织认为行政机关和行政机关工作人员的行政行为侵犯其合法权益，有权依照本法向人民法院提起诉讼。根据第二十五条第一款规定，行政行为的相对人以及其他与行政行为有利害关系的公民、法人或者其他组织，有权提起诉讼。根据第四十九条规定，提起诉讼应当符合下列条件：（1）原告是符合本法第二十五条规定的公民、法人或者其他组织；（2）有明确的被告；（3）有具体的诉讼请求和事实根据；（4）属于人民法院受案范围和受诉人民法院管辖。本案经生效判决确认，滁州航天房地产开发公司与东陈村之间对涉案房屋的移交行为因违反了法律的强制性规定而无效，房屋所有权未发生转移。滁州航天房地产开发公司处分涉案房屋的行为无法律依据，属于无权处分，乔良并非涉案房屋的合法权利人。乔良因工程款产生的纠纷可通过其他途径解决。依照《最高人民法院关于适用〈中华人民共和国行政诉讼法〉的解释》第六十九条第一款第一项的规定，裁定驳回乔良的起诉。

二审裁判认为：《行政诉讼法》第二十五条第一款规定："行政行为的相对人以及其他与行政行为有利害关系的公民、法人或者其他组织，有权提起诉讼。"滁州航天房地产开发公司和江西华景建设集团公司通过公开招标，中标腰铺镇东陈村启动新农村安置房工程，工程完工后，经腰铺镇政府研究决定以 94 套房屋抵充工程款，乔良作为工程的实际出资人之一，分得抵付工程款 94 套安置房中的 28 套，虽然该 28 套房屋没有办理产权登记，但乔良对该 28 套房屋依法享有占有、使用、收益等权利，被上诉人对该28套房屋予以拆除，显然侵害了乔良的合法权益，故乔良与被上诉人拆除案涉28套房屋行为具有利害关系，有权提起诉讼。一审法院以乔良并非案涉28套房屋的合法权利人，裁定驳回乔良的起诉，系对法律适用理解错误。

【案例注解】

本案的争议焦点是乔良对被拆房屋是否享有合法权益，与拆除房屋行为有无利害关系。其中最关键的问题是抵付工程款的房屋移交行为是否违反法律的强制性规定而归于无效。

一、以房抵债的法律属性

所谓以房抵债是指债权人与债务人约定以债务人或经第三人同意的第三人所有的房屋折价归债权人所有，用以清偿债务的行为。以房抵债就是以物抵债，属于代物清偿。我国合同法上没有代物清偿的有名合同，属于无名合同。以物抵债在我国现行法上虽没有明文定义，但实体法上涉及担保物权实现时允许当事人以担保物协议折价消灭债务。建设工程中涉及施工人的工程价款优先权，《合同法》第二百八十六条同样也允许承发包双方可以将工程折价受偿。执行程序中的以物抵债，更有《最高人民法院关于适用〈中华人民共和国民事诉讼法〉的解释》第四百九十一条的明确规定，即“经申请执行人和被执行人同意，……可以不经拍卖、变卖，直接将被执行人的财产作价交申请执行人抵偿债务”。《最高人民法院关于人民法院民事执行中拍卖、变卖财产的规定》第十九条，对流拍情况下的以物抵债也作了同样的规定。现实中，由于以物抵债有着降低交易风险、节约交易成本的优势而大量存在。近年来，随着城市建设发展步伐的进一步加快，政府需要新建更多的安置房，以满足拆迁户的需求，由于建房资金的不足，亦存在大量的以建成的安置房抵付工程款的情形。

对于以房抵债协议是诺成性合同还是实践性合同，现行法律没有明确规定。《第八次全国法院民事商事审判工作会议（民事部分）纪要》第17条也只是从正面明确对完成产权变更手续的以房抵债协议，当事人没有正当理由不能主张无效或可变更可撤销。但不能因此得出以房抵债协议在没有完成产权变更手续的情况即不发生效力的结论，毕竟合同不生效与合同无效系不同层次的概念。对此问题，实践中有两种观点：一种观点认为，以房抵债协议应确定为实践性合同，如果当事人在债务清偿期届满后达成以房抵债协议并已经办理了产权转移手续，该协议成立并生效，对当事人双方具有法律拘束力。如产权未转移，则协议不成立。这有利于保护第三人合法权益和交易安全，防止当事人恶意串通，规避法律和损害第三人利益。另一种观点认为，以房抵债协议并非必须为实践性合同，在现行法律没有明确规定的情况下，应充分尊重当事人意思自治，将之理解为诺成性合同，房屋所有权是否完成变动，房屋是否交付仅涉及债是否已经获得清偿的问题，不应影响以房抵债协议的生效。笔者同意第二种观点。理由是：（1）自愿原则即意思自治原则是民法的核心原则，在该原则的指导下，合同法的基本立场是诺成性为原则，实践性为例外。从合同的发展趋势看，实践性合同在类型方面呈逐渐减少的趋势，在强调意思自治的背景下尤其如此。因此，在法律对以物抵债合同既没有明确其为实践性也没有明确其为诺成性的情况下，应从更有利于实现当事人的合法权益以及尽可能地贯彻意思自治原则理念出发，援用诚实信用和公平原则，予以判断。（2）维护债权人利益是民法特别是合同法的重要价值取向，以房抵债协议一般是债务人难以完成金钱给付后签订，将其理解为诺成性合同，有利于债权得以清偿，节约债权实现的成本，维护债权人利益。（3）按照以房抵债协议为实践性合同的观点，在没有完成物权变动的情况下，以房抵债协议尚未生效，对债务人不具有拘束力，债权人只能按照原债务向债务人主张，这与鼓励交易的原则不相吻合，也不恰当地削弱了意思自治原则的功效。（4）对于可能存在的恶意串通损害第三人利益的以房抵债协议，可以通过其他法律制度比如可以通过合同无效制度、债权人撤销权制度、第三人执行异议之诉以及案外人申请再审等制度予以规制，没有必要因噎废食。

二、划拨土地上建成的安置房，在未办理房屋产权证的情况下抵付工程款并不违反法律的强制性规定

（一）国有划拨土地上所建的安置房能否抵付工程款

所谓安置房，是政府进行城市建设时，对被拆迁住户进行安置所建的房屋，安置房所使用的土地一般是国有划拨用地。根据《城市房地产管理法》第四十条第一款的规定，以划拨方式取得土地使用权的，转让房地产时，应当按照国务院规定，报有批准权的人民政府审批。有批准权的人民政府准予转让的，应当由受让方办理土地使用权出让手续，并依照国家有关规定缴纳土地使用权出让金。本案中，双方当事人在达成以房抵债合意时未报有批准权的人民

政府审批，是否违反法律强制性规定而影响到以房抵债合同的效力？

根据《最高人民法院关于适用〈中华人民共和国合同法〉若干问题的解释（二）》第十四条规定，《合同法》第五十二条第五项规定的“强制性规定”，是指效力性强制性规定。《民法总则》第一百五十三条规定，违反法律、行政法规的强制性规定的民事法律行为无效，但是该强制性规定并不导致该民事法律行为无效的除外。该第一百五十三条并未给出效力性与管理性强制性规定区别的规定。对于何为效力性强制性规定、何为管理性强制性规定，法律并未给出明确的界定，只是在理论界及实务中一般性认为，对于肯定性识别上，首先判断该强制性规定是否明确规定了违反的后果是合同无效，如果规定了违反的后果是合同无效，则该规定属于效力性强制性规定。法律、行政法规虽没有规定违反该规定，将导致合同无效，但违反该规定若使合同继续有效将损害国家利益和社会公共利益，也应当认定该规定是效力性强制性规定；在否定性识别上，如果法律、行政法规的强制性规定仅关系当事人利益或者仅是为了行政管理或纪律管理需要的，一般都不属于效力性强制性规定。首先，从立法目的看，倘若该强制性规定的目的是为了实现管理的需要而设置，并非针对行为内容本身，则可认定不属于效力性强制性规定。其次，从强制性规定的调整对象来判断，一般而言，效力性强制性规定针对的都是行为内容，而管理性强制性规范很多时候单纯限制的是主体的行为资格。

就本案而言，《城市房地产管理法》第四十条规定的内容是要求以划拨方式取得土地使用权的，转让房地产时，应当报政府审批，并未明确规定违反该规定的将导致合同无效。从该条规定的内容，结合该法第一条“为了加强对城市房地产的管理，维护房地产市场秩序，保障房地产权利人的合法权益，促进房地产业的健康发展，制定本法”的规定可见，该法的立法目的是加强对城市房地产的管理，并非针对行为内容本身，因此该第四十条应属于规范房地产交易的行政管理措施，强调的是划拨用地上所建房屋的交易应当缴纳土地使用权出让金，结合该条第二款的规定“以划拨方式取得土地使用权的，转让房地产报批时，有批准权的人民政府按照国务院规定决定可以不办理土地使用权出让手续的，转让方应当按照国务院规定将转让房地产所获收益中的土地收益上缴国家或者作其他处理”来看，该条的立法目的是防止国有资产流失。因此，《城市房地产管理法》第四十条的规定属于管理性强制性规范，而非效力性强制性，违反该条规定并不会导致合同无效。且用以抵付工程款的房屋不改变土地使用性质，仍为居住用房，不涉及国家利益和公共利益。该以房抵债系政府用安置房来抵付工程款，根据诚实信用原则，不存在不予审批的理由。

以房抵债的双方完全可以通过采取缴纳土地出让金或土地收益的方式取得原划拨土地的使用权和房屋的所有权。

（二）未办理房产证的新建房屋能否用来抵付工程款

《城市房地产管理法》第三十八条第六项规定，未依法登记领取权属证书的房地产不得转让。该条规定的内容是要求转让的房地产应当依法登记，并未明确规定违反该规定的将导致合同无效。从该条规定的内容，结合该法第一条的规定来看，该条所体现出的立法目的主要就是加强对城市房地产的管理，维护房地产市场秩序和交易安全，防止无权处分、一房多卖等行为损害相对方的权益。故该条的禁止性规定仍属管理性强制规定，而非效力性强制规定。不动产登记本质上是认可当事人已经存在的权利义务、补充当事人之间已经发生的法律行为效力并使其完成的行政行为。我国对不动产物权的取得虽然实行的是登记生效主义，但法律同时也规定了几种除外的情形，其中《物权法》第三十条规定，因合法建造、拆除房屋等事实行为设立或者消灭物权的，自事实行为成就时发生效力。就本案而言，用来抵付工程款的房屋系合法建设的房屋，自建成起就取得物权，不存在无权处分，用来抵偿工程款并不损害国家利益和公共利益。故未办理房产证的新建房屋用来抵付工程款不应认为无效。

综上，以房抵债的房屋已经交给受让人，虽未办理产权转移，但受让方享有抵债标的物的登记请求权。鉴于本案房屋已被政府拆除，乔良请求转移登记已不可能，其依法享有标的物补偿请求权，故其与案涉房屋拆除行为具有利害关系，具有提起行政诉讼的原告资格。

（**一审法院合议庭成员** 王忠良 苏春琴 宫如珍
二审法院合议庭成员 汪结平 陈 默 姜 明
编写人 安徽省高级人民法院 陈 默 张三九
责任编辑 韩德强
审稿人 王振宇）

余仁林诉丽水市莲都区人民政府房屋征收补偿案

——行政机关在申请非诉强制执行后与被征收人达成征收补偿协议的可诉性问题

关键词：行政　征收补偿决定　非诉执行　征收补偿协议　和解协议

【裁判要旨】

行政机关向人民法院申请执行征收补偿决定后，在人民法院作出准予执行的裁定前，又与被征收人达成征收补偿协议的，属于执行和解协议，不具有可诉性，相对人或者利害关系人就执行和解协议提起行政诉讼的，应驳回其起诉。

【相关法条】

《中华人民共和国民事诉讼法》第二百三十条　在执行中，双方当事人自行和解达成协议的，执行员应当将协议内容记入笔录，由双方当事人签名或者盖章。

申请执行人因受欺诈、胁迫与被执行人达成和解协议，或者当事人不履行和解协议的，人民法院可以根据当事人的申请，恢复对原生效法律文书的执行。

【案件索引】

一审：浙江省丽水市中级人民法院（2016）浙11行初61号（2016年11

月22日）

二审：浙江省高级人民法院（2017）浙行终29号（2017年3月22日）

再审审查：最高人民法院（2017）最高法行申4285号（2017年7月31日）

【基本案情】

原告余仁林诉称：因丽水市莲都区市场2号路北延伸段道路建设需要，原告所有的房屋处于征收红线范围内。2015年8月4日，原告与被告签订了房屋征收补偿协议。原告认为，该协议内容违法，请求人民法院判决撤销该房屋征收补偿协议。

被告丽水市莲都区人民政府辩称：原告的房屋确在征收红线范围内，但原告未能在房屋征收补偿方案确定的签约期限内与征收部门达成协议，被告已经依法作出房屋征收补偿决定，并申请人民法院强制执行。在申请执行后，双方于2015年8月4日签订了房屋征收补偿协议，并向人民法院撤回了强制执行申请。现该协议已经履行完毕。被告的房屋征收行为符合法定程序，原告要求撤销房屋征收补偿协议无事实和法律依据，且本案亦不属于人民法院行政案件受理范围。原告主张撤销《产权调换协议书》不符合《行政诉讼法》第十二条规定的行政诉讼受理条件。综上，请求人民法院依法驳回原告的起诉。

法院经审理查明：因莲都区市场2号路北延伸段道路建设需要，丽水市莲都区人民政府（下称莲都区政府）启动了国有土地上房屋征收工作。2013年6月26日，莲都区政府发布公告征求对《市场2号路北延伸段道路建设项目补偿安置方案（征求意见稿）》的意见，并且按照有关规定进行了社会稳定风险评估。同年8月28日，莲都区政府发布征收决定，同时公布了根据征求意见修改的《征收补偿安置方案》及征地红线图。征收决定确定的征收范围为东至蜜园、南至丽阳街、西至香园、北至规划路，签约截止日期为2013年12月31日，同时告知被征收人不服的，可以在征收决定公告发布之日起60日内向丽水市人民政府申请行政复议，或在3个月内向丽水市莲都区人民法院提起行政诉讼。征收补偿安置方案确定的补偿方式为货币补偿、产权调换和迁建安置三种补偿方式。其中，选择货币补偿的，被征收房屋以房地产评估机构评估确定的价格进行补偿，另增加房屋补偿款部分（不包括装修、附属物等其他款项）20%的奖励；产权调换的，为接官亭小区，可在被征收房屋面积基础上增加20平方米的安置面积，超过120平方米的，可选择两套以上安置房。被征收房屋和安置用房分别按评估价格计算并结算差价（安置用房价格给予

8%的优惠)，并且明确交房时间为三年。征收补偿安置方案还就临时安置补助费、搬迁补助费、装修补偿、附属建筑物及其他设施等补偿费的补偿标准，按时签约腾房的奖励予以规定。原告余仁林的房屋332.05平方米位于征收红线范围内，该房屋仅有建设用地规划许可证，但无房屋产权证。原告在规定期限内未签订征收补偿协议，莲都区政府遂于2014年8月19日依照征收补偿安置方案确定的补偿标准，作出房屋征收补偿决定，同时告知诉权以及起诉期限。余仁林在规定期限内既未申请行政复议亦未提起行政诉讼。莲都区政府向人民法院申请强制执行。在法院审查过程中，双方又于2015年8月4日签订了产权调换协议书。协议书约定：余仁林（作为乙方）同意将涉案房屋交由莲都区政府委托的丽水市莲都区土地和房屋征收工作办公室（作为甲方）征收，甲方补偿乙方被征收房屋价值的补偿、因征收房屋造成的搬迁、临时安置的补偿、因征收房屋造成的停产停业损失的补偿、奖励和补助款项共计3107458.83元；乙方选择接官亭小区的期房（价格为每平方米8689元，优惠8%后的价格为每平方米7993.88元）作为产权调换房屋，被征收房屋与产权调换房屋的差价款待产权调换房屋分配到户后再统一结算；乙方应于2015年8月31日前搬迁腾空房屋。协议签订后，莲都区政府向人民法院撤回强制执行申请，但余仁林逾期仍未搬迁，双方遂于2015年9月13日又签订补充协议，给予原告附属物补偿费21000元。住宅房屋货币补偿金用于与产权调换房屋一并结算差价，其他款项均已由原告领取。

【裁判结果】

浙江省丽水市中级人民法院于2016年11月22日作出（2016）浙11行初61号行政判决：驳回原告余仁林的诉讼请求。宣判后，余仁林不服一审判决提起上诉。

浙江省高级人民法院于2017年3月22日作出（2017）浙行终29号行政裁定：一、撤销丽水市中级人民法院（2016）浙11行初61号行政判决；二、驳回上诉人余仁林的起诉。余仁林向最高人民法院申请再审。

最高人民法院于2017年7月31日作出（2017）最高法行申4285号行政裁定：驳回再审申请人余仁林的再审申请。

【裁判理由】

法院生效裁判认为：莲都区人民政府于2014年8月19日就涉案房屋向余仁林户作出莲政房补决字［2014］2号房屋征收补偿决定，因该户未在法定期限内申请复议或提起行政诉讼，也未在补偿决定规定的期限内搬迁，莲都区政府向人民法院申请强制执行，在法院审查过程中双方签订征收补偿协议，为此，莲都区政府向人民法院撤回了强制执行申请。因此，被诉征收补偿协议属于执行过程中达成的执行和解协议，不具有可诉性，并非行政诉讼的受案范围。

【案例注解】

执行和解在民商事案件执行中较为常见，在非诉行政强制执行案件中能否适用，现行法律并无明确规定，司法实践中争议较大。本案中，行政机关向人民法院申请强制执行后，在人民法院作出准予执行裁定前，又与相对人达成征收补偿协议，生效裁判认为该补偿协议实为执行和解协议，不具有可诉性，从而稳定了既存的行政法律关系，兼顾了行政的效率性，对于准确理解和解协议的性质，厘清人民法院行政诉讼的受案范围具有较强的指导意义。

一、非诉行政强制执行中执行和解的可容许性

执行和解是指在人民法院执行过程中，双方当事人经过自愿协商，达成协议，结束执行程序的活动。非诉行政强制执行中是否适用执行和解，一直存有争议。修订后的《行政诉讼法》第六十条虽然增加了“但书”条款，允许行政赔偿、补偿以及行政机关行使法律、法规规定的自由裁量权的案件可以调解，但也仅是关于行政诉讼案件审理的规定，而未就行政非诉执行案件作出类似规定。但行政调解制度的引入，也为非诉行政执行中执行和解的适用提供了一定的解释空间，因为两者其实并无本质上的差异。行政诉讼系因行政相对人或者利害关系人对行政行为不服而向人民法院提起诉讼，人民法院审查的是行政行为的合法性，无论是否合法，均可调解（当然限于《行政诉讼法》第六十条规定范围），这就涉及对公权力的处分，调解结果即为依法定程序变更、撤销或废止原行政行为。而在非诉行政强制执行中，系行政机关申请人民法院强制执行其作出的生效行政决定，所不同的是该行

政行为起诉期限已经届满，行政相对人或者利害关系人已不能再对该行政行为提起诉讼。亦即其影响只是当事人的诉权丧失，但对于行政机关而言，只要经过法定程序，行政机关仍然可以变更、撤销或者废止原行政行为。因此，在非诉行政强制执行过程中，只要是属于《行政诉讼法》第六十条所规定的范围，达成的执行和解协议只要不损害国家利益、社会公共利益和他人的合法权益，就应当容许。再者，行政强制执行系脱胎于民事强制执行制度，《行政诉讼法》第一百零一条也规定《行政诉讼法》没有规定的，可以适用《民事诉讼法》。鉴于执行和解在民事案件中有利于缓解当事人之间的矛盾，提高执行效率，节省司法资源等优点，只要不违背行政诉讼的本质要求，也应加以借鉴，以促进行政目标的达成。

本案中，原、被告所争议的是征收补偿行为，属于征迁领域，根据《国有土地上房屋征收与补偿条例》的规定，本身允许行政机关采取行政协议的方式，行政机关具有一定的裁量权，因此适用执行和解并不违反法律禁止性规定，而且房屋征迁领域往往矛盾尖锐，允许执行和解有助于缓解征迁矛盾，增加征收行为的可接受性，有利于社会和谐稳定。

二、非诉行政强制执行和解起算时点的界定

民事案件的强制执行，申请执行人持生效裁判文书向人民法院申请执行并立案后，即进入执行程序，此后达成的和解协议提交给人民法院或者口头和解协议经执行人员记录在案后即构成执行和解。而行政非诉强制执行则与此不同，根据《行政强制法》的规定，行政机关向人民法院申请强制执行后，人民法院应进行审查，经审查符合法律规定的才作出执行裁定，否则不予执行。因此，有观点认为，应当在人民法院作出执行裁定后才算进入执行程序，才能成立执行和解。的确，基于司法权对依法行政的监督，《行政强制法》规定了非诉行政强制执行的审查程序，但是这并不意味着作出执行裁定后才开始执行程序。笔者认为，以执行裁定作为执行程序的开始并无必要，根据行政行为的基本原理，行政行为生效后即具有拘束力、确定力、执行力，而且行政机关申请人民法院执行的条件是起诉期限已经届满，此类行为已经具有不可争讼性，司法实践表明审查通过的比率相当高。而且同为行政行为，根据《行政强制法》第四十二条的规定，由行政机关自行强制执行的案件，只要实施行政强制执行即可执行和解，若对申请人民法院执行的行政案件要求作出执行裁定才能执行和解，则造成两者的不对等，理论上难以自洽。

事实上，执行和解的本质是在执行程序中达成和解，导致执行程序终结。行政机关一旦与当事人达成和解，必然向人民法院撤回强制执行申请，而人民法院也会要求行政机关说明理由，会一并对和解协议进行审查，只有在不损害社会公共利益和第三人合法权益的情况下，人民法院才会准予撤回强制执行申请。因此，行政机关在人民法院作出执行裁定前后与相对人达成和解协议的，其效果并无多大差异，均导致执行程序的终结。按文义理解，人民法院受理行政机关的强制执行申请当然亦是执行程序的一部分，所以，并无必要作过细的区分。若能在作出执行裁定前促成双方和解，既可促成矛盾化解，还可节省司法资源，价值导向上也值得鼓励。

三、非诉行政强制执行和解协议的可诉性

关于执行和解协议是否可诉的问题，在民事案件执行中，执行和解协议已经履行完毕的，应当终结执行程序，如果被执行人不履行和解协议的，则申请执行人可以申请恢复原生效判决的执行。《最高人民法院关于执行和解若干问题的规定》则规定，除了恢复原生效裁判的执行以外，也可以就履行执行和解协议向执行法院提起诉讼，同时还规定，当事人、利害关系人认为执行和解协议无效或者应予撤销的，可以向执行法院提起诉讼。可见司法解释赋予了当事人就和解协议的诉权，但前提是和解协议未履行完毕。而在《行政强制法》中，行政机关强制执行中的执行和解同样规定当事人不履行执行协议的，行政机关应当恢复强制执行。那么在行政非诉强制执行中，如何判断执行和解协议是否具有可诉性呢？本案中，根据查明的事实，和解协议的内容已经履行完毕，补偿款已经足额支付，而被征收人也交付了房屋且已经拆除，因此已经不存在恢复执行的问题，执行程序已经终结，和解协议当然不具有可诉性。但是如果和解协议未履行的情形又当如何处理呢？笔者认为，这种情况下不应当简单套用民事强制执行的规定。如果赋予和解协议可诉性，那么就将导致已经稳定的行政法律关系又出现松动，当事人将通过和解协议的方式变相获得对征收补偿行为的行政诉权，这与执行和解的初衷是相违背的。因此，一旦行政相对人不履行和解协议，就应当恢复对原行政决定的执行。既然是和解协议，一般情况下是行政机关作出一定的让步，因此对于相对人的权益而言，比原行政行为更为优越，和解协议并没有给行政相对人带来新的实质性不利影响，不具有值得法律保护的利益；而且当事人不履行和解协议，就必须恢复原行政行为的执行，和解协议不再执行，依照《行政诉讼法》的规定，当事人就明显对其不产生影响的行为提起诉讼，也不属于人民法院行政诉讼的受案范围。综上，

如果行政相对人就和解协议提起行政诉讼的，应当驳回其起诉，使行政行为的效率性与监督依法行政有机结合。

（**一审法院合议庭成员** 朱建民 梅剑文 李 岩
二审法院合议庭成员 马惟菁 车勇进 马良骥
再审法院合议庭成员 耿宝建 白雅丽 汪 军
编写人 浙江省丽水市中级人民法院 吴林雄 朱建民 梅剑文
责任编辑 韩德强
审稿人 王振宇）

《人民法院案例选》通讯编辑

北京市高级人民法院　刘书星　刘晓虹　赵　彤
天津市高级人民法院　王　婧　孙　伟
河北省高级人民法院　王　佳
山西省高级人民法院　马云跃
内蒙古自治区高级人民法院　梁　宏　焦日清　杨智勇
辽宁省高级人民法院　周文政
吉林省高级人民法院　刘国春　敬晓清
黑龙江省高级人民法院　周　怡
上海市高级人民法院　牛晨光
江苏省高级人民法院　吕　娜　孙烁犇
浙江省高级人民法院　杨　治
安徽省高级人民法院　吴　婧
福建省高级人民法院　刘　光
江西省高级人民法院　章光园
山东省高级人民法院　徐清霜　芦　强
河南省高级人民法院　郭宇凌
湖北省高级人民法院　宋森军
湖南省高级人民法院　唐　竞
广东省高级人民法院　文靖之
广西壮族自治区高级人民法院　赵元松
海南省高级人民法院　李周伟
重庆市高级人民法院　游中川　吴雨亭
四川省高级人民法院　杜玉兰　金　晶

贵州省高级人民法院　尤　媛
云南省高级人民法院　郑天柱
西藏自治区高级人民法院　杨庭轶
陕西省高级人民法院　常媛媛　杨新斌
甘肃省高级人民法院　张文强
青海省高级人民法院　孙启英
宁夏回族自治区高级人民法院　吴培渊　杨　莹
新疆维吾尔自治区高级人民法院　马小菊
解放军军事法院　徐占峰
新疆维吾尔自治区高级人民法院生产建设兵团分院　王　琼
石家庄市中级人民法院　王红岩
太原市中级人民法院　张玉森
沈阳市中级人民法院　田　震
大连市中级人民法院　侯德强
长春市中级人民法院　赵　璐
哈尔滨市中级人民法院　周　磊
南京市中级人民法院　赵雪雁
南通市中级人民法院　沈　扬
无锡市中级人民法院　周耀明
徐州市中级人民法院　葛　文
杭州市中级人民法院　邓兴广
宁波市中级人民法院　袁玮玮
合肥市中级人民法院　张小春
福州市中级人民法院　陈学凯
厦门市中级人民法院　陈荣炜
南昌市中级人民法院　陈　健
济南市中级人民法院　赵　雯
青岛市中级人民法院　傅庆涛
东营市中级人民法院　延　颜
郑州市中级人民法院　朱世鹏
武汉市中级人民法院　柯昌洁
宜昌市中级人民法院　黄金波
长沙市中级人民法院　张　明

广州市中级人民法院　王龙飞　林健涛
深圳市中级人民法院　丁业强
南宁市中级人民法院　周传明
海口市中级人民法院　崔玉坤
成都市中级人民法院　郝廷婷
泸州市中级人民法院　胡　艳
贵阳市中级人民法院　施辉法
昆明市中级人民法院　冯丽萍
拉萨市中级人民法院　王　静
西安市中级人民法院　高　伟
兰州市中级人民法院　鲁千晓
西宁市中级人民法院　潘　伟
银川市中级人民法院　周志胜
天津海事法院　董丽娟
上海海事法院　英振坤
广州海事法院　付俊洋
宁波海事法院　孔　昱
青岛海事法院　张　静
厦门海事法院　吴海燕
武汉海事法院　王建新
大连海事法院　刘铁男
北海海事法院　邱德平
海口海事法院　刘本荣

（各法院通讯编辑若有变动，请及时告知中国应用法学研究所，电话：010－67555922　龙菲　邮箱：rmfyalx@126.com）